湖南环境生物职业技术学院教材

大学生入学教程

顾裕文　编著

北京大学医学出版社

DAXUESHENG RUXUE JIAOCHENG

图书在版编目（CIP）数据

大学生入学教程 / 顾裕文编著. —北京：北京大学医学出版社，2019. 8

ISBN 978-7-5659-2030-1

Ⅰ. ①大… Ⅱ. ①顾… Ⅲ. ①大学生 - 入学教育 - 高等学校 - 教材 Ⅳ. ① G645.5

中国版本图书馆 CIP 数据核字（2019）第 169834 号

大学生入学教程

编　　著：顾裕文
出版发行：北京大学医学出版社
地　　址：（100191）北京市海淀区学院路 38 号　北京大学医学部院内
电　　话：发行部 010-82802230；图书邮购 010-82802495
网　　址：http：//www.pumpress.com.cn
E-mail：booksale@bjmu.edu.cn
印　　刷：北京强华印刷厂
经　　销：新华书店
责任编辑：刘云涛　**责任校对：**靳新强　**责任印制：**李　啸
开　　本：850 mm × 1168 mm　1/16　**印张：**15　**字数：**420 千字
版　　次：2019 年 8 月第 1 版　2019 年 8 月第 1 次印刷
书　　号：ISBN 978-7-5659-2030-1
定　　价：55.00 元

序

序者，全书概要，曰作者著之思量，予读者抛砖引玉之功能，虽未擅长，奈何，知著之历程，览书之内容，皆有感，无妨，乃序。

此书，校本教材，吾校之本真研究。作者去岁始谋，半岁思，又半岁著之，乃成此作。概之雁城、石鼓过往，追根校之渊源，详述创校筚路蓝缕之历程，思忆前辈铁骨铮铮之前行，史也，勿忘！叙吾校之发展，观吾校之现况，不易也，勿忘！索吾校之未来，念吾校之辉煌，吾辈职责也，勿忘！告之学生身份之变，思维之法，处世之道，学习之功；诫之学生或禁或行；师之本分。

吾阅，荐之。

己亥四月廿六人定，于星城序。

序

[illegible]

[illegible]

[illegible]

前言

我院1975年建校，已走过44个春秋。建校以来，学院培养了无数农业、林业、医卫等专业的人才，为社会和地方各项事业发展输送了大量的人才，做出了巨大的贡献。时至今日，有人惊叹于学校今天6000人的招生规模、全省高职第一的师资力量、花园式的校园环境、湖南高校第一方阵的综合实力。但，学校的发展历史，可以说是道路曲折、历程艰辛。这段历史应该被铭记，这些创业功臣应该被铭记！鉴于此，厘清学校的历史脉络，梳理学校的发展现状愈发迫切。

“无巧不成书”用在这里再恰当不过了。2018年，学生工作部有一个想法，就是在新生入学教育时，给新生讲清学校的历史、现状与发展，特别是学校的历史，这与我的愿望和想法不谋而合。几经核查，学校还没有这样的教材，一番思考后，我觉得在入学教育教材中加入学校的历史是件有意义有价值的事，于是便下定决心编写此书。

本书分四个部分。第一部分是学校的位置——衡阳市石鼓区，这部分主要介绍衡阳市和石鼓区的历史、现状、交通、景点。第二部分是学校的发展历史与现状，一是从发展阶段、重大变迁、历任校领导、校园环境等方面介绍学校的发展历史，还原各个阶段学校的真实面貌；二是从顶层设计、现任校领导、专业建设、校园环境、设施设备、学生活动等方面介绍学校的现状。第三部分是向新生介绍在校期间的学习方法、文明与安全、心理与健康、社团与活动、管理与服务。第四部分是精选了不同时期、不同专业优秀校友就业创业的历程与感悟。最终目的是让新生更好地了解陌生的城市、陌生的学校、陌生的学习方式、陌生的管理，以期同学们更快地适应新的环境和生活。

在编写过程中，为尽可能完整展现学校现状，本书使用了学校和领导们的各种材料，如照片、简历等等，使用了二级学院的介绍，这些都是大家工作的成果和心血，在此特别说明并表示衷心的感谢。在编写过程中，得到了刘旺、李建铁、杨娜、肖泽忱、李常、石英、肖明、欧阳文峰、周志敏、雷群泌（排名不分先后）等同事的大力帮助和支持，在此，表示真诚的感谢。

由于作者的编写能力、水平、精力所限，本书在历史资料的收集与整理、分析与取舍，在学校现状的归纳和总结、表述和提升，在学生新环境的适应性和实用性教育等诸多方面还有很大欠缺，还有一些疏漏和不足之处，敬请各位领导、同事以及读者不吝批评赐教，作者一定谦虚接受、认真反思、感激不尽。

顾裕文

2019年7月19日

[illegible]

[illegible]

[illegible]

本书[illegible]四个部分[illegible]

[illegible]

在编写过程中，[illegible]

[illegible]

[illegible]

2019年5月19日

顾裕文简介

顾裕文，男，瑶族，1977 年 2 月出生，湖南永州道县人，中国共产党党员，经济学学士，管理学硕士，副研究员。历任湖南环境生物职业技术学院旅游系副主任、学生工作部副部长、校团委书记、宣传统战部副部长、发展与改革研究所副所长、宣传统战部部长、继续教育部部长、总务处处长（兼南校区综合管理办公室主任），现任学院党政办公室主任。

主要从事高校管理研究和小城镇产业发展研究，在国家级、省级杂志公开发表论文 25 篇，出版专著 2 本。先后获得湖南省“三下乡”优秀指导者、衡阳市大中专院校“十佳思想政治工作者”等荣誉。

目　录

第一章　新的环境：衡阳与石鼓

我校党委书记苏立这样介绍衡阳的人杰地灵："中国四大发明，衡阳有其一：造纸术（蔡伦）；十大元帅有其一：罗荣桓元帅；四大书院有其一：石鼓书院；五岳有其一：南岳衡山。"这个概括精辟而实在，让人耳目一新，能让不了解衡阳的人对衡阳留下深刻印象。

衡阳，地处南岳衡山之南，因山南水北为"阳"，故得此名。又因"北雁南飞，至此歇翅停回"，栖息于城南回雁峰，故雅称"雁城"。

第一节　衡阳介绍

一、悠久的历史

先秦：衡阳地区古属三苗、杨越，战国时为楚国所辖，为楚南重镇。

秦代：公元前 221 年，秦始皇统一中国并将原楚国南部分为黔中、长沙两郡，衡阳地域属于长沙郡。

汉代：公元前 202 年，汉高祖始建酃县（治今珠晖区酃湖乡，西汉至隋朝初年酃县指衡阳市珠晖区酃湖，宋代至新中国成立之初酃县指炎陵县），后设立钟武侯国、重安侯国。

三国：衡阳分属于衡阳郡和湘东郡，出现二郡分立的情况。公元 220 年，孙吴于长沙郡东南设置湘东郡，郡治设酃县（今珠晖区酃湖乡）；并于长沙郡西部设衡阳郡，下辖蒸阳（今衡阳县）、重安（今衡南县）、湘南、湘西（今衡山、衡东、南岳区）、湘乡、益阳等县。此为历史上首次出现以衡阳命名的郡。

两晋南北朝：西晋置衡州，治衡阳。东晋、南北朝先后设湘东郡、衡阳王国（辖今衡阳市、娄底市、益阳市、湘乡市、宁乡县、韶山市等地）、湘东王国（今衡阳市、茶陵、炎陵、攸县、双峰、安仁等地），首府设衡阳。

隋代：公元 589 年，隋灭陈并改郡为州，改湘东、衡阳两郡为衡州，临蒸为衡阳县，州、县城均在江东东岸。此为历史上首次出现以衡阳命名的县。

唐代：唐天宝年间又将衡州改称衡阳郡，直至唐乾元元年才复用衡州。肃宗至德二年置衡州防御使，领衡、涪、岳、潭、郴、邵、永、道八州。公元 764 年，唐王朝为了加强对湖南地区的控制，设置湖南观察使。这是历史上最早出现"湖南"之名，湖南观察使驻衡州。

宋代：为衡州衡阳郡。

元代：元代确定行省制度，省下设路，改置衡州路，在衡州设湖南宣慰司，属湖广行省（治武昌，今武汉）。元贞元年（公元 1295 年）衡永郴桂诸路人民抗粮、抗丁，起义频繁，朝廷于衡州设行枢密院。

明代：置衡州府，属湖广行省（治武昌，今武汉）。下辖衡阳县（衡阳市区、衡阳县、衡南县）、衡山县（南岳区、衡山县、衡东县）、耒阳县（耒阳市、安仁县）、常宁县（常宁市）、茶陵州（茶陵县、攸县、炎陵县、安仁县）、桂阳州（桂阳县、临武县、蓝山县、嘉禾县），明朝中后期设桂王藩国，都衡阳。

清代：清代湖广行省分为左、右布政使司，康熙三年（公元 1664 年）分为湖南、湖北两省。置衡永郴道，驻衡州府，领衡州府（衡阳县、清泉县、衡山县、耒阳县、常宁县、安仁县、酃县、桂阳州、临武县、蓝山县、嘉禾县）、永州府（零陵县、祁阳县、东安县、道州、宁远县、永明县、江华县、新田县）、郴州（永兴县、宜章县、兴宁县、桂东县），雍正十年（公元 1732 年）增领桂阳州，更名衡永郴桂道。公元 1676 年，吴三桂在衡阳称帝，国号周。衡阳称定天府（国都）。

民国：民国三年（公元 1914 年），废府存道，改衡永郴桂道为衡阳道，俞寿璋任道尹。衡阳道（全省三道：衡阳道、湘江道、辰沅道）所辖县仍如清代衡永郴桂道，治所衡阳，直辖湘南 34 县。1936 年，衡阳设立粤汉、湘桂铁路局，管辖湘、桂、粤、鄂四省铁路。1937 年，全省分十个行政督察区，第二行政督察区专员公署驻衡阳，辖衡阳、衡山、常宁、耒阳、攸县、安仁、酃县、茶陵。1939 年春自湖南省政府沅陵迁至耒阳。省政府设在水东江至竹市一带，秘书厅设于杜陵书院（今耒阳一中校址）。抗日战争爆发后，随着国民政府政治、经济、文化重心的西移，衡阳的经济和社会地位迅速发展演进，不仅是南方交通枢纽，而且成为大后方最重要的物资集散地和工商业中心，人口急剧增加到 60 万。因此，1941 年 1 月，湖南省政府决定将衡阳县东华、雁峰、西湖、石鼓、江东 5 镇和城郊的广福、奇罡、酃湖 3 乡区域设置衡阳市，直属湖南省政府，衡阳县治所仍驻市内。1942 年 1 月 1 日，国民政府设衡阳市，属省辖，市长朱玖莹。1943 年为国民政府第二大工商业城市，人口近 100 万。1944 年第二次世界大战中国历时最长的战役——衡阳保卫战致使衡阳城被毁，全城仅剩三栋建筑。

新中国成立后：1949 年 10 月 8 日衡阳解放，设立衡阳铁路局，为中南铁路总局，管辖中南六省（湖南、湖北、广东、广西、江西、海南）铁路。1949 年设衡阳专区，专署驻衡阳市。辖衡阳市及衡阳、衡山、攸县、茶陵、酃县、安仁、耒阳、常宁等 8 县。1950 年衡阳市改由省直辖。1952 年撤销衡阳专区，设立湘南行署，行署驻衡阳市。原衡阳专区所属衡阳、衡南、衡山、耒阳、安仁、酃县、常宁等 7 县和原郴州专区所属郴县、永兴、资兴、桂东、汝城、宜章、临武、蓝山、嘉禾、桂阳等 10 县，原零陵专区所属零陵、东安（驻白牙市）、祁阳、祁东、新田、宁远、江华、道县、永明等 9 县划入湘南行署，辖 26 县。1980 年成为省辖市（1980 年，湖南省 5 个省辖市、10 个地区、1 个自治州，衡阳有省辖衡阳市和衡阳地区）。1983 年 7 月，原衡阳地区与衡阳市合并，实行市管县新体制。衡阳市辖衡阳、衡南、衡山、衡东、常宁、耒阳、祁东 7 县（耒阳、常宁为县级市），以及江东、城南、城北、郊区、南岳 5 个县级区。2001 年城北、城南、江东、郊区 4 个区分别改名为石鼓、雁峰、珠晖、蒸湘四个县级区。

二、辉煌的现在

衡阳是湖南省第二大城市。全市辖 5 区 2 市 5 县，总面积 1.53 万平方公里，2017 年末总人口 799 万，城区人口 118 万。

衡阳，是一块充满生机和希望的神奇土地。她有着悠久灿烂的历史文化、优越的地理位置、完善的基础设施和无比富有的自然资源。衡阳区位置优越，紧靠东海，邻近港澳，承东接西，是沿海的内地，内地的前沿；“扼两广，锁荆吴”，地处“南北要冲”，历来是商贾云集之处和江南主要商品集散地。境内交通十分便利，京广铁路、107 国道和正在兴建的京珠高速公路纵横南北，湘桂铁路、322 国道和“三南”公路横穿东西；湘江、耒水、蒸水、米水可四季通航，四通八达，特别是投资 20 亿元正在建设中的湘江衡阳大源渡航运枢纽工程，将使千吨级货轮顺湘江入洞庭、通长江达上海；还有两个机场可供开通，已经形成水陆空立体交叉的交通网络，是名副其实的呼应南北、承接东西、合纵连横的南北交通枢纽。

衡阳资源丰富，物产众多，开发前景诱人，是全国著名的“有色金属之乡”“非金属之乡”和“鱼米之乡”。金、银、铜、铁、铅、锌、煤、岩盐、高岭土、钠长石等百余种矿藏，储量丰富，在国内外占有重要地位。衡阳农业生产发达，生态环境优良，是全国重点建设的粮、油、猪、鱼、水果基地。衡阳山奇水秀，人文荟萃，旅游风光旖旎迷人，遍布自然景观和人文景观，有“寰中佳丽”之美誉，特别是拥有“文明奥区”之称的南岳衡山，逶迤绵延八百余里，以山川形胜而独秀，以佛道共荣而扬名，是名闻天下的集览胜、探险、度假、避暑于一体的多功能旅游胜地，衡阳名片（表 1-1）。

表1-1　衡阳名片一览表

项目	内容	项目	内容
中文名称	衡阳市	火车站	衡阳站，衡阳东站，南站、西站、北站
外文名称	HengYang	电话区号	0734
别名	雁城	车牌代码	湘 D
面积	15310 平方千米	邮政编码	421000
人口	799 万	地理位置	湖南省东南部
方言	衡阳话	行政代码	430400
行政区类别	地级市	公办大学	南华大学、衡阳师范学院、湖南工学院、湖南环境生物职业技术学院、湖南财经工业职业技术学院、湖南高速铁路职业技术学院、衡阳技师学院
所属地区	中国中南		
下辖地区	耒阳市、蒸湘区等 5 区 2 县级市 5 县		
政府驻地	衡阳市高新区解放西路北面 16 号		
著名景点	南岳衡山，蔡伦竹海，石鼓书院，江口鸟洲，耒水国家湿地公园		
市树	樟树		
市花	月季花		
机场	衡阳南岳机场		

第二节　石鼓区介绍

一、石鼓区概括

石鼓区位于衡阳市区西北部，素有衡阳城区“北大门”之称，原名城北区，2001 年行政区划调整时，因石鼓书院位居城中而得其名。全区辖 1 个乡 6 个街道办事处，总面积 112 平方千米，2016 年末全区总人口为 24 万余人。

石鼓区风光绮丽、景色宜人。石鼓区揽三江而依衡岳，山灵水韵，纳学藏识，自古以来就博得了衡阳古八景中的“石鼓江山锦绣华”之美誉。石鼓广场、莲湖广场是城区两颗明珠，郁郁葱葱，水城相容，靓丽异常，人流如云，繁华至极。蒸、耒、湘三水绕城而去，如城中玉带，波光粼粼，熠熠生辉，增添古城之灵气。石鼓山天然造就，枕三水而眺天际，每每蒸、耒、湘三水交会，犹如有巨鼓雷鸣之声，声声远播。西湖公园如城中之客厅，荷花夜放，阁楼别院，深深几许，是休闲游乐之佳处。蒸水风光带如靓丽霓虹彩裳，扮靓了蒸水，扮靓了城区。

石鼓区历史悠久，绵远流长。自西汉开始设县治至中华人民共和国，历经两千多年历史变迁，一直为衡阳乃至湘中南地区的政治、经济、文化中心。境内有“四大书院”之一的石鼓书院，周敦颐、朱熹、王船山等儒家先贤曾于此临江讲学，著书立说，传承文化思想；辖区内的演武坪原为古代练兵场，曾国藩、彭玉麟曾据此练兵，湘军攻必克、战必胜，力挽狂澜，重振晚清中兴局面；来雁塔屹立三江之滨，彭玉麟曾亲笔题写塔名。

石鼓区人杰地灵，人文荟萃。雁城古人文八景，石鼓占其四：“石鼓江山锦绣华”反映出石鼓景色的秀美绝伦、蔚为壮观，令人心旷神怡、流连忘返；“朱陵洞内诗千首”说明了石鼓区文化繁荣、熠熠生辉；“青草桥头酒百家”印证了石鼓区历来商贾云集、酒肆林立的繁荣景象；“西湖夜放白莲花”描绘了夏夜风凉、白莲竞放的西湖盛景。石鼓书院思想飞扬，演武坪中兵勇来往，这是一片充满生机和活力的热土，各种思想经此交流，江水北去，百舸争流，形成了石鼓区璀璨的文化之源，绵绵不息，源远流长。

石鼓区交通便利，环境优美。境内湘、蒸、耒三水交汇，湘江围城而行，蒸水河穿城而过，水资源极其丰富。衡大高速、衡邵高速、南岳高速、107 国道交织如网，朱陵洞、爱莲阁、来雁塔等名胜景点人流如织，西湖公园、莲湖广场风景优美，虎形山公园为城市天然氧吧。

二、石鼓区志

今城北区地域，古为扫越之地。

商属荆楚。

周属荆州。

春秋属楚。

西汉属酃县县治设蒸湘合流处，隶长沙国。永建三年（128）治所迁至酃湖东岸。东汉献帝建安六年（196）荆州刺史刘表割酃县南部东北境、蒸阳县东境置临蒸县，酃湖东岸迁回原酃县治所（128 年永建三年迁至酃湖东岸）。临蒸县，隶零陵郡。

三国时，始属蜀，后属吴。

西晋属湘东郡酃县。

东晋酃县并入临蒸县，属湘东郡临蒸县。

南北朝时期，衡阳地域先后归宋、齐、梁、陈各朝所有。属湘东郡，分别称临蒸县、临蒸伯国、侯国和新城县。

隋并临蒸、新城、重安 3 县，始置衡阳县。州、县同治，属衡州衡阳县。

唐高祖武德四年（621），分衡阳县置临蒸（改“临烝”为“临蒸”）、新城、重安 3 县，隶衡州郡。七年（624），州治从湘江东岸迁至境内。新城县入临蒸县。属临蒸县。天宝元年（742）后，州郡并称，属衡州衡阳郡衡阳县。

五代，属衡阳县。

宋，属荆湖南路衡州衡阳郡衡阳县。

元，确定行省制度，省下设路。属湖广行省衡州路衡阳县。顺帝至元三年（1337）分衡阳县东南复置新城县。属衡州路新城县。

明洪武十年（1377），并新城县入衡阳县。属衡州府衡阳县。

清康熙三年（1664），属湖南省衡永郴桂道衡州府衡阳县。康熙十七年（1678）三月初二日，吴三桂在衡阳称帝，改衡州府为定天府，立都建宫于境内（今衡南县政府所在地）。

清乾隆二十一年（1756），以蒸水为界分衡阳县东南境置清泉县。属衡州府清泉县。

民国初期，隶衡永郴桂道。民国 11 年（1922）废道制，属湖南省衡阳县。民国 26 年（1937）12 月，湖南省实行行政督察区制，属第五行政督察区。民国 29 年（1940）5 月，改称第二行政督察区。

民国 31 年（1942）1 月 1 日，析衡阳县城区和环城地域置衡阳市，为省直辖，设 8 个区。第三区为今属地。

1949 年 10 月 8 日衡阳解放后，境内先后称第三区、第二区。1955 年 6 月称城北区至今，均属衡阳市。1980 年 2 月 20 日经湖南省委批准，衡阳市升为地级市，由省直辖，城北区属市辖县级区。

2001 年 4 月 4 日，经国务院批准，原城北区改为石鼓区。

第三节　衡阳主要交通

一、南岳机场

衡阳南岳机场位于中南重镇、全国重要综合交通枢纽——衡阳市衡南县云集镇西南部，东临衡阳东站、衡阳站、衡炎高速公路、京港澳高速公路、107 国道，北接衡阳白沙洲工业园区（深圳工业园）、衡阳南站、泉南高速公路，西连岳临高速公路、衡邵高速公路、益娄衡高速公路、衡永高速公路、322 国道。

衡阳南岳机场为国家重要 4C 支线机场，其定位为湘中南地区航空中心，是中南地区第一个使用托管模式的机场。衡阳南岳机场按 4D 规划、4C 建成、4E 留足发展空间，航站楼工程于 2013 年初正式开工。机场一期工程由南岳机场投资总公司承建，由国家和湖南省、衡阳市出资建设，总投资 9.98 亿元，其中国家总投资 4.78 亿元，衡阳市自筹 5.2 亿元，占地面积 2 142 亩，总建筑占地面积 14 316 平方米，设计年旅客吞吐量 30 万人次、货邮吞吐量 1 600 吨，辐射衡阳、邵阳、郴州、永州、株洲、娄底、湘潭、井冈山等周边市，对于打造衡阳西南云大都市区、构建大衡阳都市圈、提升南岳衡山品牌奠定基础、刺激周边省市产业群布局具有重大意义。

衡阳南岳机场拥有一座面积为 14 300 平方米的航站楼；一条长 2600 m，宽 45 m 的起降跑道；一条长 155.5 m、宽 18 m 的联络滑行道；站坪 31 000 m^2，共有停机位 5 个（4C1B），可保障空客 320、波音 737、C919、E190 等 C 类机型以及新舟 60、ARJ21、CRJ900 等 B 类机型起降；停车场 7 300 m^2，货运站 300 m^2；6 744 m^2 的辅助生产、办公及生活服务设施；航管楼 800 m^2，并建有通信导航、助航灯光及其配套设施。衡阳南岳机场停车场免费开放，不收取任何停场费、过夜费。

南岳机场航站楼外观体现衡阳的特色形象（图 1-1），从空中俯瞰，呈现“双雁齐飞”状。

图 1-1　南岳机场

南岳机场航站楼位于机场跑道中部西侧，设有离港层和到港层两层，两边都有高架桥，可实现航站楼与地面道路的无缝对接，最大限度地方便乘坐飞机的市民，同时还配备了 3400 m^2 的停车场，自驾车的旅客可以将车停放至地面停车场，乘坐手扶电梯即可直达出港大厅。南岳机场在建筑设计上主打“大雁”文化，航站楼位于机场跑道中部，从远处看，像一对振翅欲飞的大雁，大厅屋顶吊板呈现“群雁聚会”的景象。

2014 年 12 月 23 日，衡阳南岳机场正式通航，首批开通衡阳至北京、上海航线。截至 2019 年 5 月，衡阳南岳机场已开通了到北京、上海、昆明、成都、重庆、三亚、西安、杭州、海口、青岛、贵阳、济南、张家界、大连、珠海、天津、福州、汕头、泉州、温州、丽江、宁波、鄂尔多斯、厦门、郑州、兰州、乌鲁木齐等市航线，后期将开通至北海、南京、深圳、沈阳、长春、哈尔滨、西双版纳、银川、呼和浩特等航线。

二、衡阳东站（高铁站）

2009 年 10 月 6 日，京广高速铁路新衡阳站被铁道部正式命名为衡阳东站（图 1-2）。衡阳东站于 2009 年 12 月 26 日起随武广高铁一并开通运营。衡阳东站坐落在耒水河旁，耒水大桥如彩虹般飞架衡阳东站，一头连着寓意大雁南飞的新客站，一头连着状如机场跑道的衡州大道。

图 1-2 衡阳东站（高铁站）

京广高速铁路设计时速为 350 km/h，京广高速铁路早期运行时速为 300 km/h，乘坐高铁从衡阳到广州、武汉仅需 2 个小时（才饮广东茶，又食武昌鱼），到省会长沙仅需半个小时（才攀岳麓山，又登回雁峰）。衡阳东站占地 93.3 万 m^2，站场主要由主站房、站台雨棚、进站天桥、综合动车运用维修所四部分组成，总建筑面积 8.6 万 m^2，车站总建筑面积 71 667 m^2，站台雨棚建筑面积 49 539 m^2。

衡阳东站最高聚集人数为 1 千人，站房高峰每小时发送旅客数量可达 2 600 人。主站房包括出站层、站台层、高架层三层，采用线侧平式布局，站台雨棚和进站天桥设计为 5 个站台、到发线 11 条，其中 1 座基本站台和 4 座岛式中间站台。主站房长 210 m、宽 45 m、高 39 m，共分 3 层，采用旅客高进低出的航空港模式，每小时发送旅客 2 567 人次。首层为出站层，层高 7.5 m；二层为站台层，层高为 8 m；三层为高架层，层高至屋面局部为 4.5 m；屋面为波浪形，最低点为 16.4 m。主站房设计为中国大屋顶式造型，3 组飞檐如群雁腾飞，是衡阳市重要的标志性建筑。原铁道部部长曾评价：新衡阳站设计大气、漂亮、现代化、人性化，将大幅提升衡阳在湖南省乃至全国的交通枢纽地位。

衡阳东站设 12 个售票窗口、16 个出站闸机，站场已建成到发线 11 条，其中京广高速铁路 9 条、湘桂高铁 1 条、怀邵衡快铁专线 1 条。对衡阳的旅游业而言，衡阳东站的运营会吸引大批游客前来观光，这将大大加强衡阳旅游业的资源整合，大大缩短衡阳和全国各大中城市的时空距离。

衡阳东站配套设施：车站广场、王江汽车站、公交停保场、雁城大道、新园路、安置区、供水供电设施等八大项目。

衡阳东站是湖南省第二大高铁站，其建筑规模及客流量在湖南省的高铁站中仅次于长沙南站，东距攸县南站 90 公里，南距耒阳西站 55 公里，西距祁东站 74 公里，北距衡山西站 41 公里、株洲西站 125 公里、长沙南站 176 公里。

三、衡阳火车站

衡阳火车站建于 1938 年，抗日战争时期被毁，衡阳解放后重建（图 1-3）。车站位于珠晖区广东路，是京广、湘桂、吉衡 3 条铁路干线的交汇处，是广州铁路（集团）公司管内的一个集客、货、运、装、旅行服务为一体的综合性特等站，是湘南旅客和货物的重要集散地之一，货运量湖南省第一，客运量湖南省第二。

图 1-3　衡阳火车站

衡阳火车站东距安仁站 72 公里，南距耒阳站 63 公里，西距祁东站 74 公里，北距衡山站 51 公里（湘桂线），京广线衡阳站距北京西站 1773 公里，距广州站 521 公里。

第四节 衡阳旅游

一、南岳衡山景点

衡山又名南岳，是我国五岳之一，位于湖南省衡阳市南岳区，海拔 1 300.2 m。由于气候条件较其他四岳为好，处处茂林修竹，终年翠绿；奇花异草，四时飘香，自然景色十分秀丽，因而又有“南岳独秀”的美称。清人魏源《衡岳吟》中说：“恒山如行，岱山如坐，华山如立，嵩山如卧，唯有南岳独如飞。”这是对衡山的赞美（图 1-4）。

图 1-4 祝融峰冬景

1982 年，衡山作为我国著名的自然景观和人文景观，以湖南衡山风景名胜区的名义，被国务院批准列入第一批国家级风景名胜区名单。2007 年 8 月 1 日，南岳衡山经国务院批准列为国家级自然保护区。衡山由包括长沙岳麓山、衡阳回雁峰在内，巍然耸立着的 72 座山峰组成，亦被称作“青天七十二芙蓉”。南岳的首峰就在衡阳市中心的南门口——回雁峰，从“天下南岳第一峰”向北出发，沿蒸湘北路乘汽车行驶一个多小时，从眼前闪过几十座像芙蓉般婀娜多姿的山峰，就进入了南岳胜景。南岳衡山还有许多名胜古迹和神话传说，吸引了历代各种人物，形成丰富多彩的文化沉积，宛如一座辽阔的人文与山水文化和谐统一、水乳交融的巨型公园。

南岳之秀，在于无山不绿，无山不树。那连绵飘逸的山势和满山茂密的森林，四季常青，就像一个天然的庞大公园。林深树多，光听听树的名字，就十分动人：金钱松、红豆杉、伯乐树、银鹊树、香果、白檀、青铜以及常绿的香樟、神奇的梭罗、火红的枫林、古老的藤萝。据统计，南岳现有各种植物 1700 多种。这是几十代人的血汗结晶，其中许多植物堪称奇珍异宝。福严寺的银杏相传受戒于六朝时的慧思禅师，树龄有 1400 多年，树身三个成人合抱亦不能围拢。藏经殿后的白玉兰，亦有四五百年的历史，至今仍然逢春开花，香飘满山。半山亭的古松，三四百岁的年龄，还是小弟弟呢！上封寺后的原始森林，许多树都是“老态龙钟”，弯腰曲背，遍身青苔，望不见纹路。乍一看，它们长得拳曲不张，冠盖不整，盘根错节，相互依偎，恍如严寒中一群衣衫破败的老人，相拥取暖，令人怜悯而无俊俏风华的赞叹。但在这高山风口上，它们千百年如一日，在“风刀霜剑严相逼”之中，彼此抱得铁紧，你搀我扶，有的甚至同根所生，枝同连理，不仅独秀，而且情深。如果南岳只有这些树木呈现的秀色，那还不足以在天下名山中如此令人瞩目。这种秀色只是它的外在之美，而秀中有“绝”，才是它的深远内涵。人们把南岳的胜景概括为“南岳八绝”，即“祝融峰之高，藏经殿之秀，方广寺之深，磨镜台之幽，水帘洞之奇，大禹碑之古，南岳庙之雄，会仙桥之险”。正因为“南岳八绝”的出类拔萃，才使它赢得“五岳独秀”那当之无愧的美称。

南岳还是著名的佛教圣地。环山数百里，有寺、庙、庵、观等200多处。位于南岳古镇的南岳大庙，是中国江南最大的古建筑群，占地9 800多m^2，仿北京故宫形制，依次九进。大庙坐北朝南，四周围以红墙，角楼高耸。林涧山泉，绕墙流注。庙内，东侧有8个道观，西侧有8个佛寺，以示南岳佛道平等并存。

衡山也是著名的道教名山，汉武帝以南岳名安徽天柱山，隋文帝复以衡山为南岳。道教称第三小洞天，名其岳神为司天王。山有七十二峰，以祝融、紫盖、芙蓉、石廪、天柱五峰为著，祝融又为之冠。有黄庭观，传为晋天师道女祭酒魏华存修道处。上清宫乃晋道士徐灵期修行处。降真观，旧名白云庵，乃唐司马承祯修道处。九真观西有白云先生（司马承祯）药岩。五代道士聂师道亦修道于此。

南岳主要景点有：水帘洞、龙凤溪、祝融峰、南岳大庙等。

（一）水帘洞

水帘洞，位于南岳衡山七十二峰之紫盖峰下，南岳乡水濂村，距南岳镇4 km。据《一统志》《福地志》记载，水帘洞古名朱陵洞，相传是朱陵大帝居住的地方。唐朝人称朱陵洞为“紫盖仙洞”。道家认为它是道家的“第三洞真虚福地”，乃“朱陵太虚小有之天”，简称“朱陵洞天”，历来是神仙居住的洞府。《潜霍类书》说：相传远古时候，大禹治水，来南岳求金简玉书，曾在朱陵洞天举行祭祀的典礼，唐开元二十六年（公元738年），唐玄宗曾派遣内侍张奉国带道士孙智凉等人，专程从京师来到南岳朱陵洞投放金龙玉简。这一“洞天投龙”的盛况，详细地记载在《南岳志》上，后人在水帘洞投金龙玉简处写下一副对联：北向独不朝，泻千尺银河，溅玉飞珠，相望源头来紫盖；西巡应有恨，弃九重金阙，投龙续命，空寻洞穴向朱陵。

水帘洞瀑布源头是在紫盖峰的泉水。三支泉水汇集一起，流入水帘洞上方谷地。谷地阔三丈，原是梁朝的九位真人白日飞升的栖息之地，后建造九仙观。九仙观附近有太阳泉、洗心泉、洞真源、仙人池等。相传泉水深不可测。泉水从石壁上飞流直泻，发出雷鸣般的声音，声传十里。明代张居正游此地后说：“瀑泉洒落，水帘数叠，挂于云际，垂如贯珠，霏如削玉”。确实，它从绝壁上喷泻下来，宽达三米，高五十余米，泻珠溅玉，仿佛一幅巨大的白布帘，在石壁当中被乱石嶙岩挡住，然后再从石缝里屈曲折射，跳跃出来，满谷水花四溅，闪烁着晶莹夺目的光彩。水帘绝壁下的碧潭，天上的云彩和两边苍翠的山峦，构成一幅美丽的山水画。明代张居正作《水帘洞》赞道：“误疑瀛海翻琼浪，莫拟银河倒碧流；自是湘妃深隐处，水晶帘挂五去头”。这首诗可说是写出了水帘洞的光、声、影三绝的奇景了。

水帘洞右边，石壁陡峭。原先在岩上有一石屋，龙神祠。这祠堂是唐玄宗派内侍张奉国和道士孙智凉投“金龙玉简”的处所。距龙神祠相隔七十多米的山涧对面，有一座麻石嵌镶建造的六角凉亭，叫雪浪亭，是清人李元度在清光绪十年（公元1884年）时建成的。亭中有石桌、石凳。亭以涧水翻腾如雪浪而取名。当时坐在亭中，眼观碧潭里的珠玉跳跃，耳听辎声轰鸣，自能体会石壁上镌刻的“夏雪晴雷”四字所寓的情趣。如今龙神祠无存，只有雪浪亭依旧。它为游人休憩，观赏水帘洞的奇景提供了方便。

唐至清各个朝代，都有不少诗人名家为之题刻赋诗。石刻有宋代的“南岳朱陵洞天”，明代的“天下第一泉”，清代的“夏雪晴雷”“醉眠观瀑”。此外还有“飞琼溅雪”“帘挂古今”等。

（二）龙凤溪

龙凤溪发源于祝融峰北麓，是一条充满神奇色彩的溪流，十里长溪大部分穿流在原始森林之中。由于山峰高耸，山势险峻，溪流大起大落，形成 14 处瀑布奇观，最高一处瀑布落差达 260 m，比举世闻名的黄果树瀑布还要高，其中主要景点有龙凤潭、一线天等。

（三）祝融峰

祝融峰离上封寺不到 500 m 里，是南岳最高峰，海拔 1 290 m。祝融峰的名字与上古神话有关，相传祝融是黄帝身边的大臣，是火神，他曾以衡山为栖息之所，死后葬在衡山的最高峰，后人便以他的名字命名该峰。祝融峰上有祝融殿，因山高风大，建筑是用坚固的花岗岩砌墙，以铁瓦盖顶，殿宇凌风傲雪，巍然屹立在绝顶巨石之上。殿后有望月台，是一块高耸的巉岩，上有石刻，字迹清晰可辨。

（四）南岳大庙

南岳大庙，位于南岳古镇北端，赤帝峰下。它是一组集民间祠庙、佛教寺院、道教宫观及皇宫建筑于一体的建筑群，也是我国南方“五岳之中规模最大的庙宇，占地面积 98 500 m^2。始建年代不详，地方志有记载的大庙最早建于唐开元十三年（公元 725 年），历经宋、元、明、清历朝各代六次大火和十六次重修扩建。于清光绪八年（公元 1882 年）重建，它是仿照北京故宫宫殿式的古建筑群，因此有“江南小故宫”之美称。中轴线上的主体建筑由棂星门、奎星阁、正川门（正南门）、御碑亭、嘉应门、御书楼、正殿、寝宫和北后门九进、四重院落组成。东边有八个道观、西边有八个佛寺，中轴线上则是儒家的建筑风格。虽然儒、释、道三教信仰不同，追求各异，但他们长期以来友好相处、共同发展、同存共荣。儒、释、道三教共存一庙，这是我国乃至世界庙宇中绝无仅有的（图 1-5）。

图 1-5 南岳大庙全景

大庙出色的木刻、石雕、泥塑被誉为“江南三绝”。同时以八百蛟龙为最大特色，无论殿宇的梁柱、屋檐，还是柱基、神座，乃至门框、斗拱，神态各异的蛟龙，随处可见，这里自古就有八百蛟龙护南岳的传说。

历史上南岳大庙曾多次毁于大火，又经多次重建和修缮扩建。可以说，这是一部与天灾人祸搏斗的历史，南岳大庙承前启后，继往开来，闪烁着中华民族精神的亮点。除了那些民间能工巧匠，历史上对南岳大庙的建设、修复、管理有贡献的人士中，有官吏、乡绅、商贾、军人，既有普通老百姓，也有像李鸿章、曾国藩、薛岳、陶铸、陈毅那样的大人物，他们以信仰和智慧、财力与物力，维护着这座古庙宇雄浑大度的气势和袅袅升腾的香火。在所有的虔诚维护者之中，有一个人值得一提，他就是湖南平江县人李元度。李元度，号次青，字筠庭，自号天岳山樵，晚年更号超然老人，官至云南布政使。1879 年，湖南巡抚王文韵聘请李元度到南岳主持重修南岳大庙，历时三年，将被大火烧毁的大庙正殿重修一新，又增建和重修了行祠、御碑亭、御书楼、注生殿、辖神祠，使南岳大庙颇具规模，沿袭至今。李元度乘修庙的机会，遍涉南岳山水，独立编纂了 26 卷、40 余万字的《南岳志》，其中便有“修监岳祠”的记载，为人们完整认识南岳大庙提供了一把“文化的钥匙”。

（五）忠烈祠

青年学生、爱国志士若去南岳，应该到南岳忠烈祠（图 1-6），感受抗日战争的残酷，不忘国耻，奋发图强。

图 1-6　忠烈祠正门

南岳忠烈祠，位于湖南省衡阳市南岳衡山香炉峰下方，距南岳古镇 4 km 处，南岳忠烈祠为纪念抗日阵亡将士而建，忠烈祠共有 13 座大型烈士陵墓，墓葬分布四周，庄严肃穆，祠内有殿宇、石雕炮弹等景观。纪念碑形如五颗直指蓝天的巨型炮弹，象征着汉族、满族、蒙古族、回族、藏族五族人民团结一心，同仇敌忾，奋起抗战的决心。

南岳忠烈祠是中国建筑最早、规模最大的抗日战争纪念地之一，也是抗日战争和世界反法西斯战争的重要纪念地之一。中华民族阵亡将士的总神位就设立于此。

1996 年，南岳忠烈祠被国务院列为全国重点文物保护单位。2009 年，被中宣部公布为全国爱国主义教育示范基地。2016 年 12 月，南岳忠烈祠被列入《全国红色旅游经典景区名录》。

南岳忠烈祠由祠宇和墓葬区两大部分组成，祠宇为宫殿式建筑，共五进。整座祠宇坐北朝南，南北纵深 320 m，东西宽约 70 m。中轴线上，按前低后高地形布局分为五进。

第一进为牌坊，一列拱门三孔，琉璃盖顶，花岗岩方整石墙体，中拱上方，嵌汉白玉竖额，镌“南岳忠烈祠”五字，薛岳书。牌坊以内，广场开阔，绿草翠柏，互为对称。

第二进为广场中“七七”纪念碑，五颗石制巨型炮弹直指蓝天，碑座正前方和东西侧分别用汉白玉嵌有“七七”二字，寓全民奋起，勿忘国耻，“武力御侮”之意。

第三进为纪念堂，三开间，明间正中竖巨碑，上刻《南岳忠烈祠纪念堂碑记》，东西次间为《南岳与抗战》陈列展。过纪念堂，为两道平行纵列石级，分段递上，共 276 级，中间草坪用大理石片镶嵌“民族忠烈千古”六个大字。石级半坡间辟为小广场。

第四进为广场中安亭战役纪念亭。

第五进为亭上方享堂，居祠宇最高处，为整座祠宇的主体建筑，也是祭祀活动场所。享堂呈“十”字形，正中堂额“忠烈祠”系蒋介石亲书。堂内靠后突出部分为讲坛，坛后巨碑如屏，居中竖刻“抗日阵亡将士总神位”，两边刻 22 次战役阵亡将士神位。堂内东西两侧用汉白玉碑座形式展出了张自忠、佟麟阁等 37 位阵亡将领的生平事迹、国民政府总理遗嘱及国民党要员的题词。

祠宇周围为公墓区，占地逾 1 300 m^2。分布着 19 座烈士墓葬，其中 12 座为个人墓，7 座为集体墓。葬有抗日战争中 22 次正面大型作战，以及全国共计 4 万次战斗所牺牲的将士。忠烈祠常年设有《南岳与抗战》《抗战英烈生平事迹》基本陈列展。

二、罗荣桓及其故居

（一）罗荣桓元帅

罗荣桓（1902—1963 年）是久经考验的忠诚的共产主义战士，坚定的马克思主义者，伟大的无产阶级革命家、政治家、军事家，中国人民解放军和中华人民共和国缔造者之一，中国人民解放军政治工作奠基人，中华人民共和国元帅，党、国家和军队卓越领导人。1902 年 11 月 26 日罗荣桓生于湖南省衡山县寒水乡南湾村（今属衡东县荣桓镇）。在衡东县荣桓镇南湾村有罗荣桓故居纪念馆。他是中华人民共和国的开国元勋，中国十大元帅之一。

罗荣桓历任红四军军委书记兼政治委员，115 师政治委员，山东军政委员会书记，山东军区司令员兼政治委员，115 师代师长兼政委，中共中央山东分局书记，中共第七届中央委员，中共中央东北局副书记兼东北人民自治军第二政治委员，东北野战军政治委员，中国人民解放军第四野战军政治委员，中国人民解放军平津前线政治委员，中国人民解放军第四野战军第一政治委员，最高人民检察署第一任检察长，中共中央华中局（后为中南局）第二书记，华中军区（后为中南军区）第一政治委员，中国人民解放军第一任总政治部主任兼任总干部管理部部长，中央人民政府人民革命军事委员会副主席，中共第八届中央委员，中共第八届中央政治局委员，第一、第二届全国人大常委会副委员长，第一、第二届国防委员会副主席，中央军委副主席，中国人民解放军监察委员会书记，中国人民武装委员会主任，中国人民解放军政治学院第一任院长等党、国家和军队重要职务。

1955 年 9 月罗荣桓被授予中华人民共和国元帅军衔和一级八一勋章，一级独立自由勋章、一级解放勋章。从 1942 年起经常带病指挥作战，1946 年曾切除一侧肾，以后长期抱病工作，1963 年 12 月 16 日病逝于北京。毛泽东作诗《吊罗荣桓》给予高度评价。毛泽东一生写了很多诗词，怀念战友和亲人的作品却很少。《吊罗荣桓》这首七律，是目前可见的毛泽东唯一的一首严格意义上的悼诗，也是毛泽东唯一悼念战友的诗。诗中最后一句“国有疑难可问谁”，足以体现毛泽东对罗荣桓的深厚友情和非凡器重。

（二）罗荣桓故居

为纪念罗荣桓元帅一生的丰功伟绩，在其故居建立了罗荣桓元帅故居纪念馆，由罗荣桓元帅故居、罗荣桓元帅铜像广场、罗荣桓元帅生平业绩陈列馆和罗荣桓元帅办公室、卧室复原陈列室等景点组成，是全国 100 个红色旅游经典景区、全国爱国主义教育示范基地、湖南省文明旅游风景区。罗荣桓元帅生平业绩陈列馆建于 2002 年（图 1-7），建筑面积约 1 200 m^2，陈列面积 6 100 m^2，共分为五大部分，展出罗荣桓元帅各个时期的珍贵照片和历史文献资料。

南湾街是一组以青石板街道联成的清代古建筑群，罗荣桓元帅的故居——黑田罗氏异山公享祠位于街道的西北端。该祠是 1914 年由罗荣桓同志的父亲罗国亘先生为纪念其十二代祖先异山公而亲手建造的祠。建筑面积 540 m^2，占地 700 m^2。

图 1-7 罗荣桓元帅生平业绩陈列馆

三、石鼓书院

石鼓书院为中国四大书院之一［注：“四大书院”的说法始于唐代，应天书院（今河南商丘睢阳南湖畔）、岳麓书院（今湖南长沙岳麓山）、白鹿洞书院（今江西九江庐山）三大书院无争议。嵩阳书院（今河南郑州登封嵩山）与石鼓书院（湖南衡阳石鼓山）有争议。1998 年 4 月 29 日，国家邮政局在商丘举办了“四大书院”邮票首发仪式，由于石鼓书院毁于日军战火，来石鼓书院实地考察的人只见山石、不见书院，而后改选河南登封嵩阳书院。邮票所选书院为“应天书院、岳麓书院、白鹿洞书院、嵩阳书院”。实际上，从历史考究，石鼓书院为中国四大书院之一。］，位于国家历史文化名城、湖南省第二大城市——衡阳市石鼓区，海拔 69 m，面积 4 000 m^2。

石鼓书院立有高约 2 m 石鼓。晋时庚仲初《观石鼓书》云：“鸣石含潜响，雷骇震九天。”北魏郦道元《水经注》则载：“具有石鼓高六尺，湘水所经，鼓鸣则有兵革之事。”石鼓山峻峭挺拔，风景奇异，历有湖南第一名胜之称（图 1-8）。

图 1-8　石鼓书院远眺图

石鼓书院始建于唐元和五年（公元 810 年），迄今已有 1200 年的历史。原址在衡阳石鼓山，时衡州名士李宽在石鼓山寻真观旁结庐读书，宋至道三年（公元 997 年），邑人李士真拓展其院，作为衡州学者讲学之所。宋代太平兴国二年（978 年），宋太宗赵匡义为赐“石鼓书院”匾额和学田（朱熹的《石鼓书院记》：“始唐元和年间，州人李宽之所为，至国初时尝赐敕额”。《国朝石鼓志》卷一事迹篇：“案文献通考赐额在太宗太平兴国二年，与朱子记国初者合”）。宋太宗至道三年（997 年），州人李士真请求郡守在这里建立了正式的书院，招收生徒讲学。宋仁宗景祐二年（1035 年），曾担任集贤殿校理之职的刘沆，在衡州任知府。这时，他将石鼓书院的故事上报给皇帝，宋仁宗阅后，便赐额“石鼓书院”。由于石鼓书院“独享”两度被宋朝皇帝“赐额”的殊荣，而步入石鼓书院的“鼎盛”时期，成为当时与睢阳（又名应天府书院）、岳麓、白鹿洞书院齐名的全国著名的四大书院之首。《文献通考》列为“宋兴之初天下四书院”之首。宋仁宗后一度荒废，到南宋孝宗时，因旧址复院扩建，规模益增，迄宁末不废。朱熹曾为之作记。

1944 年 7 月，石鼓书院在衡阳保卫战中毁于日军炮火。2008 年当地政府仿照清代石鼓书院格局重建了石鼓书院（图 1-9）。

四、岣嵝峰

岣嵝峰位于衡阳县境内，距衡阳市区不过 40 km。进入岣嵝峰，首先呈现在眼前的是起伏的群山，茫茫的林海，丰富的森林资源目前已形成岣嵝峰得天独厚的森林旅游优势。园内现有森林面积 1987 公顷，树种资源丰富，有植物 300 余种，能代表整个湘南地区的树种。禹王殿景区 33 万 m^2 原始次生林莽莽苍苍，林中古木参天，修竹幽深，形成独特的森林景观。

山上奇花异草、禹碑、禹泉、怪石、古木令人赏心悦目，叹为妙绝。白石峰下，三门寺水库烟波浩渺，山青水碧，是休闲避暑、划船、垂钓的极佳去处。无怪前人留诗云：天下真山水，岣嵝独绝伦。晋代郭朴注《山海经》有“今衡山在衡阳湘南县，南岳也。俗谓之岣嵝山。”

图 1-9　石鼓书院

五、蔡伦与蔡伦竹海

（一）蔡伦介绍

蔡伦，东汉湖南耒阳县人。字敬仲，生年不详。明帝末年入宫充宦官，中历小黄门。和帝时，为中常待，开始参与朝政。曾任主管宫廷御用器物制造的尚方令。

以前，人们用缣帛或竹、木简写字。“缣贵而简重，不便于人”。至西汉时，出现一种原始纸。人们在漂洗丝絮时，经常在篾席上揭出一层薄絮，可以书写，人称絮纸；漂麻时，也有类似发现，称为麻纸。这种原始纸张，既不常用，数量也少，而且块片小，不方正，使用也不便。

蔡伦为尚方令时，受到启发，组织能工巧匠，开始研制纸张。汲取前人经验，在原料上，从麻木推想到麻头、破布、旧渔网和树皮等；在制作方法上，将原料捣碎，再经悬浮、抄造。开始采用单一原料，后又将几种原料混合在一起，成为多种原料，实行新法造纸。元兴元年（105 年）获得成功，用于书写，逐步取代缣帛、竹木简和原始纸类。安帝元初元年（114 年），受封为龙亭侯，食邑 300 户。此种纸张，人称“蔡伦纸”。后世也因此将蔡伦传为我国造纸术的发明人。

在章帝时，蔡伦受窦皇后指使，罗织罪名，将安帝祖母宋贵人迫害致死。永宁二年（121 年）三月，邓太后逝世，安帝亲政，追究其罪责，伦自杀。蔡伦死后，所发明的造纸术，东传日本，西传欧洲，是人类文化史上一项重大贡献。事见《后汉书・宦者传》。

（二）蔡伦竹海

蔡伦竹海旅游风景区位于耒阳市黄市镇和大义乡境内，规划区面积近 100 km^2，中心景区达 66 km^2，按国家 4A 级旅游风景区进行规划建设。

蔡伦竹海景区面积广阔，连片竹林面积达 106 km^2，是我国连片面积最大的竹海，有着“亚洲大竹海”“天然大氧吧”的美誉；生态景观独特，耒水悠悠、竹海茫茫，可轻舟赏竹翠，曲径闻竹香，凭窗听竹语，登高观竹澜；交通优势明显，京珠高速公路、武广高速铁路等并辔而过，107 国道、320 省道和京广铁路交织成网。

这里钟灵毓秀，有沉睡千年的睡美人——瑰丽多姿的天然溶洞、明朝建寺的紫霞禅寺和景象壮观的大河滩喷泉；这里人文荟萃，蔡伦曾在此首传造纸技术，韩愈曾来此拜谒挥毫，徐霞客曾到此探险考察；这里风云际会，有汉相归隐之张良洞、周瑜后裔之周家大院、曾国藩之征兵筹饷处；这里休闲适宜，有泉水湾休闲度假村和水上游乐区。

六、衡阳保卫战纪念馆

衡阳保卫战纪念馆即陆家新屋（图 1-10），位于衡阳市高新技术产业开发区新桥管理处第七组。景区内主要建筑系清代记名提督、振威将军陆成祖（1838—1891 年）于光绪七年（1881 年）建造，距今已有 125 年历史。它是典型的湘南民居风格古建筑群，依山傍水，坐北朝南，平面略呈长方形，占地面积 2 640 m^2，房屋为砖木结构，石木构件及山墙墀头、檐下、窗额等分别施雕刻、彩绘、堆塑，内容有“丹凤朝阳”“玉兔望月”“福禄寿喜”“博古八宝”及珍禽瑞兽、人物花卉、如意云纹等祥瑞图案。整个建筑装饰十分讲究，木雕、彩绘、堆塑内容丰富，工艺精湛，有的堪称艺术精品，是观赏、研究晚清民居建筑及其相关问题重要的实物资料。

图 1-10　衡阳保卫战纪念馆（陆家新屋）

陆家新屋又是珍贵的抗战遗址。1944 年 6 月 27 日，一小队日寇骑兵闯入这里，第二天，政府得知消息派了一排兵力进行围剿，双方激战达半月之久，致使陆家新屋遭受严重创伤。至今南向墙面尚保留数十处当年留下的弹痕，右侧厢房封火墙山屏上的一个弹洞，直径达 1 m，是衡阳保卫战的历史见证，也是日寇侵华战争的罪证，它对于警示人们不忘国耻、居安思危有着重要的价值和意义。衡阳保卫战陈列展览设在左厢房，展览主题是《忠烈壮国魂——抗日战争衡阳保卫战》。采取通廊式陈列手法，以市政协编撰出版的《衡阳抗战铸名城》一书为主线，利用该书的文字资料、照片、图表进行展览。展示 1944 年衡阳保卫战的抗战史实和实物，重现当年衡阳军民英勇抗击日寇的壮举，增强参观游览者使命感，激发爱国情。陆家新屋被湖南省列为第八批文物保护单位，被确立为衡阳市爱国主义教育基地。2007 年，衡阳市高新技术产业开发区管委会认真贯彻落实市委市政府指示，对陆家新屋深入开发，在这里兴建衡阳保卫战纪念馆，并创建国家 3A 级景区。陆家新屋几经易名，最终定名为“衡阳保卫战纪念馆”。

2011 年衡阳保卫战纪念馆新增为南华大学思想政治理论课教学实践基地。该实践教学基地由南华大学与衡阳市高新技术产业开发区管理委员会共建。

知识拓展

陆成祖

陆成祖（1838 ~ 1891 年），生于清道光十八年（1838 年），4 岁葬父，由其兄陆成斑抚养成人，后在湖北加入曾国藩湘军，屡立军功，被保举为记名提督，曾统带襄河水师正左营，襄河水师健捷营，襄河水师健捷左营，统领陆军成胜左、右两营，被授予振威将军衔。清光绪十七年（1891 年）陆成祖去世，享年 54 岁。

七、回雁峰

回雁峰（图 1-11），为南岳七十二峰之首。古人一直认为，北来的大雁南飞至此处便不再南飞了，只等来年春天再飞回北方，故名。杜甫就写过“万里衡阳雁，今年又北归”。

回雁峰的山门是一座石砌牌坊，过山门不远后有半山亭，再往上走，越过“百步云梯”后就可到达顶峰，顶峰有雁峰寺。据史籍记载，这座寺庙建于南北朝时期，梁武帝时称乘云寺，唐以后改称雁峰寺，它与花药寺、西禅寺、罗汉寺并称为衡阳佛教禅宗四大寺院，历代有不少高僧都曾来此参禅。在回雁峰还流传着一位古代歌伶的故事。唐德宗光启年间，一个叫王幼玉的歌伶住在回雁峰下，她有着艳丽的容貌和高雅的气韵，她唱的《雁归来》被人赞为“秋满潇湘浦，歌徹回雁峰。”后来她与一位姓柳的青年富商相爱，其间经历了很多波折，两人虽然矢志不渝却仍天各一方。一天又一天，王幼玉登上回雁峰，一边唱着柳郎写给她的诗一边等待她的心上人回来，大雁听到她的歌声徘徊不肯离去。她就这样唱啊唱，直到力尽坠下山崖。这个凄婉的故事为回雁峰增添了几分伤感。

图 1-11　回雁峰

第二章　新的学校：溯源与发展

学校校长左家哺这样描述学院：湘江宛如一条玉带，自南向北飘然而去。依源头而下，南岳七十二峰，如影相随。置身岣嵝，极目眺望，湘江之滨，毗邻一O七国道，耸立一所高等学府，谓之湖南环境生物职业技术学院。她，依山傍水，交相辉映，建筑错落有致，参天大树环抱，古木成荫，名花斗艳，鸟语花香，有生态校园之誉。

第一节　校史：溯源与变迁

一、成立湖南农学院衡阳分院

（一）基本情况

1975年，衡阳地区革命委员会印发了《关于成立湖南农学院衡阳分院并启用印章的通知》（衡革发〔1975〕83号），湖南农学院衡阳分院正式成立（图2-1）。

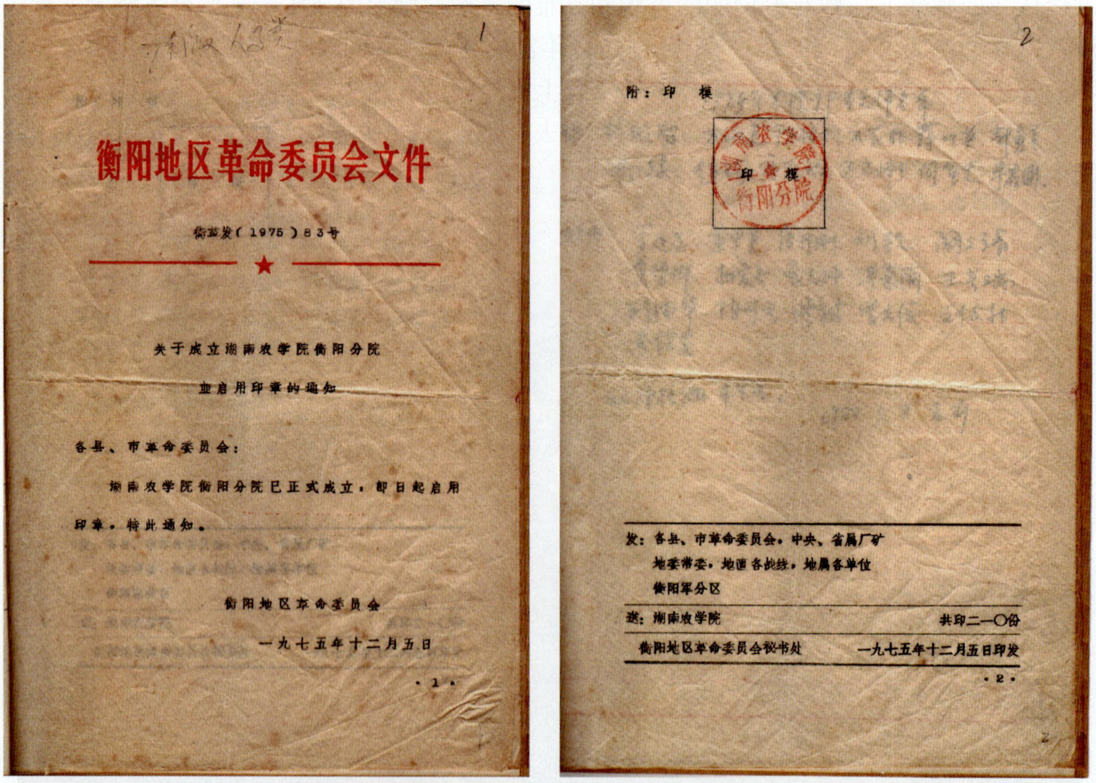
衡阳地区革命委员会文件

衡革发（1975）83号

关于成立湖南农学院衡阳分院并启用印章的通知

各县、市革命委员会：

湖南农学院衡阳分院已正式成立，即日起启用印章。特此通知。

衡阳地区革命委员会

一九七五年十二月五日

·1·

附：印模

湖南农学院衡阳分院　印模

发：各县、市革命委员会，中央、省属厂矿，地委常委，地直各战线，地属各单位，衡阳军分区

送：湖南农学院　共印二一〇份

衡阳地区革命委员会秘书处　一九七五年十二月五日印发

·2·

图2-1　衡阳地区革委会关于成立湖南农学院衡阳分院文件

1975 年，学校成立时，只有 15 名教职员工，当时大多数都是从湖南农学院（现湖南农业大学）调任的老师（图 2-2）。他们为了祖国的教育事业，放弃相对优越、熟悉的环境，来到这个叫衡阳县周坳的地方，开启了创业的新征程。这些人是学院的功臣，学校不会忘记，历史不会忘却。

图 2-2　首批筹建湖南农学院衡阳分院的部分教师合影

2015 年 11 月，学院 40 周年校庆暨医卫专业办学 65 周年时，为纪念学院变迁与发展，我们撰写《湘环赋》，并刻于校史馆入门处。

《湘环赋》

作者：顾裕文　肖泽忱

时维乙未，序属季秋，含笑默默，念孝飘香。南岳湘江畔，湘环八方览胜景；石鼓船山旁，学堂从始聚书香。大礼堂光焰不息，或新或卌，共话短长；两校区腾蛟起凤，亦林亦医，再融华章。七万桃李，全府精英闯天下；历代红烛，一杯禹石韵学堂。四十艰辛，手胼足胝兮，历经正道是沧桑；数易其名，风霜繁华兮，不忘使命世代传。

缘起乙卯，廿八壮年。别湘农院，创雁分院。创业艰难时，筚路蓝缕；举旗开路绛，农作兽医；回首萧瑟处，热血坚强。水鞋、雨衣、手电，原是老三样；泥路、牛车、哭丧，曾是校园殇。漏房数间，工棚一排，杂树丛丛，鬼哭不应，嗟荒芜凄凄之校园；刷漆作板，树皮为窗，学子六十，以此开帏，壮铁骨铮铮之渊源。

更名辛巳，希合甲申。改高职，并卫校，千舟一骑挂云帆；曾林专，忆雁职，峥嵘岁月几多长。撤“五七”，纳林场，涅槃更革未知难；迁摊点，铸围墙，逶迤终究苦来甘。丙戌巍巍南岳山、转内涵，任重道远兮披荆棘；壬辰溪溪引清泉、走“三并”，昂首阔步兮斩棘芒。生态文明，与北大齐名；精品课程，同本科一榜。职教集团领湘之风潮，硕士培养启国之先章。自来不拘纳贤良，遂有忠肝满黉堂。远浮躁，乃立德好树人；处郊区，却心平人气旺，焕成洋洋洒洒学子万人堂，更见春意葳蕤百花繁。回望，暮色苍茫看劲松，乱云飞渡仍从容，其心雄，其志坚。再看，雷达岭上，朝迎阳往；樱花园里，夕送霞还。含笑池水映荷塘月色，蝴蝶泉边看风轻云淡；师恩亭下话桃李芬芳，国旗台前听朝话激扬。

正德强技，爱国荣校；桃李杏林，烛花湘环。学以养成则铸魂，师有支柱而名传。青松翠竹之下，冬夏苦修；红花绿草之中，春秋苍茫。爱生爱教，求真求精；立德树人，身正为范。黑发积霜凭织日月，粉笔无言情写春秋。望集天下英才，育人情怀；蕙心纨质尽瘁，宰辅肝胆。好学好问，吃亏吃苦；湘军摇篮，黄埔湘南。四十不惑而未知倦，绽放七万羽桃李香。“三爱三乐”，实倚真情，启心之灵；“四个校园”，非重大楼，融家之暖。绿色三湘，希望田野撰大作；人类健康，温馨病床盛名芳。

勤俭勤奋，至朴至善，最好教材育示范。大思想兮领行业百年风骚，大境界兮俯九州万山红遍，大格局兮谋发展千帆竞发，大作为兮创事业位列首榜。不忘前世，校风烛照，感恩终身长流淌；不辱先辈，薪火相传，逐寻湘环之梦想。大学之道，在明明德，在亲民，在止于至善；大道之行，身教言传，在笃信，在行胜于言；大道之功，在积跬步，在传承，在细水长流。

苍茫大地沉浮谁主，曰：余两袖兮清风香，巍然兮砥柱泱。

注：《湘环赋》中文字及表述为 2015 年 11 月。

1975 年建校时，学校只有一栋办公楼、一栋学生宿舍（见图 2-3　1975—2000 年含笑湖北岸后面的学生宿舍）、一栋教室、一栋教师宿舍（图 2-4）。

图 2-3　1975—2000 年含笑湖北岸后面的学生宿舍

原行政办公楼为一栋两层楼房（图 2-5），在现行政办公楼对面，第三教学楼西边。几经装修，现在还在使用，俗称老办公楼，总务处、保卫处、基建办、离退休办、国资处等部门就在这里办公。

图 2-4　1975—2000 年教室与教师宿舍

图 2-5　1975—2003 年学校办公楼

办学基础的简陋、环境的恶劣、条件的艰苦，现在的同学们是无论如何也想不到的（图2-6）。但，很多校友回忆，正是在这种极端恶劣的环境下，他们练就了不怕苦、能吃苦的精神，各方面都得到了锻炼，毕业后他们遇事沉着稳定而从容，在各行各业建功立业，为社会贡献了青春和智慧（图2-7）。

图 2-6 1984 年 11 月校园全景

图 2-7 1978 年 7 月 20 日湖南农学院衡阳分院第一届学生毕业留念

（二）湖南农学院衡阳分院历任主要领导

彭仁阶（1975 年 10 月—1980 年 4 月任党委书记）

郭勇善（1975 年 10 月—1977 年 2 月任院长）

王传义（1977 年 2 月—1980 年 4 月任院长）

邹承休（1980 年 4 月—1984 年 1 月任党委书记、院长）

谭仁（1984 年 1 月—1984 年 9 月任党委书记）

曾雄俊（1984 年 1 月—1987 年 6 月任院长）

杨爱吾（1984 年 10 月—1987 年 3 月任党委书记）

二、改办湖南林业专科学校

（一）基本情况

1987 年，湖南省人民政府办公厅印发《关于湖南农学院衡阳分院改办为湖南林业专科学校的批复》（湘政办函〔1987〕117 号），同意湖南农学院衡阳分院改办湖南林业专科学校（见图 2-8 湖南省人民政府文件），至此，服务湖南林业发展成为我院重要历史使命，主管部门增加了湖南省林业厅（现为湖南省林业局），现我院由湖南省教育厅、湖南省林业局主管的历史渊源就在于此。

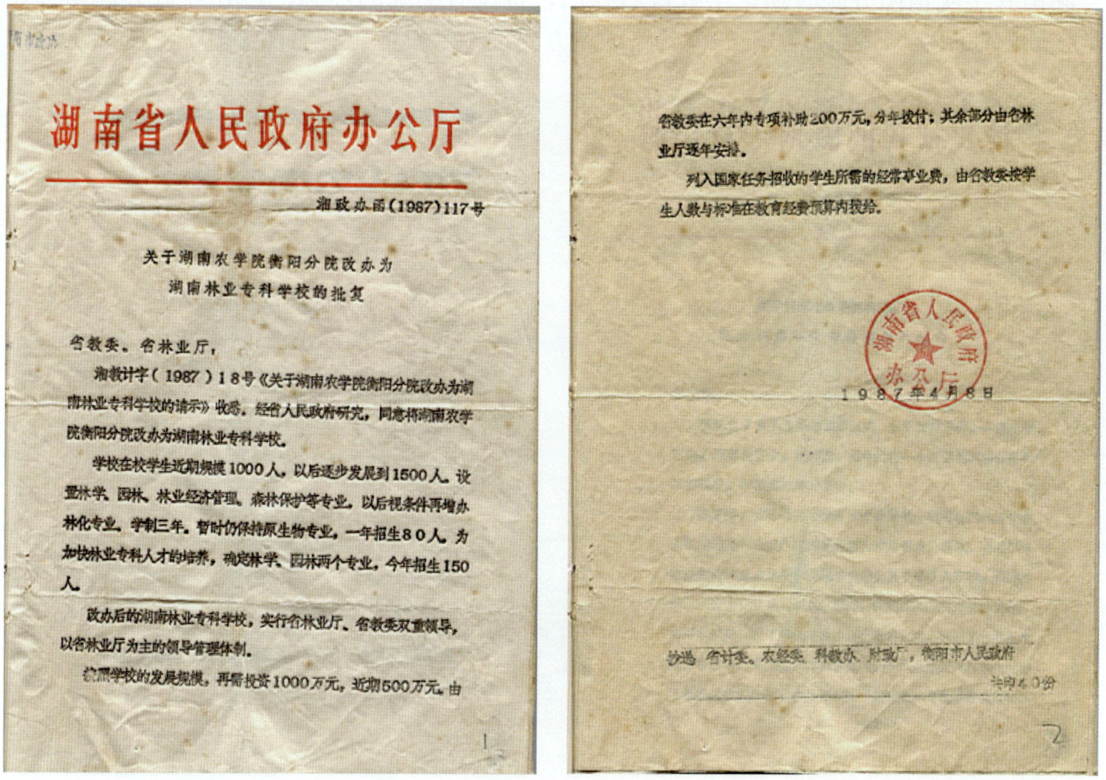

湖南省人民政府办公厅

湘政办函(1987)117号

关于湖南农学院衡阳分院改办为
湖南林业专科学校的批复

省教委、省林业厅：

湘教计字（1987）18号《关于湖南农学院衡阳分院改办为湖南林业专科学校的请示》收悉。经省人民政府研究，同意将湖南农学院衡阳分院改办为湖南林业专科学校。

学校在校学生近期规模1000人，以后逐步发展到1500人。设置林学、园林、林业经济管理、森林保护等专业，以后视条件再增办林化专业，学制三年。暂时仍保持原生物专业，一年招生80人。为加快林业专科人才的培养，确定林学、园林两个专业，今年招生150人。

改办后的湖南林业专科学校，实行省林业厅、省教委双重领导，以省林业厅为主的领导管理体制。

按照学校的发展规模，再需投资1000万元，近期500万元。由省教委在六年内专项补助200万元，分年拨付；其余部分由省林业厅逐年安排。

列入国家任务招收的学生所需的经常事业费，由省教委按学生人数与标准在教育经费预算内拨给。

湖南省人民政府办公厅

1987年4月8日

抄送：省计委、农经委、科教办、财政厅，衡阳市人民政府

共印40份

图 2-8　湖南省人民政府办公厅关于湖南农学院衡阳分院改办为湖南林业专科学校的文件

改办湖南林业专科学校后，校园环境部分得以改观（图 2-9）。

图 2-9　1988 年 6 月校园全景

湖南农学院衡阳分院时期，学校没有校门，也没有明确的标志，1987 年改办湖南林业专科学校后，在 107 国道靠近学校进校公路的地方建设了学校标志牌（图 2-10）。

图 2-10 湖南林业专科学校标志牌

湖南林业专科学校时期，学校的基础建设得到了湖南省林业厅的大力支持。1989 年，湖南省林业厅为修建进校公路投入 127 422.65 元，为建设学生食堂投入 90 835.98 元（图 2-11），为引水工程投入 38 579.23 元，为净水工程及配套设施投入 7 336.17 元，为修建运动场投入 16 814.5 元。1994 年，为学校建设教学大楼投入 2 955 514.11 元（图 2-12）。还为学校建设了教工宿舍 1 栋（现 20 栋），购买通勤客车 2 台，为学校解决了很多实际困难。

图 2-11 建于 1989 年的老学生食堂

图 2-12　1994 年建成的第一教学楼

（二）湖南林业专科学校历任领导

杨爱吾（1987 年 3 月—1990 年 4 月任党委书记）

谭仁（1991 年 10 月—1993 年 11 月任党委书记）

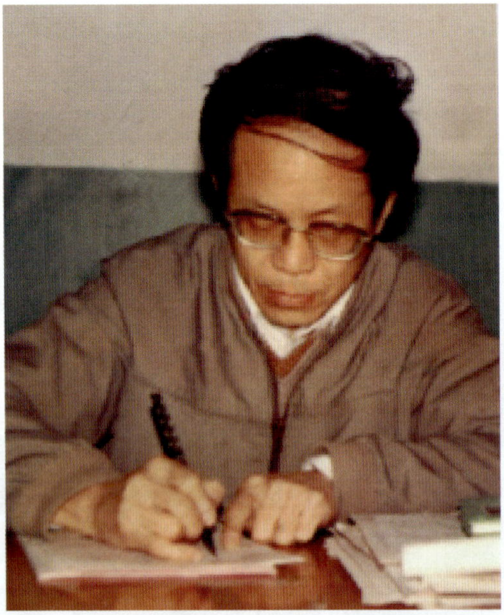

曾雄俊（1991 年 10 月—1998 年 6 月任校长，1998 年 6 月—2000 年 3 月任党委书记）

周鸣邦（1989 年 6 月—1990 年 4 月任校长、1990 年 4 月—1991 年 9 月任党委书记）

谢正卓（1990 年 4 月—1991 年 10 月任校长）

涂远如（1993 年 11 月—1998 年 6 月任党委书记）

袁金荣（1998 年 6 月—2000 年 3 月任校长）

注：曾雄俊、袁金荣两位同志的任职跨越了湖南林业专科学校和衡阳职业技术学院两个时期，但成立衡阳职业技术学院后，没有曾雄俊、袁金荣两位同志的任命文件。

三、高专改高职

（一）基本情况

1999 年，为响应国家号召，积极培养高水平应用型技术人才，学院主动改办高职院校，并获得教育部批准（图 2-13），湖南省人民政府发文湖南林业专科学院改办高职教育，校名改

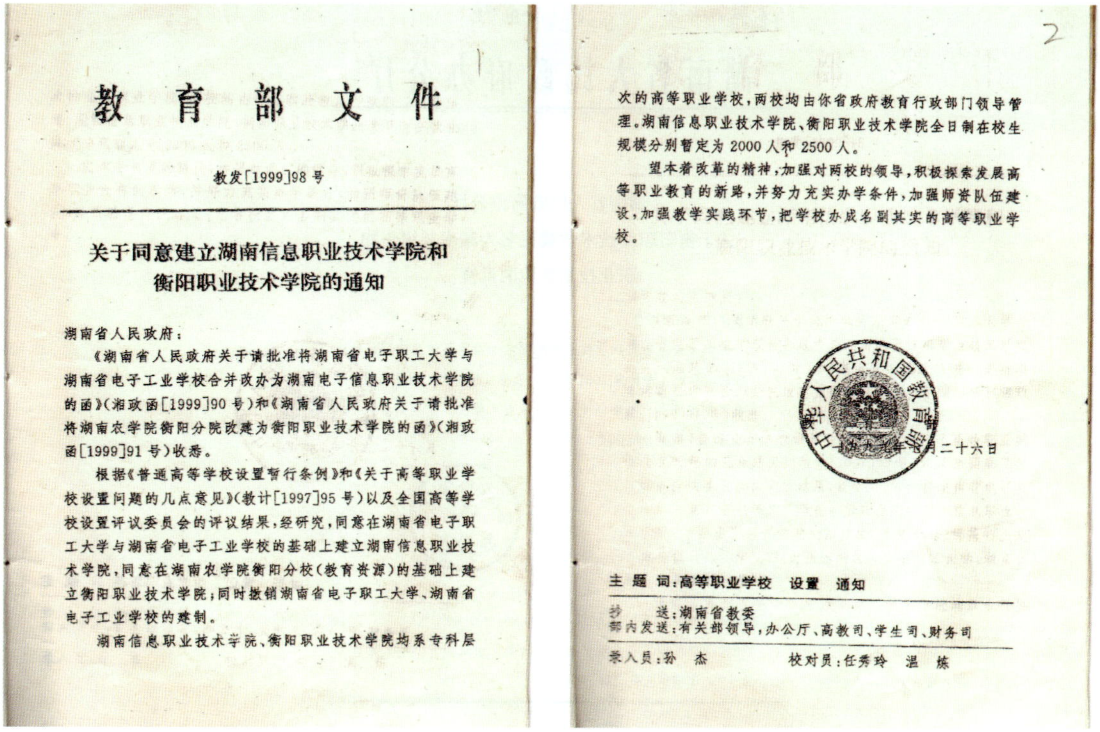

教 育 部 文 件

教发[1999]98 号

关于同意建立湖南信息职业技术学院和衡阳职业技术学院的通知

湖南省人民政府：

《湖南省人民政府关于请批准将湖南省电子职工大学与湖南省电子工业学校合并改办为湖南电子信息职业技术学院的函》（湘政函[1999]90 号）和《湖南省人民政府关于请批准将湖南农学院衡阳分院改建为衡阳职业技术学院的函》（湘政函[1999]91 号）收悉。

根据《普通高等学校设置暂行条例》和《关于高等职业学校设置问题的几点意见》（教计[1997]95 号）以及全国高等学校设置评议委员会的评议结果，经研究，同意在湖南省电子职工大学与湖南省电子工业学校的基础上建立湖南信息职业技术学院，同意在湖南农学院衡阳分校（教育资源）的基础上建立衡阳职业技术学院；同时撤销湖南省电子职工大学、湖南省电子工业学校的建制。

湖南信息职业技术学院、衡阳职业技术学院均系专科层次的高等职业学校，两校均由你省政府教育行政部门领导管理。湖南信息职业技术学院、衡阳职业技术学院全日制在校生规模分别暂定为 2000 人和 2500 人。

望本着改革的精神，加强对两校的领导，积极探索发展高等职业教育的新路，并努力充实办学条件，加强师资队伍建设，加强教学实践环节，把学校办成名副其实的高等职业学校。

一九九九年[illegible]月二十六日

主 题 词：高等职业学校　设置　通知

抄　　送：湖南省教委
部内发送：有关部领导，办公厅、高教司、学生司、财务司

录入员：孙　杰　　　校对员：任秀玲　温　炼

图 2-13　教育部关于改办高职院校的文件

为衡阳职业技术学院（图 2-14）。高职院校基本由中专升格而来，学院是全国唯一一所由普通大专改办高职院校的学校。因为由普通专科改办高职，学院师资力量一直稳居湖南省第一。

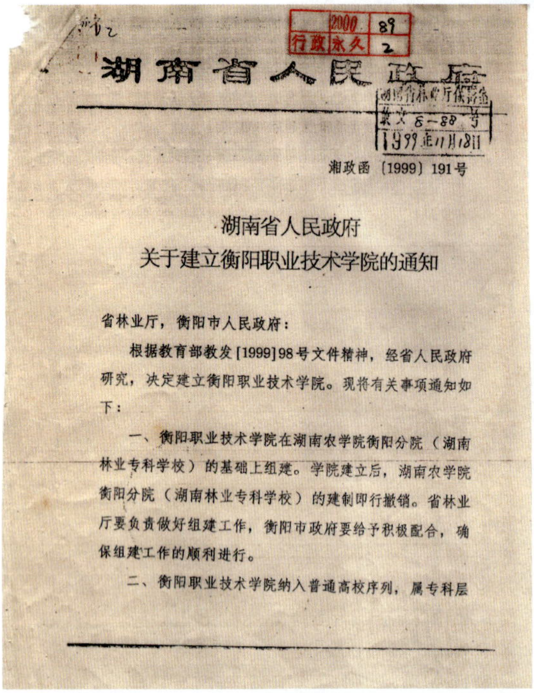

湖南省人民政府

湘政函〔1999〕191号

湖南省人民政府
关于建立衡阳职业技术学院的通知

省林业厅，衡阳市人民政府：

根据教育部教发[1999]98号文件精神，经省人民政府研究，决定建立衡阳职业技术学院。现将有关事项通知如下：

一、衡阳职业技术学院在湖南农学院衡阳分院（湖南林业专科学校）的基础上组建。学院建立后，湖南农学院衡阳分院（湖南林业专科学校）的建制即行撤销。省林业厅要负责做好组建工作，衡阳市政府要给予积极配合，确保组建工作的顺利进行。

二、衡阳职业技术学院纳入普通高校序列，属专科层

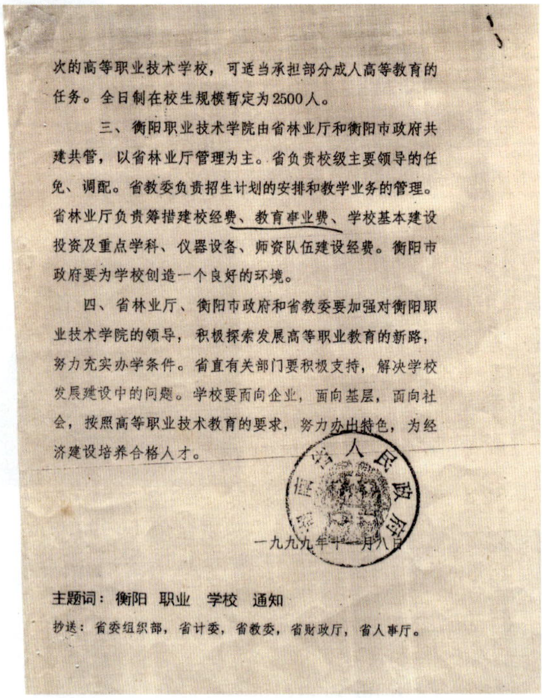

次的高等职业技术学校，可适当承担部分成人高等教育的任务。全日制在校生规模暂定为2500人。

三、衡阳职业技术学院由省林业厅和衡阳市政府共建共管，以省林业厅管理为主。省负责校级主要领导的任免、调配。省教委负责招生计划的安排和教学业务的管理。省林业厅负责筹措建校经费、教育事业费、学校基本建设投资及重点学科、仪器设备、师资队伍建设经费。衡阳市政府要为学校创造一个良好的环境。

四、省林业厅、衡阳市政府和省教委要加强对衡阳职业技术学院的领导，积极探索发展高等职业教育的新路，努力充实办学条件。省直有关部门要积极支持，解决学校发展建设中的问题。学校要面向企业，面向基层，面向社会，按照高等职业技术教育的要求，努力办出特色，为经济建设培养合格人才。

一九九九年十一月八日

主题词：衡阳 职业 学校 通知

抄送：省委组织部，省计委，省教委，省财政厅，省人事厅。

图 2-14 湖南省人民政府关于建立衡阳职业技术学院的文件

2001 年，湖南省人民政府印发文件《湖南省人民政府办公厅关于衡阳职业技术学院更名为湖南环境生物职业技术学院的批复》（湘政办函〔2001〕48 号），批准衡阳职业技术学院更名为湖南环境生物职业技术学院，并一直沿用至今（图 2-15）。

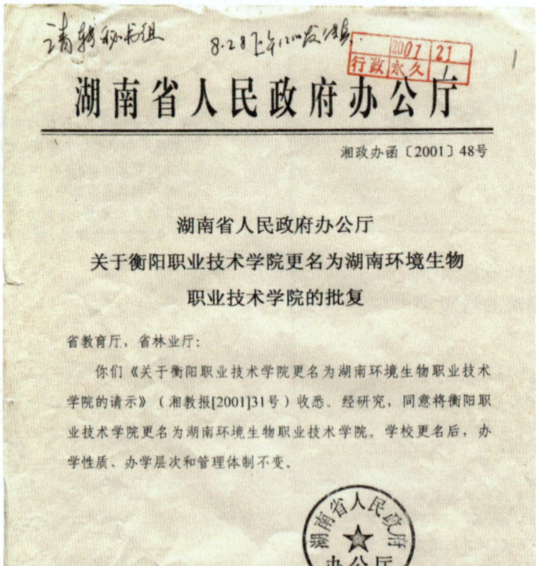

湖南省人民政府办公厅

湘政办函〔2001〕48号

湖南省人民政府办公厅
关于衡阳职业技术学院更名为湖南环境生物
职业技术学院的批复

省教育厅，省林业厅：

你们《关于衡阳职业技术学院更名为湖南环境生物职业技术学院的请示》（湘教报[2001]31号）收悉。经研究，同意将衡阳职业技术学院更名为湖南环境生物职业技术学院。学校更名后，办学性质、办学层次和管理体制不变。

二〇〇一年三月二十日

主题词：教育 学校 批复

抄送：教育部，省委组织部，省计委，省财政厅，省人事厅，衡阳市人民政府。

图 2-15 湖南省人民政府办公厅关于学院更名为湖南环境生物职业技术学院的文件

据现有资料，湖南农学院衡阳分院至2000年，学校一直没有校大门，在2010年以前一直没有围墙。林专时期才建设学校标志牌，学院现校大门为2000年建设（图2-16）。

图2-16　湖南环境生物职业技术学院校大门

（二）衡阳职业技术学院、湖南环境生物职业技术学院历任主要领导

张仁福（2000年3月—2001年3月任衡阳职业技术学院党委书记、2001年3月—2006年6月任湖南环境生物职业技术学院党委书记）

张天晓（2000年3月—2001年3月任衡阳职业技术学院长、2001年3月—2005年12月任湖南环境生物职业技术学院院长）

陈剑旋（2006 年 5 月—2015 年 11 月任院长）

姚先铭（2006 年 6 月—2011 年 9 月任党委书记）

罗振新（2011 年 10 月—2016 年 5 月任党委书记）

四、衡阳市卫生学校整体并入

（一）基本情况

2004 年，湖南省人民政府印发《湖南省人民政府关于衡阳市卫生学校并入湖南环境生物职业技术学院的批复》（湘政函〔2004〕118 号）批准，全国重点中专衡阳市卫生学校整体并入（图 2-17），学院在农、林、经的基础上增加了医卫专业，是现在医学院、医药技术学院的专业前身。

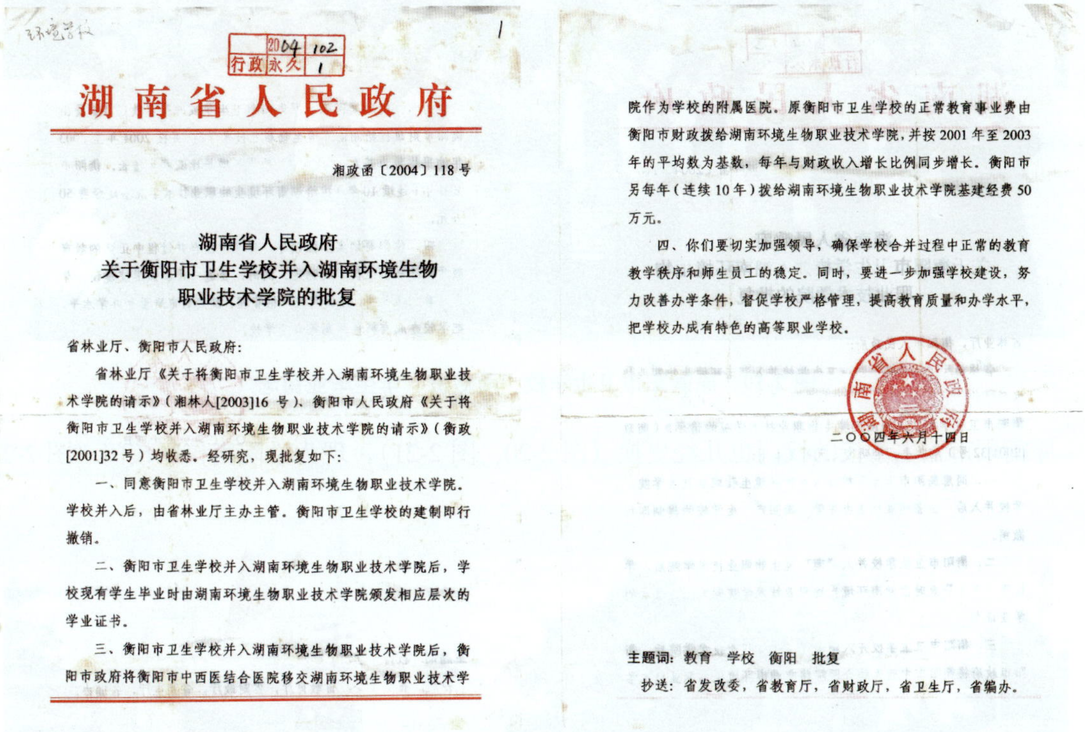

湖南省人民政府

湘政函〔2004〕118 号

湖南省人民政府
关于衡阳市卫生学校并入湖南环境生物
职业技术学院的批复

省林业厅、衡阳市人民政府：

省林业厅《关于将衡阳市卫生学校并入湖南环境生物职业技术学院的请示》（湘林人[2003]16 号）、衡阳市人民政府《关于将衡阳市卫生学校并入湖南环境生物职业技术学院的请示》（衡政[2001]32 号）均收悉。经研究，现批复如下：

一、同意衡阳市卫生学校并入湖南环境生物职业技术学院。学校并入后，由省林业厅主办主管。衡阳市卫生学校的建制即行撤销。

二、衡阳市卫生学校并入湖南环境生物职业技术学院后，学校现有学生毕业时由湖南环境生物职业技术学院颁发相应层次的学业证书。

三、衡阳市卫生学校并入湖南环境生物职业技术学院后，衡阳市政府将衡阳市中西医结合医院移交湖南环境生物职业技术学院作为学校的附属医院。原衡阳市卫生学校的正常教育事业费由衡阳市财政拨给湖南环境生物职业技术学院，并按 2001 年至 2003 年的平均数为基数，每年与财政收入增长比例同步增长。衡阳市另每年（连续 10 年）拨给湖南环境生物职业技术学院基建经费 50 万元。

四、你们要切实加强领导，确保学校合并过程中正常的教育教学秩序和师生员工的稳定。同时，要进一步加强学校建设，努力改善办学条件，督促学校严格管理，提高教育质量和办学水平，把学校办成有特色的高等职业学校。

二〇〇四年六月十四日

主题词：教育　学校　衡阳　批复

抄送：省发改委，省教育厅，省财政厅，省卫生厅，省编办。

图 2-17　湖南省人民政府关于衡阳市卫生学校并入湖南环境生物职业技术学院的文件

1951 年 2 月 15 日，湖南省卫生技术学校衡阳医士一部成立；1983 年 7 月，更名为衡阳市卫生学校。期间为湖南培养了大量医卫人才（图 2-18），还为西部地区培养了大量医卫人才（图 2-19）。

图 2-18　原衡阳市卫生学校学生毕业留念

图 2-19 原衡阳市卫生学校“西藏班”学生毕业留念

原衡阳市卫生学校的校门也几经更换（图 2-20、图 2-21），现为学院南校区校门（图 2-22）。

图 2-20 原衡阳市卫生学校校大门

图 2-21 原衡阳市卫生学校校大门

图 2-22　现学院南校区校门

（二）衡阳市卫生学校主要领导（部分）

李玉池（1951 年—1954 年任校长）

张彦勋（1955 年—1970 年任党委书记、校长）

崔清平（1962年—1969年任党委书记）

王月长（1973年9月—1984年1月任党委书记）

曾明（1978年11月—1984年1月任校长、1994年1月—1996年5月任党委书记）

杜恩荣（1984年1月—1988年3月任党委书记）

王超然（1984 年 1 月—1996 年 6 月任校长）

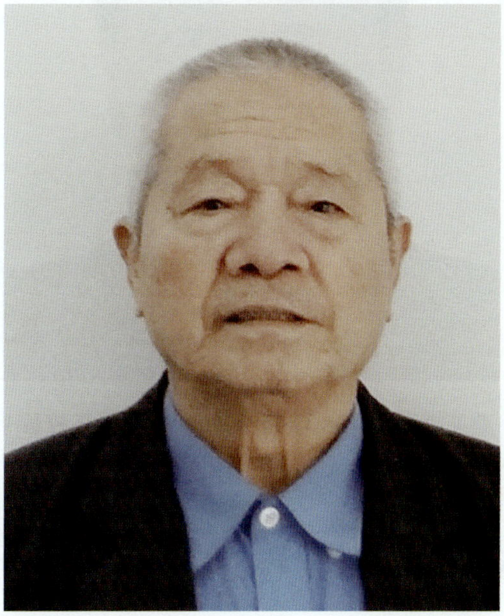

傅喜生（1988 年 3 月—1994 年 1 月任党委书记）

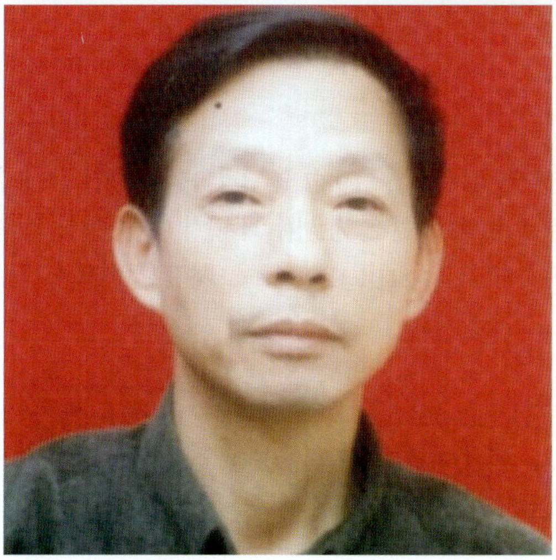

熊柳宗（1996 年 5 月—2000 年 12 月任党委书记）

许金生（1996 年 6 月—1998 年 12 月任校长）

蔡亚平（1998 年 12 月—2000 年 10 月任校长）

李常应（2000 年 12 月—2004 年 6 月任校长）

注：以下主要领导无照片：聂惠民（1972 年 5 月—1972 年 12 月任党总支书记）、熊柳宗（1996 年 5 月—2000 年 12 月任党委书记）、王伯明（1953 年 6 月—1955 年 5 月任校长）。

第二节 学校现状

一、学校简介

（一）历史沿革

学校前身为创办于 1975 年 10 月的湖南农学院衡阳分院，1987 年 4 月改为湖南林业高等专科学校，1999 年 6 月改为衡阳职业技术学院，2001 年 4 月更名为湖南环境生物职业技术学院，2004 年 6 月原衡阳市卫生学校整体并入，分南北两个校区，面积 1208 亩。现有管理模式为省教育厅、省林业局双重管理。

（二）师生情况

学校现有教职员工 1034 人，专任教师中正高职称 45 人、副高职称 211 人、博士 15 人（图 2-23）、硕士 276 人、博硕士研究生导师 22 人，各类在校学生 17 000 余人。办学以来培养各类人才 7 万余人。现有国家级教学团队 1 个、省级教学团队 4 个。

（三）综合实力

学校在《湖南省高等职业教育质量年度报告（2019）》中学校办学资源排名湖南省高职高专院校第 2 名。在 2018 年广州日报高职高专排行榜上，学校综合排名全国第 144 位，排名湖南省第 7 位；在 2019 年广州日报高职高专排行榜上，学校综合排名全国第 104 位，排名湖南省第 5 位，教育竞争力指数排名全省高职高专院校第一，学校综合办学实力始终排在湖南高职高专第一方阵。

（四）管理育人

强调落实立德树人根本任务，致力于培养一代又一代拥护中国共产党领导和坚持我国社会主义制度、立志为中国特色社会主义事业奋斗终生的有用人才，同时强调“严进严出”。2018

图 2-23　党委书记苏立在办公室与学校 2018 年新引进博士魏甲彬面对面交流

年对补考后成绩未达到要求的 22 名学生予以退学、40 名学生予以留级，对未带纸质教案的 5 名教师按一般教学事故予以公开处理，打响了全国高职院校“严进严出”“严教严学”第一枪，得到了包括人民日报、央视网、湘微教育、红网等全国主流权威媒体主动报道与正面宣传，学院声名远扬（图 2-24、图 2-25）。

10 职教周刊·院校实践

“狠心”清退不合格学生

在精准扶贫中应有更大作为

中国教育报

CHINA EDUCATION DAILY

返回首页 | 广告刊例

2018年10月23日 星期二

下一篇

湖南环境生物职院全面从严治校，狠抓校风学风教风

“狠心”清退不合格学生

通讯员 刘旺 顾裕文

“只有打碎一批‘次品’，才能打造系列‘精品’。”为全面从严治校，狠抓“校风、学风、教风”，湖南环境生物职业技术学院党委近日研究决定，对2017—2018学年经补考后学业成绩未达到要求的22名学生予以一次性退学，另外40名学生予以留级处理。这样的结果一经公布，在该校师生中迅速引发巨大反响。据悉，这是该校第三届党委成立以来，狠抓“三风”、全面推进从严治校的重要举措。

“学校就是要严抓学风、敢为人先、敢啃硬骨头。”该校教务处处长林仲桂说，此次对部分学生作退学、留级的处理结果一经公布，在该校师生当中引起极大反响和热议，也给全校教师吃了定心丸。“以前确实也有不敢管、不好管的现象，现在有党委撑腰，教师就能全身心投入到教学当中去了。”

图 2-24　相关媒体充分肯定我院做法

图 2-25 湖南教育政务网邀请学院党委书记苏立介绍我院“三风”建设的经验和做法

（五）主要成绩

近年，我校荣获国家级教学成果二等奖 2 项、省级教学成果特等奖 1 项、一等奖 2 项，国家支持高等职业学校提升专业服务产业能力项目建设专业 2 个、中央财政支持重点实习实训基地 1 个、省级示范性特色专业群 1 个、省级示范性特色专业 1 个、省级精品专业 2 个，国家级精品课程 2 门、国家精品资源共享课程 1 门、国家优质教学资源网络课程 1 门、省部级精品课程 5 门、一流特色专业群 3 个，是国家生态文明教育基地、全国职业教育先进单位、全国绿化模范单位、湖南省文明标兵校园、中国林业科学院专业硕士湖南省唯一培养基地、国家现代学徒制试点院校、湖南林业技术培训中心、首批省级示范性高职院校、湖南省卓越院校等，设有院士工作站 1 个。

二、顶层设计

（一）校徽

见右图 2-26。

图 2-26 湖南环境生物职业技术学院校徽

（二）校训：树木 树人 济世 济民

树木树人。来自《管子·权修》：“一年之计，莫如树谷；十年之计，莫如树木；终身之计，莫如树人。一树一获者，谷也；一树十获者，木也；一树百获者，人也。”我校以生态为轴心，积淀成生态绿化技术及服务、生态养殖技术、生态建设队伍健康服务、生态宜居技术、生态产品经营管理和生态建设队伍健康技术特色专业群，分别对应园林学院、生物工程学院、医学院、生态宜居学院、商学院和医药技术学院。“树木”突出了“林”的底色，“树人”突出了“育人”的中心工作。

济世济民。济世即济助世人，出自《庄子·庚桑楚》：“简发而栉，数米而炊，窃窃乎又何足以济世哉？”和《后汉书·卢植传》：“性刚毅有大节，常怀济世志。”济民出自《书·武成》：“惟尔有神，尚克相予以济兆民，无作神羞。”《毛传》：“神庶几助我渡民危害，无为神羞辱。”后因以“济民”谓救助百姓。晋葛洪《抱朴子·备阙》：“责其体而论细礼，则匠世济民之勋不著矣。”元许衡《训子》诗：“身居畎亩思致君，身在朝廷思济民。”

（三）办学理念：乐山乐水　笃学笃行

出自《论语·雍也》：“智者乐（yao）水，仁者乐（yao）山。”习近平总书记说：“我们既要绿水青山，也要金山银山。宁要绿水青山，不要金山银山，而且绿水青山就是金山银山。”可见山、水是生态。”笃学”就是志于学，专于学，厚于学，在知识与技能上实现厚积厚载。“笃行”就是重于行，实于行，立于行，在思想与实践上实现知行统一，体现了知行统一的教育思想，切合我校办学理念。

（四）学院精神：矢志不渝　艰难创业

“矢志不渝”即“不忘初心”，时刻提醒同学们不忘求学之初心，坚持不懈方能成就未来，始终提醒教职员工不忘为师之重任，恪守艰难创业方能助推学校发展。

三、现任院领导

（一）党委书记苏立

苏立，男，汉族，中共党员，1975 年 3 月生，教育学学士，湖南汨罗人（图 2-27）。1997 年 7 月毕业于武汉体育学院，1997 年 8 月参加工作，历任中共长沙市纪委干部、副科级纪检员、监察员，湖南省委巡视办、巡视组主任科员、副处级巡视员、正处级巡视员、正处级巡视

图 2-27　党委书记苏立

专员，娄底市政府党组成员、娄底市纪委副书记、监察局局长、预防腐败局局长。2017 年 7 月—8 月为湖南环境生物职业技术学院党委书记候选人提名人选，2017 年 8 月至今任湖南环境生物职业技术学院党委书记。编著《大学生职业生涯规划与就业指导》1 部，主编教材《让青春在党旗下绽放光芒》《高职体育与健康》《高职立体化体育教程》3 部。分管党政办公室，联系体育部。

（二）党委副书记、院长左家哺

左家哺，男，1960 年 12 月出生，汉族，湖南醴陵人，中共党员，二级教授，国家级教学团队带头人、省级专业带头人、全国黄炎培职业教育杰出教师奖获得者、湖南省首届黄炎培杰出教师奖获得者、硕士生导师（图 2-28）。2016 年 2 月任湖南环境生物职业技术学院院长。1982 年 7 月毕业于中南林学院林业专业，一直从事植物分类学、植物地理学、保护生物学、可持续发展学以及高等教育学等学科相关工作，主持国家、省部级研究项目 21 个、出版专著 7 部、发表学术论文 173 篇。联系园林学院。

图 2-28 党委副书记、院长左家哺

（三）党委副书记李友华

李友华，男，汉族，1964 年 5 月出生，中共党员，湖南衡山县人，大学本科学历，研究员，高级统计师，中国林科院院外导师。历任办公室副主任、主任，学生处长，成人教育部主任，招生就业办主任，党委组织部部长，院长助理，党委委员、副院长，党委委员、纪委书记。2017 年 8 月当选为学院党委副书记。协助书记抓党建工作。分管部门为组织人事部（处）、机关党总支、学生工作部（处）（武装部）、团委、工会，联系思想政治理论课教研部。

（四）党委委员、纪委书记周凌云

周凌云，男，汉族，1969 年 3 月出生，中共党员，湖南祁东人，硕士研究生，研究员。

1991 年 6 月起，先后在学院总务处、物资处、学生处、招生就业处、对外联络处、财务处等部门任职。2010 年 4 月当选为党委委员，2011 年 5 月提任学院副院长，2017 年 8 月当选为学院党委委员、纪委书记。分管纪检监察、审计等工作，分管部门为纪委办公室、监察室、审计处，联系生态宜居学院。

（五）党委委员、副院长雷小生

雷小生，男，汉族，1963 年 7 月出生，中共党员，湖南嘉禾县人。教育经济学硕士，教授，硕士研究生导师。历任团总支书记、校团委书记、学生处处长、工会主席、院长助理。现任湖南环境生物职业技术学院党委委员、副院长。分管继续教育、离退休人员管理、图书馆、校友总会等工作，分管部门为：继续教育部、图书馆、离退休人员管理办公室，联系公共基础课部。

（六）党委委员、副院长屈中正

屈中正，男，汉族，1972 年 3 月出生，中共党员，湖南衡阳人，文学硕士，教授，研究员。现任湖南环境生物职业技术学院党委委员、副院长。分管宣传、统战、科研、校企合作、学报、评建、发展规划、招生就业、集团化办学，分管部门为宣传统战部、招生就业处、科研处（校企合作处）、学报编辑部、评估与建设办公室、发展与规划处，联系商学院。

（七）党委委员、副院长雷巍娥

雷巍娥，女，汉族，1965 年 4 月出生，中共党员，湖南祁东县人，大学本科，教授，副主任护师。1987 年 7 月至 1998 年 2 月，在南华大学附属二医院工作；1998 年 3 月调入衡阳市卫生学校任教，历任护理学系副主任、主任、护理学院院长。2010 年 2 月担任学校副院长、4 月当选学院党委委员。现任湖南环境生物职业技术学院党委委员、副院长。分管计划财务、国有资产管理、招投标等工作，分管部门为财务处、国有资产管理处，联系医学院。

（八）党委委员、副院长刘振湘

刘振湘，男，1971 年 3 月生，湖南省耒阳人，汉族，中共党员，九三学社社员，教授。历任学院生物工程系副主任、教务处副处长、生物工程系主任、对外联络处处长、党政办公室主任、院长助理等职务。现任学院党委委员，副院长。兼任石鼓区政协副主席。分管教学、实验实训、校园信息化建设、督导等工作，分管部门为教学督导室、教务处、实验实训中心、信息化管理办公室，联系生物工程学院。

（九）党委委员、副院长梁忠厚

梁忠厚，男，侗族，1974 年 3 月出生，中共党员，湖南会同县人，硕士学历，研究员。现任湖南环境生物职业技术学院党委委员、副院长。分管总务、基建、安全保卫、校园绿化、综合治理、周边事务协调、南校区管理、附属医院管理等工作。2017 年 8 月当选为党委委员、提任副院长。分管部门为总务处、基本建设管理办公室、园林工程技术研究所、保卫处、610 办、南校区综合管理办公室，联系医药技术学院。

四、校园风光

现在的湖南环境生物职业技术学院，绿树成荫（图 2-29），校内有两个天然湖——含笑湖、天竺湖，建有两个大型广场——翠湖广场（图 2-30）、蝴蝶泉广场，德智墙（图 2-31）、园林小品（图 2-32）、师恩亭（图 2-33）分布在校园各个角落。

目前，学校北校区建有办公楼两栋（图 2-34），校企资产融合生态绿化产业园 1 个（图 2-35），标准运动场 1 个（图 2-36）。

图 2-29 校园一角

图 2-30 冬天的翠湖广场

图 2-31 湘环大道的德智墙

图 2-32　体育馆旁的园林小品

图 2-33　建于 2002 年的师恩亭

图 2-34 2003 年建设的新办公楼（右）与 1975 年建设的老办公楼（左）

图 2-35 生态绿化产业园花卉生产车间

图 2-36　标准化运动场

五、教学楼

学院有教学楼 5 栋，实验实训楼 2 栋，第一教学楼（图 2-12），主要是生物工程学院使用，第一教学楼后面的实验楼建成于 2001 年，多数实验实训集中于此楼；第二教学楼（图 2-37），主要是医药技术学院使用，部分计算机实验室也在其中；第三教学楼（图 2-38），主要

图 2-37　第二教学楼

是医学院使用，医学院的教学、实习实训基本集中于该教学楼。园林学院教学楼（图 2-39），建成于 2015 年 12 月，全部用于园林学院的教学与实习实训。南校区科技楼和教学楼主要满足商学院、生态宜居学院的教学和实验实训（图 2-40）。

图 2-38 第三教学楼

图 2-39 园林学院教学楼

图 2-40　南校区科技楼与教学楼

六、学生食堂

现南北校区各有学生食堂一个，学生食堂是唯一学校管理的学生就餐场所，管理部门为总务处。

（一）北校区学生食堂

北校区学生食堂建于 2012 年（图 2-41），共四层，一楼为超市和学生事务中心，二楼和三楼为食堂，四楼为团委和学生服务中心。

图 2-41　建于 2012 年的北校区学生食堂

学生食堂位于学生活动中心的二、三楼，是北校区校园内唯一的大型综合性食堂。2018年7月，学院通过公开招投标的方式，引进了湖南省餐饮行业知名企业——五味坊餐饮有限责任公司，并将二、三楼整体交由五味坊公司整体托管。五味坊公司将二、三楼资源有效整合，投资近500万元进行装修改造，就餐区金碧辉煌，还安装了电梯，并重金聘请职业经理人团队进行项目管理，致力于打造湖南省高职院校最时尚的智慧餐厅。

二楼餐厅为称重自选餐厅，就餐环境清新、时尚（图2-42）。三楼餐厅为平价自选餐厅，就餐环境简约、雅致。两个餐厅可同时容纳近4000人就餐。为了学生能吃好，正餐每餐准备60个左右的“鄂、湘、川、粤”美味菜肴供学生自选，荤素搭配得当、营养结构合理，同时还配备了24个特色风味档口，例如河南烙饼、兰州拉面、沙县小吃、湘西鱼粉、杭州小笼包、四川麻辣烫等知名小吃，满足学生口味多样化需求。为了学生能吃饱，二、三楼米饭、羹汤均免费不限量供应。

图 2-42 北校区学生食堂舒适的就餐环境

食堂在传统精细经营的基础上，围绕“时尚、智慧”两个主题，在就餐环境、营销创意、管理模式以及餐厅文化等方面进行了各种创新。例如：楼道改造成文化长廊、餐厅进行文化主题分区，并请中央美术学院创意设计师设计了青春励志网红盘、引进了小牛智能结算系统、360°无死角的明厨亮灶视频监控系统以及餐饮行业最高管理标准——4D管理模式等，让学生在吃得放心、吃得开心的基础上，“消费的是食品，感受的是知识，享受的是文明”！

为了深入了解消费者需求，实现食堂和学生的零距离互动，餐饮公司将创建微信公众平台，开发移动端自动点餐系统，及时收集学生的意见和建议，不断改进菜品、菜式，提高学生就餐满意度及就餐率。

打造湖南省高职院校最时尚的智慧餐厅是学校食堂项目部追求的目标，以环境吸引人、以菜品留住人、以创意感召人，是食堂的理想！（图2-43）

（二）南校区学生食堂

2017年11月，学校南校区学生食堂被评为A级优秀食堂（图2-44）。

（三）食品安全保障

学生食堂是校内唯一合法合规的餐饮场所，也是学校对食品安全唯一可以监管的场所。学生食堂不会有死猪肉、僵尸肉（来自国外冰冻50年的战略猪肉等），不会有地沟油、发霉变

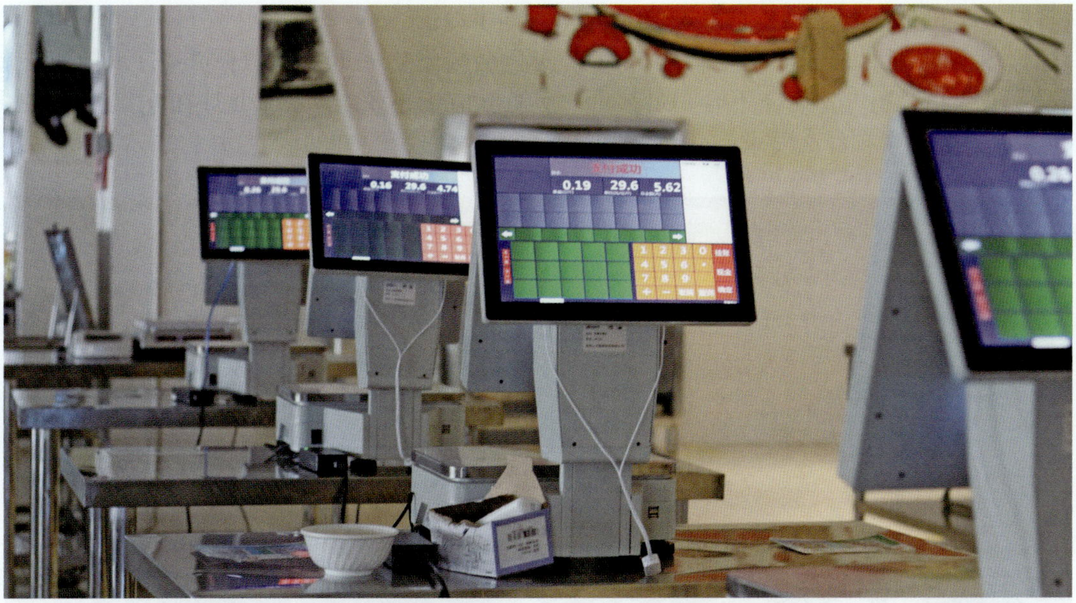

图 2-43　北校区学生食堂智能称重设备

图 2-44　南校区学生食堂

质的原材料，不会有三无产品。为确保学生就餐环境和食品安全，学校按照职责对食堂的原材料采购进行审核、对原材料入库和出库进行检查、对工作人员身体健康情况检查（半年体检一次、获得健康证）、以及环境卫生检查、价格检查等，对每餐供应的饭菜进行留样备查，确保无证原材料不会进入食堂影响学生身体健康。

学校党委高度重视学生身心健康，高度重视食品安全。党委书记每学期至少 10 次检查学生食堂的食品安全（图 2-45）。每次苏立书记都检查学生食堂二楼和三楼的就餐环境和食材质量，对涉及食品安全卫生的环节进行重点检查；向食堂工作人员询问饭菜价格、饭菜品种、食品采购等情况。并要求相关职能部门加强食品卫生管理和监督检查，为同学们提供优质、安全的就餐服务，确保在学生食堂食品安全有保障、零事故。

适逢就餐时间时，苏立书记检查完食品安全会与学生一同就餐（图2-46），与正在就餐的同学们亲切交谈："饭菜合不合口味？""饭菜价格贵不贵？""每个月在吃饭上要花多少钱？""对学生食堂有什么要求和建议？"等等。

图2-45 党委书记苏立检查北校区学生食堂食品安全

图2-46 党委书记苏立与就餐学生亲切交谈

第三章　新的学习：专业与发展

我校是一所以农林医卫为办学底色和亮点的高职院校。近年，我校聚焦“生态”、特色办学，现有面向全国在招专业 28 个，培育成生态绿化技术及服务、生态养殖技术、生态产品经营管理、生态宜居技术、生态建设队伍健康服务、生态建设队伍健康技术等 6 个特色专业群。其中，生态绿化技术及服务特色专业群为省级特色专业群，已进入“双一流”建设项目。

第一节　园 林 学 院

园林学院创办于 1987 年，有园林技术（含花艺环境设计方向）、园林工程技术（含成本核算方向、测量方向）、林业技术（含景观园林方向）、风景园林设计、森林生态旅游（含高星级酒店经营方向）和森林资源保护等 6 个专业（含 4 个专业方向），形成了以园林技术专业为核心的省级生态绿化技术及服务示范性特色专业群。其中园林技术专业为教育部高职高专教育教学改革试点专业、省级示范性特色专业、省级精品专业，园林工程技术专业为国家林业局高职重点专业，森林生态旅游专业为省级教育教学改革试点专业，林业技术、森林生态旅游专业为湖南省最早且唯一开办的高职旅游专业。

园林学院是最早拥有单独教学楼的二级学院（图 3-1），建有国家级教学团队、省级一流特色专业群、国家现代学徒制试点单位。如果你跟我一样有个青山绿水、花香四溢的梦，那么园林学院将是实现这个梦的最好平台！

图 3-1　园林学院教学楼与产业园花卉广场

一、园林学院简介

（一）双师素质队伍

现有专任教师 59 人，学生管理人员 5 人，其中教授 10 人，副教授及相应职称 17 人；博士 5 人，硕士 39 人；获全国黄炎培职业教育杰出教师奖 1 人，全国林业教学名师 1 人、全国农业职业教育教学名师3人，省级专业带头人3人，省级青年骨干教师6人，国内访问学者5人；企业专家做兼职教师98人。设有生态绿化、工程与设计、森林资源、植物保护与组培、旅游管理、酒店管理6个专业教研室，有园林植物栽培技术国家级课程教学团队，园林技术、森林生态旅游2个省级专业教学团队，校级园林工程技术专业教学团队；有园林绿化、林业科技2个院级科研服务团队。

近5年来，园林学院主持或参与国家级课题8项，省部级课题20余项，市厅级课题20余项，以及各级横向课题30余项。获国家级教学成果二等奖1项，全国职业技能大赛（高职组）三等奖1项，省部级职业技能大赛一等奖3项、二等奖1项、三等奖3项；省大学生创新创业大赛学生银奖1项、三等奖5项；获衡阳市大学生科技创新大赛一等奖1项、三等奖5项；发表论文200余篇，出版教材或著作20余部。“园林工程施工技术”课程为国家精品资源共享课程和国家精品课程，“中国森林旅游文化”课程为国家林业局高职重点课程，“园林植物病虫害防治”课程为省级精品课程，有省级专递课堂资源建设项目1项，省级名师课堂1个，以及院级空间资源课程13门。

（二）实验实训条件

建有基础技术、检验检测、规划设计、工程技术、生产应用、森林体验等6个中心（含28个实训室、1个展厅及1个视频会议室）和1个校企合作共建共享的校内生产性实训基地——生态绿化技术产业园（图3-2，图3-3）。其中，园林园艺技术实训基地为国家财政部专项经费资助项目；园林园艺技术、森林生态旅游为省级重点实训基地。校外建有68个实训基地，为培养高素质技术技能型人才奠定了坚实的基础。

图3-2 党委书记苏立陪同衡阳市委书记郑建新考察生态绿化技术产业园花卉生产车间

（三）人才培养质量

园林学院现有在校学生1000余人。园林学院自创建以来，共为园林设计与施工、花卉园艺、生态林业和旅游等行业培养高素质技术技能专门人才6000余人，90%以上的毕业生从事本专业工作，就业当年年薪3～5万元，主要面向湖南、广东、上海、北京、天津、重庆、云南和江浙等地区就业，毕业生跟踪调查满意度达95%，毕业生用人单位满意度90%以上。

图 3-3　生态绿化技术产业园温室大棚

二、专业介绍

（一）园林技术专业

学制 3 年，为省级示范性特色专业，有国家精品资源共享课程 1 门、国家精品课程 1 门、省级专业带头人 2 人，校企合作“一建园林班”“百林园林班”“万科环境监控班”。

培养目标与就业：培养掌握园林植物识别、园林植物栽培与养护、有害生物防控、中小型绿地规划设计、园林绿化工程施工的基础知识和技能，能在园林行业（企业）领域，胜任园林植物栽培与养护、园林景观设计与施工等岗位（群）工作的技术技能型人才。毕业后可在园林行业企事业单位从事园林技术或管理工作。

专业核心课程：园林植物栽培与养护、有害生物控制、园林绿地规划设计和园林绿化工程。

（二）园林技术专业（花艺环境设计方向）

学制 3 年，为省级示范性特色专业，有国家精品资源共享课程 1 门、国家精品课程 1 门、省级专业带头人 2 人，校企合作“丽芳园林班”。

培养目标与就业：培养掌握苗圃生产与经营、花艺设计与制作、植物造景、室内绿化装饰的基础知识和技能，能在园林、花卉行业（企业）领域，胜任花艺设计、植物造景和组合盆栽等岗位（群）工作的技术技能型人才。毕业后可在园林花卉酒店等企事业单位从事花艺设计技术或管理工作。

专业核心课程：园林植物栽培与养护、有害生物控制、园林绿地规划设计和花艺设计与制作。

（三）风景园林设计专业

学制 3 年，为校级重点建设专业，有国家精品资源共享课程 1 门、国家精品课程 1 门、省级名师课堂 1 门、省级专业带头人 1 人，校企合作“AAM 设计班”。

培养目标与就业：培养掌握手绘效果表现、电脑效果表现、园林工程设计、风景园林设计的基础知识和技能，能在风景园林设计行业（企业）领域，胜任景观设计、效果表现等岗位（群）工作的技术技能型人才。毕业后可在园林设计公司、园林工程公司、城市市政工程和机关单位从事景观设计或效果表现工作。

专业核心课程：手绘效果表现、电脑效果表现、园林工程设计和风景园林设计。

（四）园林工程技术专业

学制 3 年，为国家林业和草原局高职重点专业，有国家精品资源共享课程 1 门、国家精品课程 1 门、省级名师课堂 1 门、省级专业带头人 1 人。

培养目标与就业：培养掌握园林植物识别、园林工程设计、园林工程施工、园林工程管理的基础知识和技能，能在园林建设行业（企业）领域，胜任园林工程设计、园林工程施工、园林工程管理等岗位（群）工作的技术技能型人才。毕业后可在园林工程公司、园林设计公司、建筑工程公司和企事业单位从事园林工程技术或管理工作。

专业核心课程：园林工程设计、园林工程施工和园林工程管理。

（五）园林工程技术专业（成本核算方向）

学制 3 年，为国家林业和草原局高职重点专业，有国家精品资源共享课程 1 门、国家精品课程 1 门、省级名师课堂 1 门、省级专业带头人 1 人。

培养目标与就业：培养掌握建筑工程制图、园林工程施工、园林工程造价的基础知识和技能，能在园林行业（企业）领域，胜任园林工程造价、园林工程施工、园林工程管理等岗位（群）工作的技术技能型人才。毕业后可在园林工程公司、园林设计公司、建筑工程公司和企事业单位从事园林工程成本控制和预结算等管理工作。

专业核心课程：园林工程造价技术、园林工程施工技术和园林工程管理。

（六）林业技术专业

学制 3 年，为校级重点建设专业，有省级精品课程 1 门、省级专业带头人 1 人。

培养目标与就业：培养掌握森林营造、森林经营与利用、林业有害生物防控、湿地保育的基础知识和技能，能在林业行业（企业）领域，胜任森林营造与管护、森林经营与利用等岗位（群）工作的技术技能型人才。可获得林业有害生物防治员等职业资格证书；毕业后可在林企事业单位的森林营造与管护、森林经营与利用等岗位从事生产、管理和技术服务等工作。

专业核心课程：森林营造、有害生物控制、森林经营与利用和自然保护区管理与湿地保育。

（七）林业技术（景观园林方向）

学制 3 年，为校级重点建设专业，有国家级教学资源库 1 个、省级精品课程 1 门、省级专业带头人 1 人。

培养目标与就业：培养掌握森林营造、森林经营与利用、林业有害生物防控、植物造景等基础知识和技能，能在林业行业（企业）领域，胜任森林营造与管护、森林经营与利用、植物造景等岗位（群）工作的技术技能型人才。可获得林业有害生物防治员等职业资格证书；毕业后可在林场、森林公园、湿地公园、园林公司等企事业单位等从事生产技术、管理和服务等工作。

专业核心课程：森林营造、有害生物控制、森林经营与利用和植物造景。

（八）森林资源保护专业

学制 3 年，有国家级教学资源库 1 个、省级精品课程 1 门、省级专业带头人 1 人。

培养目标与就业：培养掌握有害生物调查、有害生物控制、野生动植物保护、互联网 + 森林资源保护的基础知识和技能，能在林业行业（企业）领域，胜任森林资源调查与监测、森林有害生物检疫和防治等岗位（群）工作的技术技能型人才。可获得林业有害生物防治员职业资格证书；毕业后可在林企事业单位的森林资源调查与监测、森林有害生物检疫和防治等岗位从事生产、管理和技术服务等工作。

专业核心课程：有害生物调查、有害生物控制、野生动植物保护和互联网 + 森林资源保护。

（九）森林生态旅游专业

学制 3 年，为省级专业教学团队，有国家林业和草原局精品课程 1 门、省级专业带头人 1 人。

培养目标与就业：培养掌握导游讲解、计调、森林生态旅游企业服务与管理的基础知识和技能，能在森林生态旅游行业（企业）领域，胜任导游讲解服务、计调、销售及相关工作的岗位（群）工作的技术技能型人才。可获得导游证等职业资格证书。毕业后可在森林生态旅游部门、旅游公司、旅行社、森林公园、旅游管理部门等从事导游、计调、销售等工作。

专业核心课程：旅游服务基础、生态旅游、导游服务技能和旅行社经营管理。

（十）森林生态旅游专业（高星级酒店经营方向）

学制 3 年，为省级专业教学团队，有国家林业和草原局精品课程 1 门、省级专业带头人 1 人，校企合作“海洋酒店干部培养班”。

培养目标与就业：培养掌握服务接待、现代酒店经营组织管理和公共关系的基础知识和技能，能在酒店、餐厅、旅游企业等领域，胜任餐厅、前厅、客房、礼宾等服务与管理岗位（群）工作的技术技能型人才。毕业后可在酒店、餐厅、旅游企业等从事服务与管理工作。

专业核心课程：酒店服务基础、酒店服务技能、酒店管理基础和酒店服务语言。

三、订单合作单位

订单合作班有美国 AAM 设计集团“AAM 设计班”、湖南一建园林景观有限公司“一建园林班”、岭南生态文旅股份有限公司“岭南园林班”、广东百林园林股份有限公司“百林园林班”、广州丽芳园林生态科技股份有限公司“丽芳园林班”、万科集团“万科环境监控班”、浙江义乌海洋酒店“海洋酒店干部培养班”、湖南博通信息股份有限公司“博通测绘班”，深圳市华侨城集团海景嘉途酒店、长沙花儿网络科技股份有限公司、湖南省林业科学研究院、金光集团林业事业部、湖南新丰果业有限公司、衡阳森本生态农业科技发展有限公司、湖南省森林旅游公司、衡阳青年旅行社、华天酒店集团有限公司等均为合作单位。

第二节　生物工程学院

生物工程学院是建校以来创办最早的主干院之一，已有 44 年历史，是国家级和省级高职高专教育教学改革试点单位，湖南省一流特色专业群，畜禽养殖污染控制与资源化技术国家工程实验室协同创新单位，国内首个生态养殖院士工作站印遇龙院士工作站落户学校。其中畜牧兽医专业为国家级重点专业、高职高专教育教学改革试点专业和湖南省精品专业。现有畜牧兽医、宠物临床诊疗、宠物养护与驯导、野生动物资源保护与利用、食品生物技术（食品药品检验方向）五个专业（方向），在校学生 600 余人。

一、生物工程学院简介

（一）专业师资力量

生物工程学院设有院士工作站 1 个，引进院士 1 名，现有专任教师 20 人，其中教授 7 人，副教授 5 人，博士 3 人，硕士 14 人，现有省级教学团队和院级教学团队各 1 个，省级专业带头人 2 人，院级专业带头人 5 人，衡阳市学科带头人 1 人。全国农业职业教育教学名师 3 名、湖南省优秀教育工作者3人、有突出贡献的项目专家1人、“衡阳市优秀教师”2人、学院“十佳教师”5名。近年来主持或参与教学科研课题30多项，获省部级科技进步三等奖4项，获湖南省高等教育省级教学成果奖5项，获衡阳市科技进步一等奖6项，获湖南省科技博览会科技创新金奖1项，15项成果经鉴定为国内领先水平。现有国家精品课程1门、省级精品课程2门、院级精品课程3门，省级精品专业1个、院级精品专业2个。

（二）教学仪器设备

生物工程学院拥有畜禽养殖污染控制与资源化技术国家工程实验室实验示范基地1个、院士工作站实验中心1个，现有动物生理生化、动物诊疗、饲料分析检测、药物分析、药物化学等专业实验室18个，拥有红外光谱仪、高效液相色谱仪、气相色谱仪、原子吸收分光光度计等先进的教学仪器设备。校内建有动物医院和宠物医院各1个，校内动物手术室1个，动物标本室1个（图3-4）、动物（识别）实训室1个（图3-5），校外实训基地40多个，能满足学生技能训练的需要。

图3-4 动物标本室

图3-5 动物（识别）实训室

（三）毕业生就业升学

毕业生一直备受用人单位青睐，连续 5 年出现毕业生供不应求的良好就业局面，95% 毕业生对口就业，当年月收入 4000 元以上，就业质量高。所有专业学生均可参加本科全日制学历自学考试，也可以通过“专升本”进入本科院校继续深造。

二、专业介绍

（一）畜牧兽医专业

学制 3 年，为国家级重点专业、国家教学改革试点专业、省级精品专业，有省级专业带头人 2 个、全国农业职业教育教学名师 2 名。

培养目标与就业：本专业培养从事畜牧生产、动物疾病防治以及经营管理等工作的高技能型人才。学生可获得动物疫病防治员、执业兽医师等职业资格证书。毕业后可参加“专升本”考试进入本科院校深造；可在农牧企业、饲料公司、动保企业、动物园、养殖类企业、畜牧水产局、出入境检验检疫局等企事业单位从事动物生产及经营管理、动物疾病诊断与检验、动物疫病的预防与控制等工作，也可自主创业。

核心课程与实训：动物解剖生理、兽医临床诊疗技术、动物繁育技术、动物营养与饲料分析、畜禽生产技术、畜禽疾病防治技术、特种经济动物养殖技术、动物生产实训等。

（二）宠物临床诊疗技术专业

学制 3 年，拥有国家精品课程一门、省级专业带头人 1 人、全国农业职业教育教学名师 1 名。

培养目标与就业：本专业培养具备从事宠物疾病防治、护理、美容、饲养、繁育和生产管理等工作的高技能型人才。学生可获得宠物医师、执业兽医师、宠物保健师等职业资格证书。毕业后可参加“专升本”考试进入本科院校深造；可在宠物医院、宠物美容院、宠物繁育基地、宠物药品生产企业、宠物保健品公司等单位就业，也可自主创业。

核心课程与实训：动物科学基础、宠物解剖生理、动物微生物、宠物饲养、宠物护理、宠物心理与行为、宠物营养与保健、宠物繁育与管理、宠物美容与驯养、宠物临床诊断、动物传染病防治技术、宠物医院与宠物商店经营管理、宠物护理与美容实训、宠物疾病防治技术等。

（三）宠物养护与驯导专业

宠物养护与驯导专业学制 3 年。

培养目标与就业：本专业培养从事宠物医疗、驯导、美容与护理、饲养与管理等工作的高技能型人才。学生可获得宠物医师、执业兽医师、宠物驯导师、宠物美容师等职业资格证书。毕业后可参加“专升本”考试进入本科院校深造；可到宠物医院、宠物美容店、宠物用品及食品生产和销售公司、各级动物卫生监督所、警犬基地等企事业单位从事宠物生产、驯导、疫病防治、防疫检疫等岗位的生产、服务、技术管理和营销工作，也可自主创业。

核心课程与实训：宠物解剖生理、动物药理、动物病理、宠物诊疗技术、宠物营养与食品、宠物繁育技术、宠物美容技术、宠物护理技术、宠物传染病、宠物寄生虫病、宠物内科、宠物外科与产科、宠物饲养与训导技术等。

（四）食品生物技术专业

食品生物技术专业学制 3 年。

培养目标与就业：本专业培养掌握现代食品生物技术的基本理论和技能，从事食品药品生产、经营和管理的高技能型人才。学生可获得公共营养师、食品检验工、药物检验工等职业资格证书。毕业后可参加“专升本”考试进入本科院校深造；可在食品药品生产企业、食品药品监督管理局、商品检验局、海关等企事业单位从事生物药品与食品的研发、生产、管理、经营、质量分析与检验工作。

核心课程与实训：基础化学、生物化学、微生物学基础、现代生物技术、生物药物制剂技术、药物分析与检验技术、食品分析与检验技术、食品营养学、发酵与酿造技术、绿色食品保鲜与加工技术、功能食品开发与利用技术等。

（五）野生动物资源保护与利用专业

野生动物资源保护与利用专业学制 3 年。

培养目标与就业：培养具有野生动物识别能力、野生动物保护能力、野生动物饲养与管理能力、野生动物繁殖与育种能力、野生动物疫病诊断与防治能力、野生动物产品开发与利用能力的技术技能型人才。专业修业期满，可以在自然保护区、林业基层单位、动物园、野生动物救护繁殖中心、特种经济动物养殖、动物防疫、野生动物产品加工等相关部门，胜任野生动物保护、饲养、管理与产品开发等岗位（群）工作。

核心课程与实训：普通动物学基础、动物营养与饲料、动物微生物、兽医基础、动物诊疗技术、野生动物保护、资源昆虫生产、特种禽类生产、特种兽类生产等。

（六）动物药学专业

动物药学专业学制 3 年。

培养目标与就业：培养具备兽药生产与管理、营销策划、药物科学应用指导、临床技术服务、动物疾病诊断与防治等能力的技术技能型人才。专业修业期满，可以在兽药生产企业、生物医药企业、兽药研发企业、动物医院及养殖场等，从事兽药生产、兽药检测、兽药营销、兽药研发、临床用药指导等工作。

核心课程与实训：兽药制剂技术、兽药药物分析与检测、兽用生物制品技术、药物化学、中药提取分离技术、兽药残留检测技术、兽药管理与法规、动物药品营销、兽医临床诊疗技术、动物普通病、动物传染病等。

三、订单合作单位

正大集团、唐人神集团、温氏集团、南岳生物制药有限公司、珠海汤臣倍健股份有限公司、旺旺食品有限公司、徐福记国际集团、燕京啤酒股份有限公司、湖南鑫广安农牧股份有限公司、广东东进农牧股份有限公司、深圳联合宠物医院、台湾福懋动物医院、深圳瑞鹏宠物医院、东莞宠友宠物医院、东莞知己动物医院、方泰保安公司警犬训练基地、广东利泰制药股份有限公司、新希望六和有限公司、广东海大集团、湖南省野生动物救护繁殖中心、长沙绿叶生物科技有限公司、江西正邦科技股份有限公司等。

第三节 生态宜居学院

生态宜居学院前身是艺术设计学院，由具有 20 余年办学历史的室内设计技术专业发展而来，随着 2015 年更名为生态宜居学院以来，办学规模不断扩大，办学条件日益完善，学院由此进入快速发展的机遇期，已为社会培养了一大批优秀的“生态”“宜居”“人工智能”等专业方面的技术人才（图 3-6，图 3-7）。

一、生态宜居学院简介

（一）双师型教师队伍

全院专任教师 42 人，其中教授 6 人、副教授 14 人、讲师 22 人，专任教师 90% 以上为双师型教师。教学、科研成果丰硕，特别是近几年来，全院教师共先后在国家级及省市级刊物上发表论文 200 余篇并成功申报了多项国家、省级重点科研课题项目、出版教材及专著 20 余部、获专利 50 余项。

图 3-6　学生在校内写生

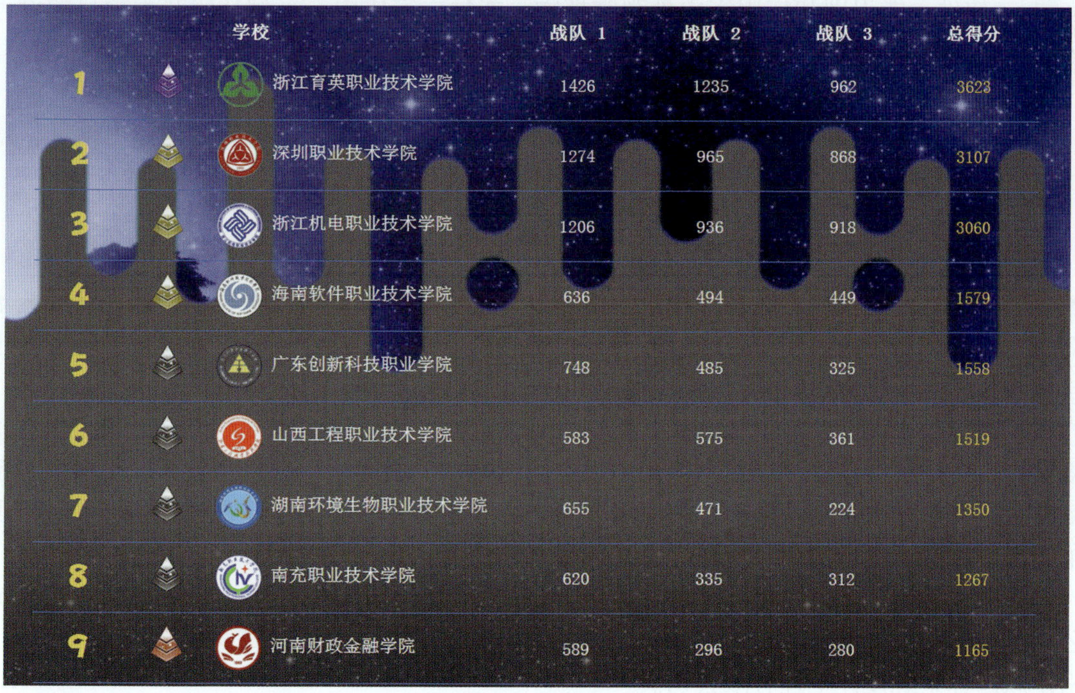

	学校	战队 1	战队 2	战队 3	总得分
1	浙江育英职业技术学院	1426	1235	962	3623
2	深圳职业技术学院	1274	965	868	3107
3	浙江机电职业技术学院	1206	936	918	3060
4	海南软件职业技术学院	636	494	449	1579
5	广东创新科技职业学院	748	485	325	1558
6	山西工程职业技术学院	583	575	361	1519
7	湖南环境生物职业技术学院	655	471	224	1350
8	南充职业技术学院	620	335	312	1267
9	河南财政金融学院	589	296	280	1165

图 3-7　我院在第四届“中国高校计算机大赛 - 团体程序设计天梯赛”全国总决赛 284 所高校 775 个专业队中位列第 7

（二）技能大赛获奖

在 2018 年第九届蓝桥杯全国软件和信息技术专业人才大赛（湖南省分赛区选拔赛 C/C++ 程序设计组）中，参赛学生有 6 名分别荣获一、二、三等奖；在 2018 年全国职业院校技能大赛高职组大气环境监测与治理技术赛中荣获团体三等奖；在 2019 年第十届蓝桥杯全国软件和信息技术专业人才大赛中共有两名学生获一等奖、五名学生获二等奖、八名学生获三等奖；选派三支队伍参加 2019 年第四届中国高校计算机大赛 - 团体程序设计天梯赛，荣获全国高校二等奖 1 项、全国团体赛三等奖 1 项、湖南省特等奖 1 项、一等奖 1 项、二等奖 2 项、三等奖 1 项。

二、专业介绍

（一）建筑室内设计专业

学制：3 年。

培养目标与就业：培养掌握室内设计技术基本理论与基本技能，从事住宅、酒店、商场、写字楼等室内装饰工程设计、施工、管理工作，具有良好职业道德和职业生涯发展基础的高端技能型专门人才。学生可获得室内设计师、项目经理、施工监理职业资格证书。可在各装饰公司、设计院、设计事务所、建筑公司、房地产公司、家具企业、灯光设计公司、艺术品公司、室内陈设设计公司等地工作。

核心课程与实训：室内设计制图及 CAD、室内效果图制作、手绘表达、家居空间设计、商业设计、装饰材料与施工工艺、室内设计综合实训、装饰施工综合实训等。

（二）环境艺术设计专业

学制：3 年。

培养目标与就业：培养掌握环境景观工程设计和环境景观工程施工的基本理论和基本技能。具备一定的实用艺术造型和环境景观设计造型能力，能熟练运用 CAD、3DMAX、Photoshop 软件，能识别和应用室内外观赏植物，能独立完成中、小型环境艺术项目的设计施工的高端技能型专门人才。能在环境艺术设计单位、环境景观公司、建筑公司等企事业单位，胜任环境艺术设计、环境艺术施工技术与管理、施工监理等工作。

核心课程与实训：工程制图及 CAD、景观电脑效果图制作、手绘表达、室内设计、景观设计、景观材料与施工工艺等。

（三）环境艺术设计专业（环境生态修复设计方向）

学制：3 年。

培养目标与就业：培养掌握环境生态修复设计技术基本理论与基本技能，能在环境艺术设计部门、环境装饰公司、建筑公司、环保公司等企事业单位，胜任环境艺术设计、环境艺术施工技术与管理、环境生态修复、施工监理等工作的高端技能型专门人才。

核心课程与实训：景观设计基础、生态景观设计制图、景观生态规划设计原理、生态景观修复设计、乡村景观修复设计、污染环境生态修复技术、废弃地生态修复技术、受损生态系统恢复技术、乡村景观修复技术、工程测量、生态绿化施工、污染场地调查与评估、乡村景观修复施工、生态修复设计实训、受损生态系统恢复实训等。

订单合作单位：广东三星品高装饰有限公司、深圳市大米设计工作室、湖南自在天装饰设计公司、湖南鸿扬家装设计公司、湖南千筑装饰、湖南高尔环境景观艺术设计工程有限公司、湖南楚风园林景观设计工程有限公司。

（四）环境工程技术专业

学制：3 年。

培养目标与就业：本专业培养掌握环境监测、环境评价、环境污染控制、环境管理等基本理论和技能，具备从事城市及工矿企业环境污染治理、环境质量监测、环境影响评价和环境管理能力的高技能型人才。学生可取得废水处理工（中级）、环境监测工（中级）、ISO14000 环境管理体系内审员等职业资格证，毕业后可在企事业单位、环保管理部门担任环境工程技术、水质检验、环境监测、环境影响评价工作。

核心课程与实训：环境监测、环境影响评价、水污染控制工程、大气污染控制工程、噪声控制、固体废物处理、环境管理与规划、环境监测实训、水污染控制工程实训、大气污染控制工程实训、环境管理与规划实训。

（五）环境工程技术专业（大数据方向）

学制：3 年。

培养目标与就业：旨在培养具有大数据思维、运用大数据思维及分析应用技术的高层次大数据人才。掌握计算机理论和大数据处理技术，从大数据应用的三个主要层面（即数据管理、系统开发、海量数据分析与挖掘）系统地培养学生掌握大数据应用中的各种典型问题的解决办法，提升学生解决实际问题的能力。培养具有将环境生态知识与计算机技术和大数据技术融合、创新的能力，能够从事环境生态大数据研究和开发应用的复合型人才。毕业生能在政府机构、企业、公司等从事大数据管理、研究、应用开发等方面工作，胜任大数据工程师、数据分析师、环境数据监控等岗位的工作。

核心课程与实训：C 程序设计、数据结构、数据库原理与应用、计算机操作系统、计算机网络、Java 语言程序设计、Python 语言程序设计，大数据算法、人工智能、应用统计（统计学）、大数据机器学习、数据建模、大数据平台核心技术、大数据分析与处理、大数据管理、大数据实践等课程。

订单合作单位：长沙市开福区污水处理厂、长沙市金霞污水处理厂、湖南宏诚环保科技有限公司、衡山县环境监测站、广州市新奥环保设备工程有限公司、广东中山市嘉亮环保有限公司以及市县环保局和污水处理厂等。

（六）计算机应用技术专业

学制：3 年。

培养目标与就业：通过计算机应用专业学习，具备基本的计算机职业素质，具备计算机网络系统、计算机程序设计、计算机多媒体技术、计算机领域出现的新技术、新思想、新趋势等知识，掌握专业知识、具备自主学习、社会交际能力，能在 IT、移动互联网、电子产品等行业（企业）领域，胜任计算机及网络设备操作与维护、应用软件的开发与维护、单片机系统的开发与应用等岗位（群）工作的技术技能型人才。

核心课程与实训：HTML5+CSS3、程序设计基础、数据库原理与应用、计算机操作系统、计算机网络、网络设备的管理与维护、C 语言程序设计、ASP.NET Web 应用开发、计算机原理与接口技术、单片机开发与应用、大数据管理实训、机器人控制实训等课程。

（七）计算机应用技术专业（智能家居）

学制：3 年。

培养目标与就业：本专业方向培养掌握智能家居开发的基本理论和基本技能，具备建筑室内设计及室内智能化解决方案的知识，掌握建筑室内设计、智能家居设备的设计与应用能力的高端技能型 IT 人才。可在智能科技、家居设计、房地产等行业（企业）领域，胜任智能家居设计、智能楼宇设计与施工、室内设计等岗位（群）工作。

核心课程与实训：Zigbee 技术、Android 原理与应用、智能家居规划与组建、面向对象程序设计、传感器与无线传感网络、RFID 技术等。

三、订单合作单位

华为湖南分公司、软通动力湖南分公司、北京时代网星公司、亚信联创湖南分公司、北京东土科技股份有限公司、湖南竞网智赢科技有限公司、杭州破晓网络科技有限公司、湖南科创信息技术股份有限公司、湖南强智科技发展有限公司等均为订单合作单位。

第四节 医 学 院

医学院由原护理学院于 2016 年 8 月更名而成，是在原国家级重点中专衡阳市卫生学校的医卫类专业基础上发展演变而来。在学院党委的关心与支持下，全体师生共同努力，医学院在专业建设和办学规模上，一直保持良好的发展势头。至今，已形成全日制在校学生 9000 人的办学规模。2018 年 1 月临床医学专业成功获教育部审批，2019 年 1 月预防医学专业成功获教育部审批。

一、医学院简介

（一）专业建设

医学院开设有临床医学、预防医学、护理、助产、康复治疗技术 5 个专业，其中护理专业为 2011 年获中央财政支持的重点建设专业，康复治疗技术专业生产性实习实训基地于 2016 年获批省级重点建设项目，2016 年开始承担湖南省卫健委“乡村医生本土化培养”项目，生态建设队伍健康服务专业群于 2018 年获批省级一流特色专业群立项。现设临床护理和医学基础 11 个教研室。专业实验实训场地（图 3-8、图 3-9）面积 11000 余平方米，拥有仪器设备 2000 多台（套），总价值达 3000 万元，并已构建“立足湖南，辐射南方经济发达省区”的实习医院网络，拥有 100 余所二甲以上综合性医院为校外毕业顶岗实习基地。

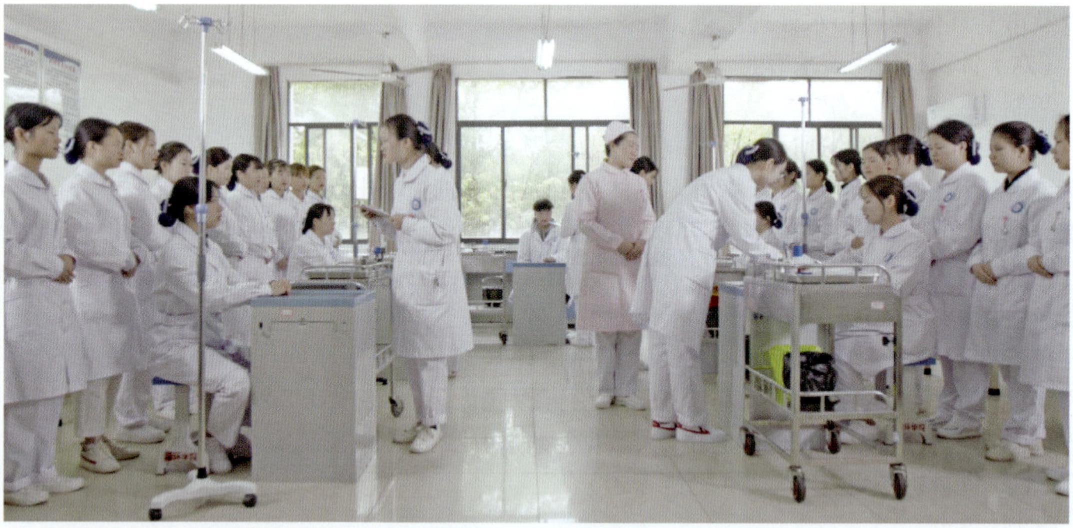

图 3-8 注射实训

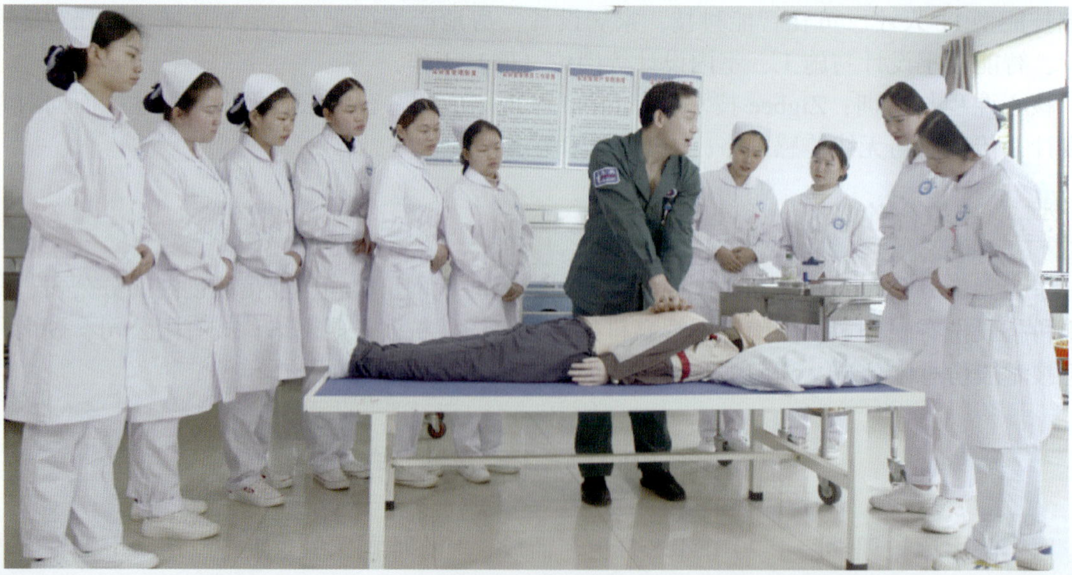

图 3-9 复苏实训

衡阳市卫生学校并入学校时，只有护理、药学等相关专业，没有现在的临床医学、预防医学等国控专业。目前的临床医学、预防医学专业是现任党委书记苏立来校后，在2017年调研过程中发现学院只有护理、药学等相关专业，没有临床医学、预防医学等真正国控医学专业，多年想申报却申报不成功。党委书记苏立调研后立即决定申报，从决定申报开始，到附属医院（衡阳市中心医院）获批、到申报材料准备、到报送材料，党委书记苏立一直亲力亲为，冲锋在前，2018年1月18日，教育部发布《关于公布2018年高等职业教育专业设置备案和审批结果的通知》（教职成函〔2018〕3号），我院临床医学专业通过教育部评审，专业代码为620101K，修业年限为3年。同意学院开办临床医学专业（图3-10），2018年9月，学院第一批临床医学专业学生正式入校，至此，学院结束了“无医而护”的尴尬时代。

2018年新设国家控制的高职专业审批结果

1. 同意设置的国家控制专业点

1.1 医学类

序号	省份	学校名称	专业代码	专业名称	修业年限
1	河北省	沧州医学高等专科学校	620601K	预防医学	3
2	山西省	忻州职业技术学院	620101K	临床医学	3
3	吉林省	长春科技学院	620102K	口腔医学	3
4	浙江省	宁波卫生职业技术学院	620102K	口腔医学	3
5	安徽省	合肥职业技术学院	620101K	临床医学	3
6	山东省	菏泽医学专科学校	620601K	预防医学	3
7	山东省	山东协和学院	620102K	口腔医学	3
8	山东省	潍坊护理职业学院	620102K	口腔医学	3
9	河南省	平顶山学院	620102K	口腔医学	3
10	河南省	河南医学高等专科学校	620601K	预防医学	3
11	湖北省	黄冈职业技术学院	620102K	口腔医学	3
12	湖北省	湖北民族学院科技学院	620101K	临床医学	3
13	湖北省	武汉大学	620102K	口腔医学	3
14	湖南省	湖南环境生物职业技术学院	620101K	临床医学	3
15	湖南省	常德职业技术学院	620601K	预防医学	3
16	广东省	肇庆医学高等专科学校	620601K	预防医学	3
17	重庆市	重庆三峡医药高等专科学校	620601K	预防医学	3
18	四川省	四川中医药高等专科学校	620601K	预防医学	3

图3-10 教育部2018年新设国家控制的高职专业审批结果文件截图

2018年，在党委书记苏立再次亲力亲为、冲锋陷阵下，一举拿下一个附属医院（娄底市第一人民医院，湖南省卫健委评估通过），成功申报预防医学（图3-11），2019年9月，学院第一批预防医学专业学生正式入校。

多年来，学院临床医学专业多次申报未果，一直成为学院领导教师尤其是医卫类专业教师心中的“难言之痛”。自党委书记苏立来到学院以后，率先垂范，务实创新，攻坚克难，锐意进取，以“校兴我荣，校衰我亡”的紧迫感，抓住学院发展的牛鼻子，办成了许多以前想办而没有办成的大事，解决了以前想解决而没有解决的难题，取得了多个突破性的成就。教职员工都说，没有党委书记苏立，学院就没有临床医学、预防医学专业。临床医学、预防医学专业是在党委书记苏立的运筹帷幄与亲力亲为下成功通过评审的，标志着学院办学水平提升到一个新的高度，医卫专业迎来了发展的春天。

苏立书记说：“不敢想不善谋不能干不去冲，天上不会掉馅饼！”从申报动员到准备申报材料，从衡阳市中心医院作为我院的附属医院的提出到突破瓶颈再到评审通过，苏立书记总冲锋在前，凡遇困难，苏立书记总能“辟径通幽”。临床医学、预防医学专业的申报成功几经周

23	湖北省	随州职业技术学院	620101K	临床医学	3
24	湖南省	湖南环境生物职业技术学院	620601K	预防医学	3
25	湖南省	岳阳职业技术学院	620601K	预防医学	3
26	广东省	广州卫生职业技术学院	620101K	临床医学	3
27	广东省	惠州卫生职业技术学院	620103K	中医学	3
28	广东省	广东江门中医药职业学院	620105K	针灸推拿	3
29	广西壮族自治区	广西卫生职业技术学院	620103K	中医学	3
30	重庆市	重庆医药高等专科学校	620102K	口腔医学	3
31	四川省	广安职业技术学院	620101K	临床医学	3
32	云南省	曲靖医学高等专科学校	620601K	预防医学	3
33	云南省	昆明卫生职业学院	620601K	预防医学	3
34	云南省	云南医药健康职业学院	620102K	口腔医学	3
35	云南省	楚雄医药高等专科学校	620105K	针灸推拿	3
36	云南省	昭通卫生职业学院	620103K	中医学	3
37	陕西省	商洛职业技术学院	620103K	中医学	3
38	新疆生产建设兵团	石河子大学	620601K	预防医学	3
1.2 公安类					
1	内蒙古自治区	内蒙古警察职业学院	680302K	警犬技术	3
2	宁夏回族自治区	宁夏警官职业学院	680107K	特警	3
3	宁夏回族自治区	宁夏警官职业学院	680401K	刑事侦查	3

图 3-11 教育部 2019 年新设国家控制的高职专业审批结果文件截图

折，玉汝于成，是苏立书记的举旗定方向，扬帆再起航的正确抉择。

（二）师资队伍

医学院现有教职员工 159 人，其中，教授及相应职称 10 人，副教授及相应职称 56 人，博士研究生 2 人，硕士研究生 87 人，双师型教师 124 人；省级青年骨干教师 4 人，国内访问学者 5 人；有护理专业省级教学团队 1 个。

（三）科研成就

近年来，医学院共承担各级各类研究课题 80 余项，出版专著 12 部，公开发表论文 800 余篇，主编、参编护理专业、助产专业、康复治疗技术专业国家规划教材、省部级规划教材 90 余部。

二、专业介绍

（一）临床医学专业（国控专业）

学制：3 年。

培养目标与就业：培养面向医药卫生行业企业生产、建设、管理和服务第一线，掌握临床执业医师等职业岗位所需的基本知识，具备临床医疗、预防保健等专业技能，具有良好的职业道德和创新素质的技术型人才。通过国家考试可获取执业助理医师资格证书，通过培训可成为营养师、育婴师、健康管理师等。毕业后可进入社区、乡镇卫生院，村卫生室及民营医院等从事临床执业助理医师、乡镇医师、全科医师等工作岗位。

核心课程与实训：人体解剖学、人体生理学、病原微生物与免疫学、传染病学、病理学、药理学、诊断学、内科学、外科学、妇产科学、儿科学、全医科学等。

（二）预防医学专业（国控专业）

学制：3 年。

培养目标与就业：培养具有良好的职业道德和创新素质，德、智、体、美全面发展，掌握公共卫生执业（助理）医师等职业岗位所需的基础理论、基本知识及基本技能的高素质技术技能型人才。通过国家考试可获取执业助理公共卫生医师资格证书，通过培训可成为营养师、育婴师、健康管理师等。毕业后可以在基层疾病预防与控制、食品卫生监督、职业病防控、社区卫生服务等部门从事社区疾病预防控制、食品药品卫生监督、卫生事业管理、工矿企业职业病防治、社区健康教育、中小学校健康保健、职业病防护等工作。

核心课程与实训：卫生统计学、营养与食品卫生学、职业卫生与职业医学、环境卫生学、流行病学、卫生法律法规、卫生监督学、传染病学、诊断学、内科学、外科学等。

（三）护理专业

护理专业学制 3 年，为中央财政支持高等职业学校提升专业、院级精品专业，拥有省级专业教学团队 1 个。

培养目标与就业：培养掌握现代护理基本知识和基本技能，能胜任社区护理和临床护理等岗位需要的高技能型人才。学生毕业后可考取护士执业资格证书，可在各级各类医疗、卫生、保健机构从事护理及相关技术工作。

核心课程与实训：护理学基础、内科护理、外科护理、妇产科护理、儿科护理、五官科护理、传染病护理、健康评估实训、基础护理技术实训、内科护理技术实训、外科护理技术实训、妇产科护理技术实训、儿科护理技术实训、急救技术实训、毕业综合实训等。

（四）助产专业

助产专业学制 3 年，限招女生。

培养目标与就业：培养具有良好的综合素质，掌握现代妇产科护理、妇幼保健等理论知识与方法，熟练运用妇科学、产科学、护理学等操作技能，能胜任临床产科护理、社区护理等岗位需要的高技能型人才。学生可在各级医院、妇幼保健院、计划生育机构或社区卫生服务机构从事助产、护理、妇幼保健指导、计划生育等工作。

核心课程与实训：病理学基础、药物学、免疫与微生物学基础、护理学基础、健康评估、妇科学、产科学、助产技术、临床医学及临床护理（包括内科、外科、儿科、传染科、急救科、精神科等）、基础护理技术实训、助产技术实训、儿科护理技术实训、妇科护理技术实训等。

（五）康复治疗技术专业

康复治疗技术专业学制 3 年，为省级生产性实习实训基地专业。

培养目标与就业：培养医学发展需要的、具有扎实的康复治疗知识和技能，从事康复治疗以及相关工作的高级技术应用型、技能型康复治疗技术人才。学生可在各级各类医院康复医学科从事康复治疗工作、康复管理工作；在康复医院、工伤康复中心、残联康复中心、儿童康复中心、疗养院等从事康复治疗及相关辅助工作；在假肢矫形器康复中心、民政系统社会福利院、儿童福利院、养老服务机构、残疾人用品服务站、康复医疗器械公司等从事康复治疗与管理、康复医疗与保健类相关产品营销等工作。

核心课程与实训：解剖学、生理学、康复医学导论、人体运动学、临床疾病概要、物理治疗技术、作业治疗技术、言语治疗技术、中医康复技术、康复工程技术、康复心理治疗技术、临床康复学等。

三、订单合作单位

订单合作单位有中南大学湘雅医院、南华大学附属第一医院、中山市第一人民医院、解放军第458医院、湖南省人民医院、株洲市中心医院、珠海市第二人民医院、深圳市第三人民医院、衡阳市中心医院、湖南省肿瘤医院、韶关粤北人民医院、长沙市第四医院、衡阳县人民医院、湖南省妇幼保健医院、衡阳市妇幼保健医院、深圳市儿童医院、衡阳市福利院、衡阳市蒸湘区呆鹰岭老年公寓、衡阳市蒸湘区安康残疾人托养中心等。

第五节 医药技术学院

医药技术学院是学院6院4部之一，拥有生态建设队伍健康技术特色专业群，拥有60余年的办学历史。医药技术学院是湖南省最早开办医药卫生类专业的学院，与湖南方盛制药股份有限公司、湖南双舟大药房连锁有限公司、长沙九芝堂医药有限公司、湖南南岳生物制药有限公司等知名药企联合开办了多个订单培养班。现有药学、中药等、医学检验技术、口腔医学技术、药品生产技术、生物制药技术、医学美容技术七个专业，在校学生2000余人。

一、医药技术学院简介

（一）师资力量

教师基本来自985或211高校，共有教师48人，拥有教授、副教授、副主任药师以上职称教师20余人，博士、硕士学历30余人；新进的教师每年到校企合作单位进行1～2个月的一线实践锻炼，持续2～3年。医药技术学院文化底蕴深厚，秉承“健康所系、性命相托”的医学精神，办有院部文化品牌院刊《药韵》、微信公众号“湘环杏苑”、传统医药文化节等。

（二）教学实训

经过60余年的发展，形成了自己的教学风格和方式，建立了各专业实验室，实习实训室（图3-12、图3-13）。实验室根据技能模块要求及多年办学经验而建立，并经过教学实践验证。实习实训室完全按照工厂的生产模式建立，让学生通过培训充分掌握专业技术技能，缩短融入企业的时间，达到人才培养的目标。现已建成各专业课程实验室、实习实训室60余间，完全满足日常教学及专业技能培训要求。在湖南省及部分省份县级以上医院的药剂科、检验科，大中型中药制药厂，生物制药企业，医药经营企业，口腔医院及以牙科技术中心为主的实习实训和就业基地有90多个。各种教学资源丰富，教学和研究稳步推进，学生知识面不断扩展。

（三）毕业生就业

目前，已毕业药学、中药、生物制药、医学检验技术、口腔医学技术等专业的学生达2万余人，分布在以湖南省为主，外涉北京、上海、新疆、西藏、广东等30个省、自治区、直辖市的900多家政府机关、企事业单位，多数已经成为单位或部门的骨干，为地方经济的发展，为医学事业的发展贡献着他们的知识和智慧。

二、专业介绍

（一）药品生产技术专业

药品生产技术专业学制3年，为省级精品专业。

培养目标与就业：通过药品生产技术专业学习，培养具备药品基础、药品综合知识，掌

图 3-12　仿真模拟药房

图 3-13　药品识别实训

握药物剂型与制剂的设计、制备原理及技术、药物的鉴别、检查及含量测定技术、药品生产和工艺设计技术等能力，能在药品生产企业、经营企业、检验部门、监督部门等行业（企业）领域，胜任生产技术人员、化验员、质量控制员、营销员、实验员、医药代表、管理人员、实验师、药品监督管理人员等岗位（群）工作的技术技能型人才。在校期间通过培训可以获得药物制剂工、药物检验工、健康管理师等职业技能证书。毕业后可参加专升本考试。

核心课程与实训：人体解剖与生理、生物化学、天然药物提取技术、生物药物发酵技术、现代生物制药工艺、生物药物制剂技术等。在校实验实训室进行药物及其制剂的分析技术实训、微生物与免疫学技术实训、天然药物成分的提取分离技术实训、药物化学技术实训等。

（二）药学专业

药学专业学制 3 年，为校级精品专业。

培养目标与就业：通过药学专业学习，培养具备药学基础、药学综合知识，掌握药品生产、药品质量分析检验、药品使用、医药企业经营管理等能力，能在药学行业（企业）领域，胜任药品调剂、药品生产、药品检验、药品零售和药品营销、药学服务等岗位（群）工作的技术技能型人才。通过国家考试可获得执业药师资格，通过培训考核可以获得药物制剂工、中药制剂工、健康管理师等职业技能证书。毕业生可在医院、医药公司、制药厂、药品检验等企事业单位从事药物制剂工艺控制、医药产品生产、开发经营与管理、药品营销、药物分析检测等工作。毕业后可参加专升本考试。

核心课程与实训：化学药物基础知识、天然药物基础知识、药剂学、制剂技术与设备、药学综合知识与技能等。药物分析与检测实训、制药技术与工艺实训、医药产品的生产、检验与使用能力训练等。

（三）中药学专业

中药学专业学制 3 年，为校级精品专业。

培养目标与就业：通过中药专业学习，培养具备中药基础、中药综合知识、中药购销使用、质量监管等方面的基础知识，掌握中药调配、中药鉴定、有效成分的提取分离、中药的炮制加工、中药制剂制备与中药贮存养护的能力，能在中药调配、生产加工、制剂检验、贮存养护与购销等行业（企业）领域，胜任中药的生产加工、质量检验、贮存购销等岗位（群）工作的技术技能型人才。通过国家考试可获得执业药师资格，通过培训考核可以获得中药制剂工、药物制剂工、健康管理师等职业技能证书。毕业生可在医院、医药公司、中药材生产加工、中药制药企业、医药营销企业从事相关技术工作。毕业后可参加专升本考试。

核心课程与实训：中药学、中药炮制技术、中药鉴定技术、中药制剂技术、中药调剂技术等。药物鉴别、加工、生产、应用能力训练等。

（四）医学检验技术专业

医学检验技术专业学制 3 年。

培养目标与就业：通过医学检验技术专业学习，培养具备医学检验技术基本知识，掌握临床医学检验相关知识和生物检验基础理论、基本知识、具备基本医学检验检测能力、常用检测仪器的使用能力以及较好的细胞形态学鉴别能力，能在医院检验科、血库（血站）、各级疾病控制中心等行业（企业）领域，胜任医院血液、体液、分泌物及其他人体生物检测等岗位（群）工作的技术技能型人才。通过考试可获得执业医学检验师、卫生检验检疫师等资格，通过培训考核可获得健康管理师职业技能证书。可在各级医院、疾控中心、血站、健康体检中心、社区保健所、养老基地从事临床检验或公共卫生检验等工作，在医疗器械公司从事产品质量检查监督、销售工作。毕业后可参加专升本考试。

核心课程与实训：临床生物学检验技术、临床体液检验技术、免疫学检验技术、生物化学与临床生化检验等。以校内、外实训基地为支撑，集中进行阶段性临床生物化学检验实训、寄生虫检验实训、微生物学检验实训、免疫学检验实训、血液学检验实训等。

（五）口腔医学技术专业

口腔医学技术专业学制 3 年。

培养目标与就业：通过口腔医学技术专业学习，培养具备口腔医学基础理论和专业知识，掌握口腔修复工艺技术基本操作技能、各种常用修复体设计和制作、口腔治疗技术等能力，能在医院口腔专科、口腔义齿加工行业（企业）领域，胜任口腔修复工艺设计、矫形器制作、口腔医学技术服务等岗位（群）工作的技术技能型人才。在校期间通过培训可以获取口腔修复工、健康管理师等职业技能证书。毕业后可去各级医院口腔科的技工室、口腔医疗牙科诊所及义齿制作中心从事口腔各类修复体制作、义齿矫治器的制作、口腔颌面部整复和整形等。

核心课程与实训：口腔解剖生理学、口腔内科学、口腔外科学、口腔正畸学、可摘局部义齿修复工艺技术、固定义齿工艺技术、全口义齿工艺技术等。在校实验实训室进行可摘及固定义齿加工制作综合实训。

（六）生物制药技术专业

生物制药技术专业学制 3 年。

培养目标与就业：通过生物制药技术专业学习，培养具备生物药物学基础、药品综合知识，掌握生物药物剂型与制剂的设计、制备原理及技术、药物的鉴别、检查及含量测定技术、生物药物生产和工艺设计技术等能力，能在生物药品生产企业、经营企业、药品检验部门、药品监督部门等行业（企业）领域，胜任生产技术人员、化验员、质量控制员、营销员、实验员、医药代表、管理人员、实验师、生物药品监督管理人员等岗位（群）工作的技术技能型人才。在校期间通过培训可以获得药物制剂工、药物检验工、健康管理师等职业技能证书。毕业后可参加专升本考试。

核心课程与实训：人体解剖与生理、生物化学、天然药物提取技术、生物药物发酵技术、现代生物制药工艺、生物药物制剂技术等。

（七）医学美容技术专业

医学美容技术专业学制 3 年。

培养目标与就业：通过医学美容技术专业学习，培养适应美容行业发展需要的德、智、体、美全面发展，牢固掌握医学美容技术专业岗位所需的基本理论、基本知识和技能，具有良好的综合素质、较强的专业实践能力和一定的人际沟通能力，毕业后能胜任医学美容技术、医学美容资讯和生活美容岗位的高素质技术技能型专门人才。通过培训可以获得美容师、美容仪器师、形象设计师、美甲师、纹绣师等职业资格证书，就业主要分布在各级医院、医学美容医院、美容机构等，从事生活美容、医疗美容、美容咨询、美容产品营销等工作。

核心课程与实训：医疗美容技术、美容皮肤治疗技术、中医美容技术、美容外科技术等。

三、订单合作单位

订单合作单位有北京仁和药房网医药有限公司、南华大学附属第一医院、南华大学附属第二医院、衡阳市中心医院、衡阳市第一人民医院、衡阳市中医院、郴州市第一人民医院、衡阳县人民医院、衡南县人民医院、衡东县人民医院、衡山县人民医院、湖南百沃丰医药有限公司、启迪古汉集团股份有限公司、湖南海济药业有限公司、湖南双舟大药房连锁有限公司、湖南仁康泰大药房连锁有限公司、深圳市宏康医药有限公司、东莞市惠信药业有限公司、浙江康盛堂大药房医药连锁有限公司、深圳现代牙科集团有限公司、骏发医疗器械有限公司等。

第六节　商 学 院

商学院起源于 1990 年设立的林业经济管理专业，1995 年成立经济贸易系，经过 10 年的发展经济贸易系不断壮大，2005 年经济贸易系发展为经济管理系和工商管理系，2010 年院系调整组建商学院。现设有会计、经济信息管理、市场营销、物流管理、旅游管理、空中乘务六个专业。商学院以培养经济管理与商学类应用人才为己任，全力打造以会计专业为核心，经济信息管理、市场营销、物流管理等专业融合发展的生态产品经营管理特色专业群。如果你有一颗善于经商理财的聪明头脑，那么商学院将是实现你人生价值的最好选择！

一、商学院简介

（一）师资队伍

现有专业教师 57 人，其中教授 6 人，副教授 18 人，博士 4 人，湖南省 121 人才工程 2 人，省级专业带头人 4 人，湖南省青年骨干教师 2 人，国家职业技能考评员 8 人，硕士研究生以上学历教师占比达 90%，“双师型”教师占比达 98%。

（二）科研成果

主持与完成科研项目 100 余项，发表期刊论文 300 余篇，出版著作和教材 20 余部。获得省级科研成果奖 29 项，省部、市级优秀论文奖 50 余项，国家发明专利 4 项。

（三）实训基地

现有会计电算化实验机房、会计手工实训室、企业模拟经营沙盘、市场营销商务谈判训练室、物流模拟实训实验室（图 3-14）、林业碳汇交易模拟实训室、形体训练室、形象设计室、茶艺训练室等校内实训基地以及 50 多处校外实训基地。

图 3-14 物流模拟实训实验室

（四）技能大赛获奖

荣获国家级竞赛一等奖 1 项，三等奖 7 项；省级竞赛一等奖 1 项、二等奖 2 项、三等奖 8 项。20 多年来为社会培养毕业生逾 14000 名。

二、专业介绍

（一）会计专业

会计专业学制 3 年，为订单培养专业、校级精品专业。

培养目标与就业：本专业培养掌握会计核算、财务管理、审计监督基本理论和基本技能，运用计算机熟练处理会计业务的高技能型人才。本专业学生可获得电算会计证、会计从业资格证、报税员、内部审计员等职业资格证书；可在企事业单位从事会计核算、财务管理与审计工作。会计员月薪 2500 ～ 4000 元，会计师月薪 4000 ～ 8000 元，首席财务官年薪约 30 万。

核心课程与实训：计算技术、财经法规、农林财务会计、用友 T3、会计电算化、税法、管理会计、成本会计、西方经济学、证券投资实务、财务管理案例分析、审计林业统计；手工核算技术、电算会计技术、财务管理技术、查账与审计技术。

（二）市场营销专业

市场营销专业学制 3 年，为订单培养专业、校级精品专业。

培养目标与就业：本专业培养掌握现代市场营销的理论知识及技能，从事市场调研与开发、营销策划、营销管理及商品推销服务等专业工作的高技能型人才。学生可获得高级营销员资格证书，可在企业担任营销工作和企业管理工作。初级营销员目前市场薪酬 3000 ~ 6000 元 / 月，高级营销人员薪酬 1 万元以上。

核心课程与实训：市场调查与预测、统计学基础、市场营销基础、商务谈判、Itmc 市场营销沙盘实训、演讲与口才、市场推销、客户关系管理、消费心理学、电子商务、市场营销策划、广告理论与实务、公共关系。

（三）物流管理专业

物流管理专业学制 3 年，为订单培养专业。

培养目标与就业：本专业培养能从事仓储与配送管理、采购管理和国际货运代理、报关与报检等不同功能类型的物流企业需求的人才，可熟练掌握物流的业务流程、操作及管理。本专业可考取的专业证书有：采购员、物流员、特种设备作业人员、报关报检员证书等。可在各类物流企业、港口、海关等领域从事采购、客户服务、计划与调度、报关报检、货代等操作和管理工作，就业初期薪酬在 3000 元以上，高级物流师收入丰厚。

核心课程与实训：运输管理、物流经济地理、物流技术与设备、仓储与配送管理、客户关系管理、物流法律法规、电子商务与物流、供应链管理、国际物流与货代、第三方物流、采购管理、商务谈判、公共关系。

（四）经济信息管理专业

经济信息管理专业学制 3 年，为阿里巴巴订单培养专业。

培养目标与就业：本专业培养适应社会发展需求，德、智、体、美全面发展，掌握网络经济岗位必备的理论基础知识和专业技能知识，具备网站架构、店铺装修、网页设计、图像处理、客户服务、商务交流、品牌形象策划等能力，能够用所学专业知识解决相关实际问题，能够自主学习和触类旁通，能够胜任网站美工及电商商务需求的高素质、技能型人才。毕业后可从事网店店主、客服主管、会员关系管理、视觉设计、网站编辑、文案策划、SEO 推广专员、数据分析师等工作，工资待遇优厚。

核心课程与实训：PS 基础、网店装修、网店客服、运营基础、SEO 搜索引擎优化、数据分析、经营决策、美工实战、运营实战。

三、订单合作单位

广州辰田生物科技（集团）有限公司、湖南新环境房屋网络科技有限公司、京东物流（隶属于京东集团）、东莞惠诚税务师事务所、东莞市和惠会计师事务所、东莞审通财税咨询服务有限公司、东莞众森企业登记代理服务有限公司、东莞市博瑞财税咨询有限公司、视野教育集团。

第四章　新的思维：观念与方法

习近平总书记指出："大学是立德树人、培养人才的地方，是青年人学习知识、增长才干、放飞梦想的地方。"从根本上说，我国大学教育的主要目标是培养德智体美劳全面发展的社会主义建设者和接班人，是培养为社会主义建设服务的高素质专门人才。

培养方案的不同，注定学习观念和学习方法也需随之改变。

第一节　大学与高中

一、大学与高中的区别

（一）学习目标不同

在我国，绝大部分高中同学学习的主要目标是考大学。为了考上一所理想的大学，同学们争分夺秒，挑灯夜战，埋头苦读。因此，尽管素质教育的口号越来越响，高中教育仍然很难避免被贴上各种标签，比如应试教育、填鸭式教育、题海战术等，这也让不少高中学生感慨不已，高三，甚至被誉为黑色岁月。到了大学，这一切将从根本上发生改变，其中最直观的感受是大学学习不再是为了考试。这就要求大学生不仅要具有扎实的专业知识、较强的实践能力和一定的创新能力，还应具有强烈的社会责任感和使命感。新生入学后，一方面是在高度紧张的高考后，期望能够放松自己；另一方面是面对全新的学习生活环境，容易感到迷茫，失去学习目标。因此，进入大学后新生应尽快确立新的学习目标。目标是激发人的积极性、产生自觉行为的动力。高尔基说过："一个人追求的目标越高，他的才能就发展越快，对社会就越有益。"

（二）学习内容不同

如果说高中学习内容最大的特点是基础性很强，少而精、相对简单，那么大学学习内容最大的特点则是专业性色彩很浓，具有明确的职业导向，并且课程多、内容广、难度大。一般来说，大学开设的课程分为必修课和选修课两大类。必修课是指学生完成本专业学习任务、取得毕业证书所必须学习的课程。必修课中的公共课，如大学英语、计算机应用基础、形势与政策等，要求不论是哪一个专业的学生，都必须要学习并且要考试合格；必修课中的专业基础课和专业课，则是根据不同专业的人才培养方案而确定的。选修课一般包括公共选修课和专业选修课，公共选修课面向全校学生，而专业选修课则只针对本专业学生。大学一年级主要学习公共课程、专业基础课程和部分专业课，大学二年级主要集中学习专业课，大学三年级则主要参加顶岗实习、完成毕业设计等任务。

（三）学习方式不同

在学习方式上，高中学习的主要方式是老师课堂讲授，老师讲授得多，学生以听为主，教学过程中的每一天、每一节课，老师都安排得非常具体，通过大量而紧凑的课堂教学不断强化需要掌握的学习内容。高中学生不仅要完成大量的课后作业，还要应付门类繁多的考试，一周一小考、一月一大考成为家常便饭，通过各种考试来检验学习效果。到了大学，老师课堂讲授相对较少，讲课节奏明显加快，不再是简单的知识传授，而更注重启迪和发散思维，引导同学们学会自己分析和解决问题；大学生学习不再是简单的死记硬背和应付考试，而是更加侧重对知识的理解和灵活运用。同时，大学自由时间相对较多，大学生可以充分利用自由时间自主学习，可以到藏书丰富的图书馆自习，阅读自己喜欢的中外经典书籍；也可以积极参加丰富多彩的社团活动，不断提高自身综合素质和能力。

（四）学习方法不同

在学习方法上，由于高中老师过于强调讲授，重视对学生传授理论知识，不太注重学生主观能动性的发挥，轻视甚至忽视对学生实践应用能力的培养，导致学生养成了依赖老师、只会记忆和背诵的学习习惯。而大学老师一般采用“引导式”教学方法，鼓励学生勤于思考，提倡学生自主学习，课外时间也由学生自主安排，同时由于学习内容难度加大、学习节奏明显加快，如果仍然采用题海战术和死记硬背的方法，将很难适应大学的学习，这就要求大学生必须采用新的学习方法来学习。

（五）教师授课不同

大学教师讲课不同于高中的最大特点在于授课风格不同，老师一般侧重介绍思路、启迪思维，注重学生思维能力的培养，主要讲授重点、难点内容；同时授课手段多样化，授课进度比较快，一节课可能要讲授几节或一章的内容。

（六）学习环境不同

高中学习，每个班都有固定的教室，每个同学都有几乎固定的座位，而且总是同一个班的同学在一起上课，实行小班制授课。在大学，学习环境发生了很大变化，所有教室都是开放共享的，所有班级都没有固定的教室，而且还可能和不同专业不同班级的同学一起上课，几个班的同学一起上课的情况比较常见，上课人数也较多。

（七）考试方式不同

在高中，教学评价方法非常单一，检验学生知识掌握程度的主要方式是考试，而且以闭卷考试为主，造成了不少学生学习似乎只是为了应付考试，上课只会抄笔记，考前使劲背笔记，考后疯狂扔笔记。学生只对考试的内容感兴趣，而不是对知识本身感兴趣。而在大学，考试方法多元化，有闭卷考试，有开卷考试，还有社会实践考察，侧重考核学生的实际动手能力、自主学习能力和综合运用知识的能力。

二、大学学习的特点

从高中进入大学，是人生的重大转折。有人说，大学是象牙塔，是伊甸园，也有人说大学是练兵场，是大熔炉。总体来说，在大学我们要努力实现生活上自理、管理上自治、思想上自觉、学习上自主。为了应对大学学习内容、学习方法和考核要求等方面的重大变化，大学生要想真正学好知识和本领，除了要继续发扬勤奋刻苦的学习精神，还要努力把握大学学习的特点，适应大学教学的规律，选择适合自己的学习方法。一般来说，在学习方面大学具有以下三个显著特点：

（一）学习的主动性特点

大学学习与高中学习截然不同的特点是依赖性减少，代之以主动自觉地学习。大学教育的内容是既传授基础知识，又传授专业知识，教育的专业性很强，不仅要了解书本上的知识，还要了解本专业、本行业最新的前沿知识和技术发展状况，知识的深度和广度相对高中大为扩展。大学的课堂教学往往是提纲挈领式的，教师在课堂上只讲重点、难点和疑点或者是教师最有心得的一部分，其余部分就要由学生自己去攻读、理解和掌握。大学的学习不能像高中那样基本依赖教师的计划和安排，不能只单纯地接受课堂上的教学内容，而应该充分发挥主观能动性，发挥自己的学习潜能，独立思考，主动探究。这种充分体现自主性的学习方式，贯穿于大学学习的全过程，并反映在大学生活的各个方面。如学习的自主安排、学习内容和学习方法的自主选择等。

在大学的大部分时间是留给学生自学的。这就要求大学生必须培养和提高自学能力。自学能力的培养，是适应大学学习自主性特点的一个重要方面，每个大学生都要养成良好的自学习惯。正如著名科学家钱伟长所说："一个人在大学里，能不能养成自学的习惯，学会自学的方法，不但在很大程度上决定了他能否学好大学的课程，把知识真正学通、学活，而且影响到大学毕业以后，能否不断地吸收新的知识，进行创造性的工作。"当今社会，知识更新越来越快，三年左右的时间人类的知识量就会翻一番。如果大学毕业了，仍然不会自学或者没能养成自学的本领，必将严重影响未来自身的长远发展。因此，培养和提高自学能力，是大学生必须完成的一项重要任务，也是进行终身学习的基本条件。

在学习方法的选择上，大学生更应发挥自主性。一般来说大学生学习活动的主要形式有四种：按教学大纲规定的课堂学习活动；补充课堂学习的自学活动；独立钻研的创造性活动；相互讨论、相互启发的学习活动。在各种不同的学习形式中，都要发挥学习的自主性。要根据自身情况，选择适合自己的最有效的学习方法。大学的学习，不再是死记硬背老师所讲的内容，而是按照自己的学习目标和专业要求，选择、吸收有用的知识。在方法上要自主选择，靠自己去理解和消化所学的知识。

（二）专业性与综合性相结合的特点

大学教育具有明显的专业性特点。从报考大学的那一刻起，专业方向的选择就提到了考生面前，被录取上大学，专业方向就已经确定了。大学学习的内容都是围绕着这一大方向来安排的。大学的学习实际上是一种高层次的专业学习，这种专业性是随着社会对本专业要求的变化和发展而不断深入的，知识不断更新，知识面也越来越宽。为适应现代科技发展的既高度分化，又高度综合的特点，这种专业性通常只能是一个大致的方向，而更具体、更细致的专业目标是在大学的学习过程中或是在将来走向社会后，才能最终确定下来。

因此，大学在进行专业教育的同时，还要兼顾适应科技发展特点和社会对人才综合性知识要求的特点，尽可能扩大综合性，以增强学生毕业后对社会工作的适应性。一般来讲，专业对口是相对的，不可能达到专业完全对口。这样，在大学期间除了要学好专业知识外，还应根据自己的能力、兴趣和爱好，选修或自学其他课程，扩大自己的知识面，为毕业后更好地适应工作打下良好的基础。

（三）全面发展和注重能力培养的特点

个人能力的全面发展，即要有良好的思想道德素质、科学文化素质、身体素质，还要有能妥善处理人际关系和适应社会变化的能力。能力的培养是现代社会对大学教育提出的一个重大任务。知识再多，不会运用，也只能是一个知识库、"书呆子"。获取知识和培养能力是人才成长的两个基本方面，它们的关系是相辅相成、对立统一的。广博的知识积累，是培养和发挥能力的基础，而良好的能力又可以促进知识的掌握。人才的根本标志不在于积累了多少知识，而是看其是否具有利用知识进行创造的能力。创造能力体现了识、才、学等智能结构中诸要素的综合运用。大学生要想学有所成，将来在工作中有所发明、有所创造，对人类社会的进步有所贡献，就必须注意各种能力的培养，如科学研究能力、发明创造能力、捕捉信息能力、组织管理能力、沟通协调能力、社会活动能力、语言文字表达能力等。

在当今世界激烈的竞争中，最根本的是高科技竞争，而高科技的竞争则主要表现在人才的培养和能力的发挥上。大学教育从某种意义上讲，正是培养有知识、有能力的高科技人才的重要环节。这就要求大学生在校学习期间，必须在全面掌握专业知识和其他有关知识的基础上，加强专业技能的培养和智力的开发，在学习书本知识的过程中重视教学实践环节的锻炼和学习。要认真搞好专业实习和毕业设计，积极参加社会调查和生产实践活动，努力运用现代化科学知识和科学手段研究并解决社会发展和生产实践中的各种实际问题，克服在学习中存在的理论脱离实际和"高分低能"的不良倾向。

三、大学阶段的主要任务

总体说来，大学阶段的主要任务可以概括为“四个学会”，即学会做事、学会做人、学会与人相处、学会学习。

（一）学会做事

学习的最重要的目的之一是增长本领、增长才干，实现能做事会做事做成事。现实中，有劳动能力的人都能做事，但不一定都会做事；有的人想做事却不一定能做成事，甚至把应该做好的事都做坏了。大学阶段是培养和提高做事能力的关键时期，学会做事要求大学生注重整体能力的培养和提高，除了获得从事某种职业所需要的专业知识外，还必须获得一种工作能力，这种能力使其能够用一种善始善终的态度认真对待和处理各种事务，坚持不懈并力求至善至美。

（二）学会做人

学会做人是学会做事的前提，也是教育和学习的终极目标。没有学会做人，不仅做不成事，更做不好事，还可能人将不人，不小心变成动物，甚至连动物都不如。孟子说：“人之所以异于禽兽者几希；庶民去之，君子存之。”，意思就是说“人区别于禽兽的地方只有很少一点点，一般的人丢弃了它，君子则保存了它。”可见学会做人的重要性。新时代的大学生，不仅要认真学好专业知识，切实增强实践才干，更要胸怀祖国和人民，树立崇高远大理想，坚定理想信念，立志为党、为祖国、为人民奋斗终生。

1．做一个有理想信念的人。理想和信念是人生奋力前行的两大精神食粮，理想是信念的根据和前提，信念则是实现理想的重要保障。习近平总书记深刻指出：“广大青年一定要坚定理想信念。‘功崇惟志，业广惟勤。’理想指引人生方向，信念决定事业成败。没有理想信念，就会导致精神上‘缺钙’”。作为新时代的大学生，我们只有树立崇高的理想信念，才能明确学习的目的和意义，才能激发起为国家富强、民族复兴和自身成才而发奋学习的强烈责任感和使命感，努力掌握建设祖国、服务人民的本领。我们必须不断增强中国特色社会主义道路自信、理论自信、制度自信、文化自信，牢固树立为党为国家为人民奋斗终生的远大理想，把报效祖国作为自己的最大追求，把奉献社会作为自身价值的最大体现，把服务人民作为自己的最大责任，坚持把个人的发展融入到党和人民的事业中去，把个人的成长融入到推动改革开放和现代化建设的伟大实践中去，在为实现远大理想而努力奋斗的过程中施展自己的抱负，在服务祖国、服务人民、服务社会中建功立业，实现人生的最大价值。

2．做一个有道德情操的人。司马光在《资治通鉴》里说：“夫聪察强毅之谓才，正直中和之谓德。才者，德之资也；德者，才之帅也。”“是故才德全尽谓之圣人，才德兼亡谓之愚人，德胜才谓之君子，才胜德谓之小人。”他提出的选材标准是：“苟不得圣人，君子而与之，与其得小人，不若得愚人。”“德”“才”不同的组合，会产生不同类型的人。“有德有才”是全人，“有德无才”是庸人，“无德有才”是小人，“无德无才”是废人。而根据对社会造成的收益从大到小和危害程度从小到大进行排序，结果一定是：有德有才，有德无才，无德无才，无德有才。现代社会普遍认为：有德有才是正品，有德无才是次品，无德无才是废品，有才无德是危险品。因此，宁可用无德无才之人，也不可用无德有才之人。当代大学生作为祖国的建设者和接班人，不但要努力学好科学文化知识，锻炼强壮的体魄，更要在塑造良好道德品质、心理品质和健康人格上狠下工夫，努力成为一个有高尚道德情操的大学生。

3．做一个全面发展的人。全面发展不是要成为无所不能、什么都会的人，而是要在德、智、体、美、劳和心理等方面实现和谐发展，做到思想道德素质、科学文化素质、身体素质和心理素质全面发展。作为新时代的大学生，我们要坚定理想信念，努力学好专业知识，做到学有所长，练就过硬素质本领，既要注重文化知识的学习，也要注重思想品德的锤炼；既要注重学习能力的提高，也要注重创新能力的培养；既要注重身体素质的发展，也要注重心理素质的健康；同时，还要不断提高组织能力、沟通能力、协调能力、交际能力等其他综合素质，做到知识、品德、能力、素质协调全面发展，做有理想、有道德、有文化、有纪律、有修养的高素质大学生。

（三）学会与人相处

现代社会，每个人都离不开与人相处。与人相处不仅是一门学问，更是一种艺术。大学生要学会与人相处，应该掌握若干原则。

1．学会尊重他人。尊重是人与人交往的基础，也是一种礼貌，同时也是心地善良和良好家教的表现。尊重别人，才能客观地发现和面对别人的优点和缺点，不盲目崇拜也不片面批判，才能从他人身上吸取经验和教训。尊重不仅体现在言行上，也落实在具体行为上。相互尊重是相互理解的基础，相互理解是相互信任的前提；没有相互尊重，就没有相互理解，相互信任更是无从谈起。

2．学会换位思考。大学生在处理人际关系问题时往往会从自我角度去思考问题，这样不仅容易误会别人，也不利于同学间的交流，更不利于问题的解决。因为很多时候，如果自己处在对方的环境或许自己也会像别人一样处理问题，甚至有时自己可能做得还不如别人做得好。所谓“站着说话不腰疼”，因此我们应该适当进行换位思考，这样不仅可以舒缓郁闷的情绪，而且有助于从根本上解决问题，还能赢得对方的感激和尊重。

3．学会主动沟通。大多数人际关系问题往往是因为不愿意沟通而导致的，由于不去沟通而产生误解、埋怨情绪，使关系变得更加糟糕、越来越僵，直至因为一点小事而瞬间使矛盾激化。

4．学会宽容他人。人无完人，每个人都会犯错。若我们太较真，斤斤计较，不仅会伤害彼此间的感情，也会严重影响自己的心情。当别人犯了错误，我们要善于选择宽容。宽容他人并不是迁就他人，俗话说“不要拿别人的错误来惩罚自己”，从某种程度上说宽容他人也是善待自己。

（四）学会学习

知识改变命运，学习成就未来。学习是大学生的首要任务，而学会学习则是学习的根本宗旨。俗话说“学历代表过去，能力代表现在，学习力代表未来”，学会怎样学习比学习什么更重要。未来的文盲不再是不识字的人，而是没有学会怎样学习的人。在知识经济时代，大量的知识需要在实际工作中不断学习才能掌握，如果缺乏学习能力将很难适应这个时代。因此，大学生在学习的过程中应该特别注重学习方法的学习，注重学习能力的培养和提高，学习知识不能一味地被动接受，而要学会主动思考，善于批判，善于质疑，敢于向权威挑战，敢于发表自己的观点和见解，只有这样才能真正提升学习能力，才能紧跟时代步伐，才能胜任未来各项工作。

第二节 转变学习观念

一、为什么要转变学习观念

大学是一个全新的学习生活环境，在学习目标、学习内容、学习方式等很多方面发生了很大变化，具体体现在以下几个方面：

（一）学习目标专业化

大学里的学习目标是在德智体美劳全面发展的前提之下，掌握更加精深的专门知识，养成奋发进取的科学研究素质，成为高层次的专门人才。因此，大学生必须努力学习马列主义、毛泽东思想、邓小平理论、“三个代表”重要思想、科学发展观和习近平新时代中国特色社会主义思想，以先进的政治理论武装自己；必须了解和掌握本专业广博的基础知识和形成宽厚而坚实的专业素养；必须具有从事本专业科学研究的较高的水平。而中小学则是打基础的学习阶段，学习活动应当尽可能地符合青少年心身发展的特点。具体地说，中小学生的学习是为了形成良好的学习行为习惯，培养一定的思想道德品质，初步获得基本的知识、技能和技巧，锻炼自己的体魄，健全素质。因此，中小学强调的是素质教育，是学生的整体素质的从启蒙到提升与发展的长期过程，而大学强调的是专业化教育，是学生的专业素质和职业素养形成和发展的关键时期。

（二）学习内容纵深化

大学生的学习内容更加强调精深和广博，在广博的基础上求专长；在专业学习的基础上求拓展和创新。大学生在校学习的往往是某一门专业的学科知识，同时兼顾其他内容的知识。围绕某一门专业学习，可以有多种参考书，可以有多个不同的观点。而中小学的学习内容则比较注重全面性和基础性，他们往往要学习很多知识点，而且学习的内容一般都是定论的东西和稳定的知识体系，只是在学习过程中力求去不断发现和适当培养自己的兴趣爱好。

（三）学习方式自主化

大学生的学习方式以自学为主，往往教师是领进门，做启发性的指导和答疑解惑，大量的时间要靠大学生自己去支配和决策。什么时间应该学习什么，应该花费多长时间学习课堂知识，又应当用多长时间自己去查阅资料、补充笔记和课余思考，这些都由大学生自己决定。而中小学生的学习方式则更加强调在教师的指导下，按部就班地、循序渐进地学习相关知识内容，学习的被动性和依赖性较强。正由于这样，很多大学新生进入高校后都会出现一个心理不适应期。在这个时期，他们会产生许多困惑和疑虑，诸如“大学里到底应该如何学习？”“为什么大学老师不按照书本讲课？”“考试中的问题怎么书本上找不到答案？”

（四）教学管理灵活化

中小学教学强调整齐划一，严格按照既定的教学计划进行教学。为了维护整齐划一，必然要强化教学管理，无论是对教师，还是对学生而言，都有具体而细致的规定。而在大学，大学生学习上需要的是高度的自觉性和计划性。按照专业培养目标，大学生可以根据自己的兴趣爱好，发挥自己的创造性。大学里的规章制度和学习纪律只是给大学生提供一个方向和指示，更加重要的是学习的效率。因此，大学的教学管理是围绕质量来安排的，是一种质量管理而非一种强调整齐划一的刻板的管理。当然，强调大学生的学习自主，并不是许可大学生的“为所欲为”，不受纪律约束。在大学，基本的教学管理秩序还是要保障。

（五）社会实践更丰富

虽然现在的中小学基础教育也强调研究性学习，各个学校也都根据自己的条件在争创特色，在组织中小学生开展实践性环节上狠下工夫，但总的来说社会实践还是偏少。但是在大学里，除了课堂学习之外，有很大的时间属于大学生自己，这就为他们开展和从事社会实践活动提供了时间和客观保障。同时，大学教学计划本身也安排了大量的教学实验、实习、社会调查、毕业设计等教学环节。

二、如何转变学习观念

关于学习，北京大学陈春花教授有一个非常形象的比喻，她说：“太阳把阳光洒在大地，它并没有决定在哪里撒得多一些，在哪里撒得少一些。每个人能够得到多少阳光，取决于我们自己。阳光普洒大地，得到的多还是少不取决于阳光，而取决于我们怎么去接受阳光。”大学是我们进入社会的过渡阶段，大学的学习生活与高中存在很大差别，我们除了要学习专业知识外，还要学习其他很多书本以外的知识，包括做事、做人、与人相处等为人处世知识，而为人处世是一辈子的学问，因此为了适应大学学习，我们必须转变学习观念。

（一）端正学习态度，树立终身学习理念

学无止境，活到老，学到老。因此，我们必须树立终身学习的理念，以空杯的心态面对学习，克服浮躁和虚荣心理，把学习作为一种常态，作为一种责任，作为一种追求，注重向书本学习，注重向实践学习，注重向身边优秀的同学学习，向先进典型学习，学以立德，学以增智，学以致用。

（二）学会自主学习，制定长远学习目标

长期以来，因受教育制度、教育方式及家庭生活条件等多方面影响，许多学生把学习当成一种负担，为考试而学，为升学而学，为家长而学，学习完全是被动的，是典型的“要我学”，甚至是被迫的。到了大学，面对和高中完全不一样的学习生活环境，习惯了被动学习的同学很容易感到迷茫，特别是面对大量的自由时间不知道该干什么。其根源，在于对学习的重要性认识不足，缺乏正确的学习动机和长远的学习目标。大学时期是人生学习的黄金时期，是一个人性格成型、能力培养的最佳时期，如何充分把握大学学习对一个人的成长成才具有十分深远的影响。这就要求我们必须学会自主学习，制定长远的学习目标，并且要围绕这一目标充分发挥主观能动性，持之以恒发奋学习，将学习转变为一种思想自觉、行动自觉。

（三）注重学习方法，切实提升学习能力

当今社会，科学技术日新月异，知识信息呈爆炸性发展，知识更新速度明显加快。一个人不可能在大学掌握所有的知识，更不可能一辈子依赖大学阶段获得的那一点知识。因此我们要顺应终身学习的社会要求，尤其注重学习方法的学习，注重学习能力的培养，因为只有掌握了高效获取知识的方法，才能不断获取新知识、不断提升自身能力。

（四）树立广义学习观，全面提升综合素质

大学生最终要走向社会，要在社会实践中发挥自己的聪明才智，服务社会，回报社会。因此，我们不能读死书、死读书，要十分重视实践能力的培养，要在学好书本知识的同时，积极参加社会实践活动，提高实践本领，在实践中提高分析问题和解决问题的能力；要树立广义学习观，全方位学习观，“世事洞明皆学问”，生活处处有学问，学习无处不在无时不在，要勤观察，勤思考，努力学习其他知识，全面提升自身综合素质。

（五）重视体育锻炼，切实增强身体素质

身体是最重要的，但是锻炼身体最容易被忽视。特别是在中学阶段，由于学习任务繁重，升学压力很大，很多同学每天埋头苦读，争分夺秒，缺乏体育锻炼，身体素质不达标。然而，身体是革命的本钱，健康的身体是支撑我们学习、生活、工作的先决条件，没有健康的身体，其他一切都是空谈。毛主席教导我们“文明其精神，野蛮其体魄”，习近平总书记则深刻指出“少年强、青年强则中国强。少年强、青年强是多方面的，既包括思想品德、学习成绩、创新能力、动手能力，也包括身体健康、体魄强壮、体育精神”。因此，我们在大学阶段要特别重视体育锻炼，切实增强身体素质，为未来幸福生活、健康工作打下坚实基础。

第三节 掌握学习方法

一、抓住关键学习环节

学习方法是提高学习效率，达到学习目的的重要手段。著名科学家钱伟长曾对大学生说：“一个青年人不但要用功学习，而且要有好的科学的学习方法。要勤于思考，多想问题，不要靠死记硬背。学习方法不对，事倍功半，学习方法对头，则事半功倍。”大学生要善于把握学习规律，抓住关键学习环节，提高学习效率。

（一）预习和听课

做好课前预习是掌握听课主动权的重要方法。预习的时候可以采取泛读的方法，快速浏览知识点，对知识形成一个初步印象，同时把有疑问的地方简单记录一下，这样听课时由于脑海里已经有了知识的初步印象，听起来就不会费劲，而且带着问题去听课也容易把握听课的针对性和重点。不仅节省学习时间，还能提高听课效率，是学习中非常重要的一个环节。在听课时还要及时做好笔记。上课时要集中精力，全神贯注，对老师强调的要点、难点和独到的见解，要认真作好笔记。课堂上力争弄懂老师所讲内容，经过认真思考，消化吸收，变成自己的东西。

（二）复习和总结

课后及时复习，是巩固所学知识必不可少的一环。复习中要认真整理课堂笔记，结合自己所思所想所悟，对照课本和参考书，进行归纳和补充，并把多余的部分删掉，经过反复思考写出自己的心得和摘要。每过一个月或一个阶段要进行一次总结，以融会贯通所学知识，温故而知新，形成自己的思路，把握所学知识的来龙去脉，使所学知识更加完整系统。

（三）做作业和考试

做作业可以巩固消化知识，考试则是检验所学知识掌握的程度，它们都起到了及时找出薄弱环节，加以弥补的作用。做作业要举一反三，触类旁通，要养成良好习惯；对考试要有正确态度，不作弊，不单纯追求高分，要把考试作为检验自己学习效果和培养独立解决问题能力的演练。

二、构建高效学习方法

大学学习除了要善于抓住关键学习环节，还要结合自身情况有针对性地研究学习规律，探索适合自己特点的学习方法，提高获取知识的能力和效率。

（一）制订科学可行的学习规划和计划

大学学习单凭勤奋和刻苦精神是远远不够的，只有掌握了学习规律，相应地制定出科学可行的学习规划和计划，才能有计划地逐步完成预定的学习目标。恩格斯曾说过：“没有规划的学习简直是荒唐的”，可见严密的学习规划是完成学习任务的保证。首先要根据学校的教学大纲，从个人的实际出发，根据总目标的要求，从战略角度制定出基本规划。如设想在大学自己要达到的目标，达到什么样的知识结构，学完哪些科目，培养哪几种能力等。大学新生制订整体计划是困难的，最好请教本专业的老师和高年级同学。先制订好一年级的整体计划，经过一年的实践，待熟悉了大学的特点之后，再完善大学学习的整体规划。其次要制订阶段性具体计划，如一个学期、一个月或一周的安排，这种计划主要是根据入学后自己的学习情况、适应程度对学习重点、学习时间分配、学习方法调整等进行再安排，一般要遵照符合实际、切实可行、不断总结、适当调整的原则。

（二）讲究读书的方法和艺术

大学学习不再局限于课堂学习，更重要的是要充分发挥自学能力，在有限的时间里去充实自己。选择与学业及自己的兴趣有关的书籍来读是最好的办法。莎士比亚说：“书籍是全世界的营养品”，培根也说：“书籍是在时代的波涛中航行的思想之船，它小心翼翼地把珍贵的货物送给一代又一代。”学会在浩如烟海的书籍中，选取自己必读之书，就需要有读书的艺术。首先是确定读什么书，其次对确定要读的书进行分类，一般来讲可分为三类，第一类是浏览性质，第二是通读，第三是精读。正如“知识就是力量”的提出者培根所说：“有些书可供一赏，有些书可以吞下，不多的几部书则应当咀嚼消化。有的书只要读其中一部分就够了，有些书可以全读，但是不必细心地读，还有不多的几部书则应当全读、勤读，而且用心地读。”浏览可粗，通读要快，精读要精。这样就能在较短的时间里读很多书，既广泛地了解最新科学文化信息，又能深入研究重要理论知识，这是一种较好的读书方法。读书时还要做到如下两点：一是读思结合，读书要深入思考，不能浮光掠影，不求甚解；二是读书不唯书，不读死书，这样才能学到真知。

（三）充分利用和合理安排课余时间

在大学，除了上课、睡觉和集体活动之外，其余的时间机动性很大，科学地安排好这些时间对成就学业是至关重要的。著名历史学家吴晗在《学习集》中说："掌握所有空闲的时间加以妥善利用，一天即使学习一小时，一年就积累365小时，积零为整，时间就被征服了。想成事业，必须珍惜时间。"首先，要安排好每日的作息时间表，哪段时间做什么，安排时要根据自己的身体和用脑习惯，在大脑最好用时干什么，大脑疲惫时安排干什么，做到既调整大脑休息，又能参与一些其他的诸如文体活动等。一旦安排好时间表，就要严格执行，切忌拖拉和随意改变，养成今日事今日做的习惯，千万不要等明日。"我生待明日，万事成蹉跎"。其次，要珍惜零星时间，大学生活越丰富多彩，时间切割得就越细，零星时间越多。华罗庚曾说："时间是由分秒积成的，善于利用零星时间的人，才会做出更大的成绩来。"英国数学家科尔，1903年因攻克一道200年无人攻破的数学难题而轰动世界，而他是用了近三年的星期天来完成的。

（四）完善知识结构和思维方式

所谓合理的知识结构，就是既有精深的专门知识，又有广博的知识面，具有事业发展实际需要的最合理、最优化的知识体系。诺贝尔物理学奖李政道博士说："我是学物理的，不过我不专看物理书，还喜欢看杂七杂八的书。我认为，在年轻的时候，杂七杂八的书多看一些，头脑就能比较灵活。"大学生建立知识结构，一定要防止知识面过窄。当然，建立合理的知识结构是一个复杂长期的过程，必须注意如下原则：①整体性原则，即专博相济，一专多通，广采百家为我所用。②层次性原则，即合理知识结构的建立，必须从低到高，在纵向联系中，划分基础层次、中间层次和最高层次，没有基础层次，较高层次就会成为空中楼阁，没有高层次，则显示不出水平。因此任何层次都不能忽视。③比例性，即各种知识在顾全大局时，数量和质量之间合理配比。比例的原则应根据培养目标来定，成才方向不同知识结构的组成就不一样。④动态性原则，即所追求的知识结构决不应当处于僵化状态，而须是能够不断进行自我调节的动态结构。这是为适应科技发展知识更新、研究探索新的课题和领域、职业和工作变动等因素的需要，不然跟不上飞速发展的时代步伐。

知识是能力的基础，而思维则是行动的先导。人的思维方式是决定知识发挥其作用的关键。有的人学富五车却无所作为，有的人未必博学却成绩卓著，关键就在于思维方式有差距。可见，完善思维方式比知识结构更重要。构建合理的知识结构有助于完善思维方式，因为我们在完善知识结构的同时也是完善思维方式的过程。思维有多深，人的思想就能走多远。正如爱因斯坦所说："高等教育必须重视培养学生具备会思考，探索问题的本领。人们解决世上的所有问题是用大脑的思维能力和智慧，而不是搬书本。"

三、借鉴经典学习方法

（一）目标学习法

目标学习法是美国心理学家布卢姆所倡导的。布卢姆认为只要有最佳的教学，并给学生足够的时间，多数学习者都能取得优良的学习成绩。教学内容是由许多知识点构成，由点形成线，由线完成相对独立的知识体系，构成彼此联系的知识网。因此明确目标，就要在上新课时了解本课知识点在知识网中的位置，在复习时着重从宏观中把握微观，注重知识点的联系。另外，要明确知识点的难易程度，应该掌握的层次要求，即识记、理解、应用、分析、综合、评价等不同层次，最重要的就是明确学习重要目标，即知识重点。有了目标就能增强我们学习的注意力与学习动机，即为了这些目标我必须好好学习。

可见，明确学习目标是目标学习法的先决条件。目标学习法的核心问题，是必须形成自我测验、自我矫正、自我补救的自我约束习惯。对应教学目标编制形成检测题，对自己进行检测，并及时地反馈评价，及时矫正和补救。学习目标与人生目标不同，它比较具体，可以在短时间内实现。它可以使我们比较容易地享受成功的欢乐，增加我们的信心。因此，目标学习法也是成功教育的主要策略之一，同时，实现学习目标也是实现人生目标的开始，只有使大小、远近目标有机地结合，才会避免一些无效劳动的发生。

（二）问题学习法

带着问题去看书，有利于集中注意力，目的明确，这既是有意学习的要求，也是发现学习的必要条件。心理学家把注意分为无意注意与有意注意两种。有意注意要求预先有自觉的目的，必要时需经过意志努力，主动地对一定的事物发生注意。它表明人的心理活动的主体性和积极性。问题学习法就是强调有意注意有关解决问题的信息，使学习有了明确的指向性，从而提高学习效率。

问题学习法要求我们看书前，首先去看一下课文后的思考题，一边看书一边思考；同时，它还要求我们在预习时去寻找问题，以便在听课时在老师讲解该问题时集中注意力听讲；最后，在练习时努力地去解决一个个问题，不要被问题吓倒，解决问题的过程就是进步的过程。

（三）矛盾学习法

矛盾的观点是我们采用对比学习法的哲学依据，因为我们要进行对比，首先要看对比双方是否具有相似、相近、或相对的属性，这就是可比性。对比法的最大优点在于：①对比记忆可以减轻我们的记忆负担，相同的时间内可识记更多的内容。②对比学习有利于区别易混淆的概念、原理，加深对知识的理解。③对比学习要求我们把知识按不同的特点进行归类，形成容易检索的程序知识，有利于知识的再现与提取，也有利于知识的灵活运用。

综观我们的学习，可对比的知识比比皆是，如政治内容中权利与义务、民主与法制、物质与意识、和平与发展等等；如语文学习中复句与单句、设问与反问、比喻与借代、记叙与议论、实词与虚词等等；如数学学习中小数与分数、指数与对数、奇函数与偶函数、平行与垂直等等；如化学学习中金属与非金属、晶体与非晶体、化合与分解、氧化与还原、酸与盐等等。对比学习法不仅可以用于同一学科内的学习，还可以进行跨学科比较，如学习政治可用语文中的句子分析法来分析政治概念，如在学习近现代史中的民族解放运动时，又可以利用政治有关民族的基本观点，学习自然学时，可回忆一下语文课本中的有关科学家的传记文章，也可结合唯物辩证法的有关原理进行学习。

（四）联系学习法

唯物辩证法认为世界上任何事物都同周围的事物存在着相互影响、相互制约的关系。科学知识是对客观事物的正确反映，因此，知识之间同样存在着普遍的联系，我们把联系的观点运用到学习当中，会有助于对科学知识的理解，会起到事半功倍的效果。

根据心理学迁移理论，知识的相似性有利于迁移的产生，迁移是一种联系的表现，而联系学习法的实质不能理解为仅仅只是一种迁移。迁移从某种意义上说是自发的，而运用联系学习法的学习是自觉的，是发挥主观能动性的充分体现，它以坚信知识点必然存在联系为首要前提，从而有目的地去回忆、检索大脑中的信息，寻找出它们间的内在联系。当然，原来对知识掌握的广度与深度直接影响到建立知识间联系的数量多少，但我们可以通过辩证思维，通过翻书、查阅、甚至是新的学习，去构建新的知识联系，并使之贮存在我们的大脑之中，使知识网日益扩大。这一点是迁移所不能做到的。

学习新知识就要想到旧知识，想到自己亲身经历过的事，不能迷信权威，克服定势思维。要善于把抽象的知识具体化，充分发挥大脑的作用。如辛亥革命发生在1911年，二次革命发生在1913年，护国战争发生在1915年，护法战争发生在1917年，这四个历史事件依次间隔两年，只要记住这几个历史事件的逻辑顺序，知道其中任何一个事件的年代，就可以联想推算出其他三个事件的年代。这也是联系学习法。

（五）归纳学习法

所谓归纳学习法是通过归纳思维，形成对知识的特点、中心、性质的识记、理解与运用。当然，作为一种学习方法来说，归纳学习法崇尚归纳思维，但它不等同于归纳思维本身，同时它还要以分析为前提。

可见，归纳学习法指的是要善于归纳事物的特点、性质，把握句子、段落的精神实质，同时，以归纳为基础，搜索相同、相近、相反的知识，把它们放在一起进行识记与理解。其优点就在于能起到更快地记忆、理解的作用。

（六）缩记学习法

所谓缩记学习法就是要尽可能地压缩记忆的信息量，同时基本上又能记住应记的内容。比如有要点记忆法、归纳记忆法、意义记忆法，都属缩记学习法。每段话有明确要点的自然用要点记忆法，如果没有就要经过归纳形成要点后进行记忆。而归纳的最主要方法以意义为依据。可见，记忆以要点为基本单位。也可理解为以中心思想为单位。记住了要点并不是要放弃其他内容，而是以对其他内容的理解为前提，它可极大地增加记忆的信息量。

（七）思考学习法

孔子提倡学习知识面要广泛，并且强调要在学习的基础上认真深入进行思考，把学习与思考结合起来。他说："学而不思则罔，思而不学则殆。"如果只是读书记诵一些知识，而不通过思考加以消化，这只能是抽象的理解，抓不住事物要领，分不清是非。明朝著名的科学家徐光启从小就有着的强烈好奇心，对于自然方面的知识一定要问个清清楚楚，一次徐光启看到一个老人掐掉自己棉田里的棉桃，感到很奇怪，就"刨根问底"学了个清楚，还说服父亲也采用这种科学的种棉方法，取得了丰收。长大后的徐光启就是凭着这种探索的精神，写出了《农政全书》这样的科学巨著。

《中庸》中提出为学的五个阶段：博学、审问、慎思、明辨、笃行。慎思就是要把外在的知识和事件与自己切身经验结合起来进行认真思考，既用自己的经验来思考知识与事件，又用知识与事件来思考自己的经验，不断地交换位置和方向，达到理解和重新理解知识、事件和经验的目的，促进自己精神世界的成长。"人间四月芳菲尽，山寺桃花始盛开"，当读到这句诗时，沈括的眉头凝成了一个结，"为什么我们这里花都开败了，山上的桃花才开始盛开呢？"，为了解开这个谜团，沈括约了几个同伴上山实地考察一番，四月的山上，乍暖还寒，凉风袭来，冻得人瑟瑟发抖，沈括茅塞顿开，原来山上的温度比山下要低很多，因此花季才来得比山下晚。凭借着这种求索精神和实证方法，长大以后的沈括写出了《梦溪笔谈》。

（八）合作学习法

同水平差不多的人一起学习，就有了学习伙伴，更何况每人都有自己的长处；同水平高于你的人一起学习，他就是你的老师，你自然可以学得许多东西；同水平低于你的人一起学习，你是他的老师，我们常说"教学相长"，你同样可以学得许多东西。当然，合作学习并不是几个人的简单相加。

美国明尼苏达大学"合作学习中心"认为，有五个要素是合作学习不可缺少的。这些要素包括：①积极互赖，指的是学生们知道他们不仅要为自己的学习负责，而且要为其所在小组的其他同学的学习负责。②面对面的促进性相互作用。③个人责任，指的是每个学生都必须承担一定的学习任务。④社交技能。⑤小组自加工，小组必须定期地评价共同活动的情况，保持小组活动的有效性。

合作学习有利于增进人与人之间的相互了解、温情与信任，学会处理人际关系的技能、技巧与策略，学会有效地表达自我。在学习交往中，可以培养、发展真正的责任意识和义务感。

（九）循序渐进法

我们在学习中有一个误区，认为只要肯花时间，多做练习，学习成绩必然进步。其实不尽然。虽然量变的必然结果是质变，但并不能说任何量变都会引起质变。试想，在现实生活中，有的人花的时间不多、练习量不大为何能有明显的进步呢？这就是一个效率问题。在经济学上我们常说企业要发展，必须要采用集约型增长方式。学习也是如此，不能盲目地投入精力。这首先要做到循序渐进。有的同学一心求快，不考虑自己的水平，拿到书就看，拿到练习就做。比如，有的人连中学教科书的课文还没有弄懂，就大量死记课外的唐诗宋词，理由是课外读物很重要；有的人连书本的数学题也没有过关，就大量去做高考模拟题，理由是只做课本题应付不了高考；有的人连简单的英语对话都不行，就去看许多经贸口语，理由是中国入世了，经贸英语更显重要。从理由上看并不错，但针对自己的实际情况，采取的方法就错了，因为违背了循序渐进的认识规律。

（十）持续发展法

可持续发展是我国经济建设的重要战略。要成为社会主义建设人才，必须具备发展的观点，用发展的观点看待学习问题，就是我们所提倡的持续发展法。它要求我们学习上不能偏科，力求全面发展。中小学是打基础的时期，要文理兼顾，还要重视劳动技能、体育技能的学习，培养自己的思想道德素养、审美情趣等等。当然，全面发展并不等于平均发展，对自己的兴趣、特长应该重点发展，为此，应围绕其中心不断完善自己的知识结构，向纵深发展，培养自己研究性学习的能力，培养自己科学献身精神，使自己持续发展。可持续发展首先是观念上的要求，只有具有这样的学习观，才会有这样的学习方法。有了这样的学习方法，才能从根本上消灭死记硬背、盲目崇拜倾向，重视其他科学有效的方法。

第四节 学会时间管理

一、什么是时间管理

时间管理，是为提高时间的利用率和有效性，而对时间进行的合理计划与控制、有效安排与运用的管理过程，其本质是时间管理主体的自我管理。时间管理是每个大学生都必须学习和掌握的一门技能。这是因为，个体时间管理的能力，除了与其掌握的知识技能有关外，更和价值观念、态度、素质相关，基于大学生主体的存在性、实践性，时间管理反映的是其学习生活方向、行为秩序和规律的一个框架，实质上是个体对自身成长空间的把握。

二、时间管理的重要性

时间对于每个人都是公平的，每个人的一天都只有 24 个小时。俗话说“一寸光阴一寸金，寸金难买寸光阴”，时间的宝贵性不言而喻，不同的人对时间的理解也不尽相同。对于医生来说，时间就是生命；对于企业家来说，时间就是效益；对于科研人员来说，时间就是人类的进步；而对于大学生来说，时间是知识，是资本，是机会，是命运，是无价之宝。

大学阶段是人生最宝贵的时期，是个体自我发展及知识经验积累的关键时期，而大学管理中高自主性学习模式，给学生带来大量的自由支配时间，如何才能更好地利用这些时间来学习知识、挖掘潜能、发展自我，直接影响到学业成绩、生活质量和成长发展。人的精力有限，任何人都不可能把所有事情都做完、都做好，只能通过充分规划和利用好时间，向时间要效益，实现可支配时间效益的最大化。有研究表明，大学生的时间管理能力与自我效能感、焦虑存在明显相关性。一个能将自己的时间管理得很好的大学生，就具备了处理好各种事情之间关系的协调能力，他的自我效能感就会比较高，同时能将各方面的事情都处理地井井有条，他的焦虑水平也就比较低，更不容易焦虑。因为，一个善于时间管理的人，可能是一个很忙碌的人，但忙而有序，忙而有效。现代管理大师彼德·德鲁克说："不能管理时间，便什么都不能管理"。因此，学会时间管理对大学生具有极其重要的作用，不仅是大学生必须具备的一种技能，也是衡量大学生素质的一个重要标准。

大学生只有及早进行职业生涯规划，以时间为单位，确定不同时期的奋斗目标，再根据目标进行时间管理，按计划采取有效的行动，充分管理好自己在学校的时间，在专业能力、方法能力、社会能力和个性方面得到发展，最终实现确定的职业目标，才能在今后的人生道路上不断取得成功。无论是在职场还是在学校，每个顶尖的成功者首先是顶尖的时间管理者。

三、大学生时间管理中存在的问题

当代大学生个性独立、主观性强、做事随性，且大多数学生都存在手机依赖等不良习惯，自我管理的能力比较薄弱，时间管理效率较低。据有关研究和调查显示，大学生在时间管理方面普遍存在以下几个问题：

（一）44.4% 的学生认为自己计划执行力不强

很多大学生表示自己会制订相应的计划，但往往难以执行到底。之所以会产生这样的结果，究其原因在于没有为自己的行动找到一个正确的动机。不少学生认为，对原有的计划执行与否无所谓。于是，计划中有兴趣的就执行，没兴趣的则放弃。

（二）44% 的学生认为自己荒废时间现象严重

很多大学生都承认自己荒废时间的现象严重，轻易让时间在自己的手边溜走。有两种现象值得注意：其一，显性时间浪费。表现在大部分的闲散时间没有能够集中使用，而大多用在了上网、睡觉、玩游戏等事情上。这种对时间的荒废不创造任何价值。其二，隐性浪费时间。有些大学生表面上看起来每天都很忙碌，时间安排得也很"紧"，可事实上他们却不知道自己真正做了什么和得到了什么。表现在做事头绪凌乱，效率不高，缺少条理，没有明确的办事思路，难以将主要精力集中在从事最重要的事情上，从而荒废掉了很多时间。

（三）42% 的学生认为自己时间利用率低，拖拖拉拉

在大学阶段由于时间相对充裕，可以自由支配的时间很多，因此，有的学生容易为自己寻找借口把宝贵的学习时间浪费掉。

（四）41.6% 的学生认为自己有懒惰思想，意志力差

很多学生都承认自己有懒惰思想，对于制订好的行动计划，往往因为自己的懒惰而使计划付之东流。

（五）38.3% 的学生认为自己娱乐休闲与学习时间分配不合理

并非所有大学生都不愿规划使用自己的时间，但是调查发现他们当中的很大一部分人的问题在于对时间规划不合理，缺乏时间管理方法和技巧的训练。实践表明，尽管大学生自由支配的时间相对充裕，但他们当中不少人用于娱乐休闲的时间远超过用于课余学习的时间。

四、如何做好时间管理

时间对大家来讲，每个人每天都是 24 小时，不会多一分，也不会少一秒，但是，不同的人，对于时间的利用是不同的。这就需要我们学会管理时间。关于时间管理，有一个非常著名的故事——《鹅卵石的故事》。

知识拓展

鹅卵石的故事

有一次，苏格拉底给学生们上课。他在桌子上放了一个罐子，又在罐中放了一些和罐口差不多大小的鹅卵石。之后他问罐子是不是满的，学生们齐声回答："满的。"他笑着将一袋碎石子倒进去，又问他们罐子是不是满的，沉默中一位学生怯生生地说："也许没满。"他点了点头，将一袋沙子倒进去，并重复之前的问题。学生们弄懂了，自信地告诉他罐子没满。苏格拉底称赞了这些学生，然后将一瓶水倒进看似已满的罐子里。做完这些之后，他问学生有什么心得体会。一位自以为是的学生得意地做出了回答。苏格拉底认可了他的回答，却说了一个更重要、更深刻的道理："如果你不先将大的鹅卵石放进罐子里去，你以后也许永远没机会再将它们放进去了。"顿时，教室里一片寂静，同学们都陷入了沉思……

这个故事的情节、人物都很简单，言简意赅，然而寓意却十分深远。它告诉我们，对于生活中林林总总的事情可以按重要性和紧急性的不同组合确定处理的先后顺序，做到鹅卵石、碎石子、沙子和水都能放到罐子里去。

关于时间管理的方法有很多。现代的时间管理理论更注重生涯的均衡发展，始终把个人精力的焦点放在最重要的事务上。时间的帕金森定理表明，工作往往会自动膨胀地占满所有可用的时间，因此，应该把最佳的时间用在最重要的事情上，即"好钢用在刀刃上"。具体可参考以下几种时间管理方法：

（一）给自己设立目标

目标使人们明确为什么做某事，将要从中获得什么。时间管理的目的就是在最短的时间内实现更多预期的目标。如果目标不明确，行动必然会带来很大的盲目性，这样必然既浪费时间又耽误前程。所以，要帮助引导学生设定切实可行的目标，并使目标尽可能具体化、符合可行性、实际性及时效性的要求。

（二）养成列计划的习惯

把自己要做的各件事情全部都写下来，这样有利于随时明确自己手头上的任务。通常，只凭头脑的记忆难以记住所有的事情，而当你看到自己所列的清单时，不但条理清楚也会让自己产生紧迫感，从而按照事情的轻重缓急把一天、一周、一个月甚至一年或更长的时间安排好。这样，既能够保证整体计划目标明确，也能够使我们比较清晰地看到短期目标及远景目标，从而有助于合理有效地利用和管理时间，使做事情主次分明，时间分配合理。

（三）优先处理最重要的事

要合理有效地利用时间，就要把有限的时间集中在处理最重要的事情上。每天花 20 分钟将一天中要做的事情分轻重缓急记录下来，会为你有效利用时间带来很大的帮助。然而，怎样区分事情的轻重缓急呢？艾森豪威尔按照重要性和紧迫性两个标准制定了优先原则，称为艾森豪威尔法则，又叫十字法则或四象限法则（图 4-1）。该法则将工作分为四类，分别是重要且紧急、重要不紧急、不重要紧急、不重要不紧急四个维度。根据事情的性质，最先做重要且紧急的那件事，然后依次去做其他的事情，这样做事的效率会大大提高。

我们来看一个例子，比如有一位大四的大学生，在面对自己未来的人生规划上遇到了困惑。他即将毕业，准备考研，可是前期心理压力非常大，出现了重度抑郁障碍。同时他也将面临就业找工作，而家人也在催促他尽快找个女朋友，说以后就不好找了。这些烦心事让他焦头烂额。他不知道该怎样去处理这么多的事情了。

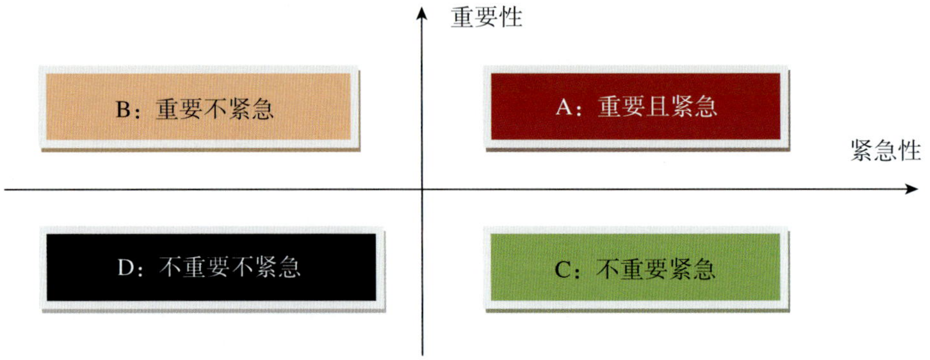

图 4-1 艾森豪威尔法则

A 类工作：既重要又紧急的工作，必须立刻马上亲自去完成。
B 类工作：重要但不紧急的工作，可以先缓一缓，但应该列入计划，即安排好日期，或者有所保留地授权给他人来完成。
C 类工作：不重要但紧急的工作，应该授权给别人去做，或者最后完成。
D 类工作：既不重要又不紧急的工作，须敬而远之。

我们可以根据艾森豪威尔法则，对这些事情按照轻重缓急进行划分，从而做到让自己有所侧重（表 4-1）。

表4-1 事情轻重缓急表

	重要	不重要
紧急	去治疗重度抑郁障碍	考研
不紧急	就业	交女友

可见。没有其他办法比按重要性办事更能有效地利用时间了。

知识拓展

时间的二八定律

80% 的销售额是源自 20% 的顾客；
80% 的看报时间都还在 20% 的版面；
80% 的电话都来自 20% 的朋友；
80% 的看电视时间都花在 20% 的节目；
80% 的阅读都是取自书架上 20% 的书籍；
80% 的考题来自考试范围的 20%。
反过来也可以说：
20% 的顾客带来 80% 的销售额；
20% 的报纸刊登 80% 的新闻；
20% 的人际关系带来 80% 的个人幸福。

这就是时间的二八定律，它所揭示的正是这样的一个道理，应当把主要的精力花在最重要的事情上。

（四）确定最佳效率时间

我们都有这样的经验，在一天的时间中并不总是有较好的工作和学习效率。因为每个人都有自己的生理节律，呈周期性变化，这就是所谓的“生物钟”。受这种变化的影响，我们的体力、脑力就会出现高峰和低谷交替出现的起伏现象。不同的个体间，这种节律有明显的差异。心理学中将其分成如下四种类型（表 4-2）。

表4-2　生物钟类型表

类型	习惯	注意事项
百灵鸟型	这类人习惯于早睡早起，他们在早晨的学习效率一般比较好。	晚上十点左右一定要睡觉。
夜猫子型	这类人早晨起得比较晚，晚上睡得也比较晚，当晚上夜深人静时学习效率比较好。	每天务必吃早餐。
麻雀型	这类人早晨和下午各有一个学习效率的高峰。	中午一定要午休，否则就会干扰下午和晚上的学习。
混合型	这类人一天中有多个学习效率的高峰，但是每个高峰的持续时间都不长。	注意劳逸结合。

我们要善于根据自身的“生物钟”特点，了解清楚自己的最佳效率时间，然后有效地利用这段时间，可以达到事半功倍的效果。

（五）学会拒绝

大学生在学习生活中很常见的一种情况就是不会拒绝，特别是那些热情合群的大学生。他们喜欢表现自己，缺乏时间管理观念和必要的交际技巧，往往把来自别人的请求和提议不假思索地接受下来。有时明明不是出自本意，但也难以启齿说“不”。其实，量力而行地说“不”，是做到有效的时间管理的必要条件。如遇到别人的委托，不要急于接受，而要根据实际情况，分析自己是否答应。如果不能，则要用良好的沟通方式与朋友协调，在适当的时候敢于说“不”。

第五章　新的生活：文明与安全

经过十年寒窗苦读，同学们迈进了大学的校园，这里的老师、学习方法、管理模式、授课模式、生活模式等等都与高中有很大的改变和区别，同学们需要做的就是调整和适应，因为“如果你改变不了环境，那么你就学着适应它”。适应环境既是一种能力，也要遵循其规律。

第一节　习惯养成

一、生活有规律

物有本末，事有终始，万事万物都是发展的，都有规律可循。当然，人也是一样的，要按规律办事，依规律生活、作息。中国的先人很早就注意到这些，提出了一年有二十四节气，一天里人也有二十四节气。他们认为冬至和子夜对应，都是实际上的“极阴”，同样夏至与正午对应，都是实际上的“极阳”，故冬至对应 24 点，夏至对应 12 点。春分和清晨 6 点都是从极阴过渡到极阳的中点，故也相对应，同理，秋分和傍晚 18 点相对应，其他时间与节气对应如下图 5-1：

小寒：01：00	大寒：02：00	立春：03：00	雨水：04：00
惊蛰：05：00	春分：06：00	清明：07：00	谷雨：08：00
立夏：09：00	小满：10：00	芒种：11：00	夏至：12：00
小暑：13：00	大暑：14：00	立秋：15：00	处暑：16：00
白露：17：00	秋分：18：00	寒露：19：00	霜降：20：00
立冬：21：00	小雪：22：00	大雪：23：00	冬至：24：00

图 5-1　人体“二十四节气”

节气对应着时间，指导着我们的生活。早睡觉是为了有充足的时间休息，调理好人的精气神，早起床是为了将人的生气唤醒，生发出精气神，并为一天的生活、学习与工作做准备。一天里何时起床为好呢？研究表明：5 点醒来，能起床，起床后想睡，则起来活动 10 分钟后，再睡个回头觉即可。关键是，5 点必须醒来，活动一下。我们祖先“日出而作，日落而息。”常听人说，现在的人怎么这样脆弱，生病患癌的怎么这样多？其实，人还是人，与 5000 年前无异，只是现在的人，身处的社会发展了，物质丰富了，一些人自以为老子天下第一，战无不胜。挥霍着青春，昏天黑地地玩，欲与机器试比高，通宵达旦透支着生命，他们忘记了这样一个事实，机器是死的，人是活的，机器坏了修修还能用，实在不行还可以再造，而人呢？死了不能复生！因此，还是要回到原点，遵循规律，做一个生活有规律的人。

要成为一个生活有规律的大学生，首先就要了解学校的作息制度（表 5-1）。这一点，在军训时，教官给予了我们训练，但我们仍然有必要再次明晰学校的作息制度。“在什么山唱什么歌。”我们应根据不同的地点、不同的时间、不同的环境改变和适应。不能将中学时的作息制度代替大学时的作息制度，也不能将大学的作息制度代替工作后的作息制度。大学的课程安排也较高中有很大的变化（表 5-2）。当然，事物都有其内在的规律，找到规律、顺应规律，就能以不变应万变。那就让我们对不同的作息制度进行比较吧！在对比中你可以发现其中的一些奥妙，也就是规律。同时，为方便学生办事，学院教职员工夏季、冬季上班时间一样便于与上课时间同步（表 5-3）。

表5-1 学院的作息时间表

序号	时段	节序	时间	备注
1	早上	早操	6：30—7：00	
2	早上	早餐	7：00—7：40	
3	早上	早自习	7：40—8：30	
4	上午	第一节课	8：30—9：15	
5	上午	第二节课	9：25—10：10	
6	上午	第三节课	10：20—11：05	
7	上午	第四节课	11：15—12：00	
8	中午	午休	12：00—14：00	
9	下午	第五节课	14：00—14：45	
10	下午	第六节课	14：55—15：40	
11	下午	第七节课	15：50—16：35	
12	下午	第八节课	16：45—17：30	
13	晚上	晚餐	17：30-18：40	
14	晚上	第九节课	19：00-19：45	
15	晚上	第十节课	19：55-20：40	

有规律的生活能够让你的身体状态和心理状态都保持比较稳定，但是很多人的生活却过得毫无规律，尤其是年轻人，也许他们现在不觉得有什么不妥，或者觉得没什么，就是喜欢这样过，可是长期这样，会让身心都失去活力。通过对比，同学们可以看到，小学—中学—大学，作息表，一个比一个紧张，课程表，一个比一个丰富，而参加工作后，作息时间则相对简单，但绩效考核一切，让你无暇选择，一切都是必需的了。为此，我们要养成良好的生活、学习和工作习惯，原来没有养成，现在没有养成，将来即使付出一定代价也得养成。现在是主动养成，以后将是被逼养成，被逼养成，是痛苦的，与其被动，不如现在主动。

（一）正常作息

正常的作息是指每天入睡与起床的时间应稳定、有规律，一是在该睡的时候就去睡，该起床的时候不要赖床，一般晚上 11 点之前就该入睡，最好不超过 12 点，二是成年人应保证每天有 7 ～ 8 小时的睡眠时间。

（二）适当运动

运动能够帮助我们调节身心，补充能量。每天抽出一点时间进行适当的运动，坚持下去，让它成为生活中的一部分（图 5-2）。

（三）适时放松

工作很忙，学习很苦、生活很累，这就要求我们学会调整，适时给自己一些放松，做到一张一弛，有紧有松，互相调节。每天留一点时间给自己，安静地喝杯茶、听听歌，或者休闲、娱乐、与人交谈，这些能够对生活起到很好的调节作用，提高生活的质量。

表5-2 生态宜居学院2017级某班课程表（样表）

学院：生态宜居学院			年级：2017	专业班： XX 班		
		星期一	星期二	星期三	星期四	星期五
上午	一	数据库技术（讲授） 叶亚文 [1 ~ 7 周][1 ~ 2 节] 409- 南教 36 JAVA WEB 应用技术 曾希 [8 ~ 12 周][1 ~ 2 节] 409- 南教 36	单片机开发（讲授） 李合军 [1 ~ 4，6 周][1 ~ 2 节] 409- 南教 36 数据库技术（实验） 叶亚文 [7 ~ 12 周][1 ~ 2 节] 511 计算机实训室	数据结构 邓晨曦 [7 ~ 15 周][1 ~ 2 节] 409- 南教 36 进销存系统实训 曾希 [16 ~ 17 周][1 ~ 4 节] 511 计算机实训室	单片机开发（实验） 李合军 [3 ~ 4 周][1 ~ 2 节] 511 计算机实训室 数据结构 邓晨曦 [12 ~ 14 周][1 ~ 2 节] 409- 南教 36	数据库技术 叶亚文 [1 ~ 6 周][1 ~ 2 节] 409- 南教 36
	二	进销存系统实训 曾希 [16 ~ 17 周][1 ~ 4 节] 511 计算机实训室 数据库技术（实验） 叶亚文 [3，6 ~ 7 周][3 ~ 4 节] 511 计算机实训室	进销存系统实训 曾希 [16 ~ 17 周][1 ~ 4 节] 511 计算机实训室 创业基础（二） 王平 [6 ~ 9 周][3 ~ 4 节] 409- 南教 36	进销存系统实训 曾希 [16 ~ 17 周][1 ~ 4 节] 511 计算机实训室 数据结构（实验） 邓晨曦 [7 ~ 15 周][3 ~节] 511 计算机实训室	进销存系统实训 曾希 [16 周][1 ~ 4 节] 511 计算机实训室 数据库技术（讲授） 叶亚文 [1 ~ 4，6 周][3 ~ 4 节] 409- 南教 36	进销存系统实训 曾希 [16 周][1 ~ 4 节] 511 计算机实训室 数据库技术（实验）
下午	三	单片机开发 李合军 [1 ~ 12 周][5 ~ 6 节] 409- 南教 36 数据结构 邓晨曦 [13 ~ 15 周][5 ~ 6 节] 409- 南教 36	JAVA 框架技术） 周景林 [12 ~ 15 周][5 ~ 6 节] 409- 南教 36	体育（三） 张仕超 [1，4，6 ~ 13 周][5 ~ 6 节]	Linux 操作系统（实验） 李青候 [3 ~ 11 周][5 ~ 6 节] 511 计算机实训室	Linux 操作系统（实验） 李青候 [12 ~ 13 周][5 ~ 6 节] 511 计算机实训室
	四	进销存系统实训 曾希 [16 ~ 17 周][5 ~ 8 节] 511 计算机实训室	进销存系统实训 曾希 [16 ~ 17 周][5 ~ 8 节] 511 计算机实训室	进销存系统实训 曾希 [16 周][5 ~ 8 节] 511 计算机实训室	进销存系统实训） 曾希 [16 周][5 ~ 8 节] 511 计算机实训室	进销存系统实训 曾希 [16 周][5 ~ 8 节] 511 计算机实训室

表5-3　教职员工上班时间表

	上午	中餐 / 午间休息	下午
夏季	08：30-12：00		14：00-17：30
冬季	08：30-12：00		14：00-17：30

备注：为方便学生办事，学院教职员工夏季、冬季上班时间一样并与学生上课时间同步

图 5-2　国际级裁判洪伟教授与学院党委书记、国家一级裁判苏立共同执哨学院师生篮球赛

（四）做好计划

为了提高学习效率、生活质量，同学们要学会制订计划，做好安排，如果不会，可以试着做，如果不愿，当然没有人强迫你，但你终究会发现，你整天忙，但事倍功半，不停做，但难如愿，你很累，但别人却可以简单快乐地完成。原因是什么，你没有计划，没有安排。所以，拿起笔，想一想，试着做一些安排吧。它将让你得心应手，有条不紊。

二、饮食有营养

我们已经进入温饱问题基本解决的新时代，生产力发展不平衡不充分与人民对美好生活的向往是社会的主要矛盾，在中国共产党的领导下，我们正昂首阔步走在中华民族伟大复兴的大道上，生活蒸蒸日上。

（一）一日三餐，定时定量

一日三餐是保证我们每天体力和精力的重要来源，很多人不重视早餐，为减肥放弃早餐，为睡懒觉不食早餐。殊不知早餐是一天当中最重要的一餐，长期不吃早餐不仅会对胃造成伤害，也很容易引发阑尾炎，还会影响一个人的精神状态。不管你多忙多累，保证三餐定时定量，保证正常的三餐时间。

（二）合理搭配，健康饮食

人类生存所需要的营养都是来自饮食，有关健康饮食，人类早有研究，这里要指出的是，同学们虽然进入了大学，是青年人了，但身体仍然需要营养。我们已进入新时代，温饱问题早已解决，现在所要面临的是吃好，吃得有营养，吃出健康。正如有些人说的，现在不是吃得饱的问题，而是吃得少的问题、吃得好的问题。因此，建议同学们凡事有个度，饮食也是一样，不要偏食、暴饮暴食，要合理搭配，健康饮食（图 5-3）。

图 5-3 北校区学生食堂自助餐

三、消费能节制

现在的我们，不是谁消费不起，也不是谁不能消费，而是谁消费得更好、更有艺术性。进入大学，我们即将成为新时代的建设者，是生态文明美丽中国的建设者，养成生态文明消费理念和行为方式，对我们融入生态文明社会很重要。为了给自己一个生存的空间，给子孙后代一个美好的未来，还我们赖以生存的地球一个美丽的世界，我们必须自觉、自为，养成有节制的消费。以点带面，通过对身边人的影响，相互约束，相互影响，相互宣传教育，增强全民节约意识、环保意识、生态意识，改变人们的生活方式，改变人们的生活习惯，形成合理消费的社会风尚。

不浪费粮食。吃多少，要多少，按需取食，可以减少厨余 1/3。购买有机食品，食在当季，减少物流费和食材的耗损。做饭时盖上锅盖，用高压锅和蒸汽锅更好，可节约更多的能源。拒绝吃国家保护的野生动物。

不开长明灯，不让水长流，不使用大功率电器。日常生活中，同学们要养成节约用水的好习惯，改掉浪费的坏习惯，做到循环用水，分别从洗衣、刷牙、洗浴、冲厕所等一些细节来改变生活方式，做到健康生活。多使用清洁能源，减少热水的使用。多使用节能灯具，养成随手关灯、减少待机的习惯，电器待机时，同样损耗工作时 40% 的能源。尽可能降低能耗，少开空调，让冰箱和冰柜远离热源。

共享出行，绿色出行。能走路的不坐车，能骑行的不开车，多使用共享单车或公共汽车出行。同学们也可以合理使用交通工具，建议父母与亲人缩减开车次数，尽可能步行、骑车、与别人合用汽车或乘坐公共交通工具。

购物有计划。记住：可买可不买的不买，非必要的不必买，非必需的不需买。在购物时认清环保标志、选择低碳节能产品，不买动物制品服饰。采取绿色购物方式，能就近购买商品不进行网购，不购买过度包装的物品，可以购买大瓶饮料。

四、卫生成习惯

人人都想住得安逸、舒服，但有些同学在宿舍内不注意个人卫生，导致宿舍里的虫鼠较多，还有一些同学将宠物置于宿舍，人畜不分，对同学们的身体造成损害。这些都直接或间接地影响了同学们自身的住宿安全。

有些宿舍里杂物乱堆，寝室像“狗窝”。书籍、衣服、纸袋、果皮、方便面到处乱堆……衣服鞋袜穿了，也不及时洗晒，这些状况在大学宿舍里经常可以见到，除了蚊虫鼠害外，宿舍空气质量也非常不好，长此以往，对同学们的身心也会有极大的损害，应引起同学们的充分注意。

宿舍是同学们集中生活的地方，产生的垃圾也最多，因此，为建设生态宜居宿舍，同学们应拒绝白色垃圾，不将白色垃圾带入宿舍，少使用一次性用具。对垃圾进行分类，将可回收与不可回收垃圾进行分类，可降低垃圾对环境的破坏，同时还可通过回收，增加宿舍经费，提高资源的有效利用。

第二节 文明礼仪

一、人际和谐

“一拳难敌四手”，和谐的人际关系是人取得成功的阶梯，也是人生存于社会的润滑剂。无论你能力多强，条件多好，“一个好汉三个帮”，如果没有良好的人际关系，你同样难取得成功，或者说你的道路会充满艰辛，会有许多的曲折，甚至失败。

知识拓展

人际交往检测

请根据自己的实际情况用“是”或“否”回答下列的题目：

1．你是否自动地和不经思考地随便发表意见？
2．你是否认为最好的三位朋友都不如自己？
3．你喜欢独自进餐吗？
4．你是否常看报上的谋杀新闻？
5．你对这一类的测验是否有兴趣？
6．你是不是也向别人吐露心中的抱负、自己的挫折，以及个人的种种问题？
7．你是否常向别人借钱？
8．你和别人一同出去，是不是一定要大家平均分摊费用？
9．你告诉别人一件事，是不是把细枝末节都说得很清楚？
10．你肯不惜金钱招待朋友吗？
11．你认为自己说话时毫不隐讳的态度是对的吗？
12．你跟朋友约会时，是否常让别人等你？
13．你真正喜欢小孩子吗？
14．你喜欢拿别人开玩笑吗？
15．你认为中年人恋爱是愚蠢的吗？
16．你真正不喜欢的人，超过了 7 个吗？
17．你是不是有一肚子牢骚？

18．你讲话是不是常用“坏透了”“气死人”“真要命”一类的字眼？
19．电话接线工和商品推销员会使你发脾气吗？
20．你爱好音乐、书籍、运动而别人不喜欢，你是否因此觉得他面目可憎、话不投机？
21．你是不是经常言而无信？
22．你是不是常常当面批评家里的人或好朋友？
23．遇到不如意的事，你会神情沮丧、意志消沉吗？
24．你自己运气坏而看到朋友成功的时候，是不是真的替朋友高兴？
25．你是否喜欢跟人聊天？

评分规则：

把你的答案和下面的答案比较一下，若彼此相同，就得1分，否则为0分。

1．否 2．否 3．否 4．是 5．是 6．是 7．否 8．否 9．否
10．是 11．否 12．否 13．是 14．否 15．否 16．否 17．否 18．否
19．否 20．否 21．否 22．否 23．否 24．是 25．是

评价：

总分17分以上：表明你是一个很受欢迎的人。
总分10～16分：表明你的受欢迎程度一般，处于中等水平。
总分9分以下：表明你的人际关系存在一定问题。

人际和谐是人健康成长的基本条件。人只有在不断地交往中才能促进个性发展，使社会群体内部个体之间和群体之间在认知、情感和行为上彼此协调，相互统一。而人的交往中形成的关系就是人际关系，马斯洛认为：人们需要友谊，需要良好的人际关系，需要人与人之间的亲情、爱情和友情，需要在组织中能得到他人的接纳与信任。这些社会需要与吃饭穿衣等生理需要同等重要且不可或缺，否则，将使人丧失安全感进而影响心理健康。

人际和谐是一门艺术，怎么与人交往既需要理论的学习，也需要后天的实践、总结与体会。比如，人际关系的相近性，一方面，大家都知道：“近水楼台先得月”“远亲不如近邻”，时空位置上的接近可以增加人们交往的频率，从而增进人们的亲密关系。但另一方面，过于相近，会妨碍人的交往。一项实验结果证明，在一个只有两位读者的空旷的阅览室里，没有一个被试者能够忍受一个陌生人紧挨自己坐下。人与人之间需要保持一定的空间距离。它就像一个无形的“气泡”为自己“割据”了一定的“领域”。而当这个自我空间被人触犯就会感到不舒服，不安全，甚至恼怒起来。因此，在人际交往中，要学会与他人保持合适的距离，互相给对方留有一些空间。

爱德华·霍尔（人类学家，美国）划分了四种区域或距离。

1．亲密距离。其近范围在15 cm之内，彼此间可能肌肤相触，耳鬓厮磨，以至相互能感受到对方的体温、气味和气息。其远范围是15～44 cm之间，身体上的接触可能表现为挽臂执手，或促膝谈心，仍体现出亲密友好的人际关系。就交往情境而言，亲密距离属于私下情境，只限于在情感上联系高度密切的人之间使用，在社交场合，大庭广众之前，两个人（尤其是异性）如此贴近，就不太雅观。在同性别的人之间，往往只限于贴心朋友，彼此十分熟识而随和，可以不拘小节，无话不谈。在异性之间，只限于夫妻和恋人之间。因此，在人际交往中，一个不属于这个亲密距离圈子内的人随意闯入这一空间，不管他的用心如何，都是不礼貌

的，会引起对方的反感，也会自讨没趣。

2．个人距离。这是人际间隔上稍有分寸感的距离，有较少直接的身体接触。个人距离的近范围为 46 ~ 76 cm 之间，正好能相互亲切握手，友好交谈。这是与熟人交往的空间。陌生人进入这个距离会构成对别人的侵犯。个人距离的远范围是 76 ~ 122 cm。任何朋友和熟人都可以自由地进入这个空间，不过，在通常情况下，较为融洽的熟人之间交往时保持的距离更靠近远范围的近距离一端，而陌生人之间谈话则更靠近远范围的远距离端。

人际交往中，亲密距离与个人距离通常都是在非正式社交情境中使用，在正式社交场合则使用社交距离。

3．社交距离。其近范围为 1.2 ~ 2.1 m，体现出一种社交性或礼节上的较正式关系。远范围为 2.1 ~ 3.7 m，表现为一种更加正式的交往关系，一般在工作环境和社交聚会上，人们都保持这种程度的距离。不同的情境、不同的关系需要有不同的人际距离。距离与情境和关系不相对应，会明显导致人出现心理不适感。由于没有直接的身体接触，说话时，也要适当提高声音，需要更充分的目光接触。如果得不到对方目光的支持，他（或她）会有强烈的被忽视、被拒绝的感受。这时，相互间的目光接触已是交谈中不可缺少的感情交流形式了。

4．公众距离。这是一个几乎能容纳一切人的“门户开放”的空间，其近范围为 3.7 ~ 7.6 m，远范围在 7.6 m 之外。人们完全可以对处于空间的其他人“视而不见”，不予交往，因为相互之间未必发生一定联系。人际交往一般遵循平等原则、尊重原则、真诚原则、互利原则、诚信原则、宽容原则、适度原则。在这个社会上，大多数人想要改造这个世界，但却罕有人想改造自己，为了营造良好的人际关系，建议大家还是从自我的改造开始吧！

在人际交往中，人们往往受到首因效应、近因效应、晕轮效应、刻板印象等的影响，当前，最有利于人际吸引的个性品质依次为：尊重他人、关心他人、对人一视同仁、富于同情心；热心班集体活动，对工作认真负责；持重、耐心、忠厚老实；热情、开朗、喜爱交往、待人真诚；聪颖、爱独立思考、成绩优良。最不利于人际吸引的个性品质依次为：自我中心，只关心自己、不为他人着想，有极强的妒忌心；对班集体工作缺乏责任感；虚伪、固执、爱吹毛求疵；不尊重他人，操纵欲、支配欲强；对人淡漠、孤僻、不合群。

二、衣着大方

外表是影响与人交往的一大因素。良好的外表，有利于使人们形成良好的第一印象。人们往往将漂亮与美好联系在一起，戴恩等研究者给青年学生看三个青年学生的照片：一个外貌漂亮，一个相貌平平，一个相貌丑陋。然后要求被试者估计他们三人未来是否幸福，结果发现，外貌具有吸引力的人得到了更多的肯定回答。外表容貌是父母给的，我们不能选择自己的相貌，却可以恰当地进行修饰。仪容服饰可以反映一个人的文化、教养、品格、情操等内在素质，注重仪表美是热爱生活积极向上的表现，也是尊重他人的表现。整洁而恰当修饰的仪表能够给人留下良好的第一印象，但我们不能夸大外表和容貌的作用。在交往之初，容貌所起的作用较大，但随着交往的深入，容貌对人际吸引力的影响会逐步减低直至消失。交往越深入，人们越会忽略相貌的因素，而重视内在的情感、品格、价值观等因素。

整洁的仪容、漂亮的外表能使人感到轻松愉快，并且在心理上构成一种精神的酬赏。所以，同学们应恰当地修饰自己的容貌，扬长避短，注意在不同场合下选择样式和色彩符合自己的服装，形成自己独特的气质和风度。同时，要注意追求外在美和内在美的协调一致。生活中，大家都愿意与性格良好的人交往，不愿意与自私、虚伪、狡猾、性情粗暴、心胸狭隘的人打交道。因此，要不断形成良好的个性特征，注意克服性格上的弱点。与人交往时，要充满自信、热情大方，真诚幽默。开朗活泼的个性、幽默风趣的语言，举止大方、坦然自若、处事果断、富有机智、精神饱满、充满自信给人以轻松自在感，让对方觉得和你在一起是愉快的，容易激发交往动机。要经常换位思考，体会对方的心理感受，就会理解别人的感情和行为，从而改善自己待人的态度。做到心平气和，不乱发牢骚，这样不仅自己快乐，涵养性高，别人也会觉得愉悦。

三、言谈得体

（一）善于聆听和表达

西方有句俗语："上帝给人两只耳朵一张嘴，很明显就是有意让我们多听少说。"几乎所有的人都喜欢听他讲话的人。耐心而专注地听对方讲话，会让对方觉得受重视，从而获得极大的自尊满足，同时回报倾听者以好感，所以用上你的耳朵，做一个好的听众，会让你们的沟通更加愉快。

作为听者要少讲多听，不要打断对方的谈话，最好不要插话，要等别人讲完之后再发表自己的见解；要尽量表现出聆听的兴趣，听别人讲话时要正视对方，切忌小动作，以免对方认为你不耐烦；力求在对方的角色上设身处地地考虑问题，对对方表示关心、理解和同情；不要轻易地与对方争论或妄加评论。

善于交流和表达自己的想法。萧伯纳曾形象地说："倘若你有一个苹果，我也有一个苹果，而我们彼此交换这些苹果，那么，你和我仍然各有一个苹果。但是，倘若你有一种思想，我有一种思想，那么交换后我们每个人将有两种思想。"在学生时代，不断进行交流，既能增长知识，又能培养才干。

（二）适时赞扬和欣赏

俗话说，"尺有所短，寸有所长"，每个人都有其优点，也有其不足，不要只看到别人的不足而忽视了其优点，人性中最深切的禀质都是渴望被人肯定和赞赏。赞赏他人必须实事求是，发自内心，运用恰当的语言语调，表现出诚心诚意，否则就有可能变成恭维或虚伪。特别对于自卑感强的同学，他们更需要得到别人的认可和鼓励。赞美是对人类行为的一种激励和鼓舞，在人际交往中应学会去发现别人的长处，真诚地赞美别人，只要我们有一颗充满自信的爱心，我们就会觉得赞赏和肯定别人其实并非一件难事。如果同学被你赞扬，他会觉得自己是很优秀的，自己被肯定，他也一定会对你产生好的印象，可以增进彼此的吸引力，而且我们还会获得人际交往的主动权，从而建立良好的人际关系。

（三）恰当沟通和交流

"良言一句三冬暖，恶语伤人六月寒"，这句话告诉我们交往时要注意运用语言的艺术。语言艺术运用得好，就能优化人际交往。相反，如果不注意语言艺术，往往在无意间就出口伤人，产生矛盾。运用语言艺术包括称呼要得体；语言准确、生动、有感染力、逻辑性强，切忌平淡含糊、干巴枯燥；语音、语调、语速要恰当；避免争论，青年学生喜欢争论，但争论往往是在互不服输、面红耳赤、不愉快甚至演化成直接的人身攻击或严重的敌意中结束。这对人际关系的影响是显而易见的。因此要尽量避免争论，而要通过讨论、协商的途径解决分歧。非语言艺术一般包括眼神、手势、面部表情、姿态、位置、距离等。"眼睛是心灵的窗户"，面部表情是内心情绪的外在表现，在人际交往中根据谈话的内容和场合，正确运用非语言艺术，巧妙地表达自己的思想感情，有时能起到"此时无声胜有声"的作用。

四、举止得体

人的行为举止实际上也是一种语言，而且是内涵极为丰富的语言——体态语。一位哲人说过："行为举止是心灵的外衣，它不仅反映一个人的外表，也可以反映一个人的品格和精神气质。""站如松，坐如钟，行如风，卧如弓"的中国古代的风俗礼仪让人向往。恰当得体的行为举止，可以充分体现出自己的教养和风度。

举止得体是相对于粗俗而言的，它与礼仪密切相关。在各种交际场合，都应当稳重自持，尊重对方，不卑不亢，落落大方。做到：注意个人和公共卫生。卫生是文明的标志。良好的卫生习惯是尊重自己、尊重他人、尊重社会和热爱生活的表现。

（一）不抽烟或节制抽烟

现在一般交际场合，均不“敬烟”。即使自备香烟要吸，也应礼貌地征得旁人的允许，或自觉去指定吸烟场所。在禁止吸烟的场所，不要吸烟。在允许吸烟的场所，也要吸完后，把烟头完全熄灭，烟头烟灰要放进烟灰缸，不能随意乱扔烟蒂。

（二）守时守约

这是一项基本要求。有约在先而不按时赴约，是失礼的，也容易引起对方的误解，有时甚至被认为是故意冷落。守时守约并不等于“越早越好”，而是要按约适时到达。现代社会，人们十分珍惜时间，守时守约，既是文明礼貌的重要表现，也是快节奏工作的需要。

（三）避免不雅行为

与人约会前，不要吃葱、蒜、韭菜等辛辣异味食品，吃后必要时可含茶叶、口香糖、口香液以除臭味。不在他人面前擤鼻涕、抠鼻孔、挖耳朵、搓泥垢、揩眼屎、剔牙齿、修指甲、打哈欠、搔痒或挠头摸脑、抖动腿脚等。咳嗽、打喷嚏时，应用手帕掩住口鼻，面向一旁，避免发出大的声响。

在公共场合，要注意克制自律，讲究分寸。比如微笑，如果运用得恰到好处，就会有一种天然的吸引力，能使人相悦、相亲、相近。同陌生人见面，友好、真诚地微笑使对方感到亲切。当有求于别人时，由衷地微笑使对方无法拒绝。遇到了误会，应大度地一笑了之，表现出坦荡的胸怀。自己处于窘境时，自嘲地一笑也就避免了难堪。在待人接物中学会运用微笑的技巧，就会拥有更多的朋友。假如不分场合不分对象，用了不恰当的笑法，只会令人厌恶和反感。同样，眼神是最富于感染力的表情语言，运用恰当就魅力无穷，使人赞赏；运用失度就陷入轻佻，令人咋舌，暗送秋波、挤眉弄眼就属这一类。眼神传情达意有很多类型，凝视是指用眼睛看着对话者脸上的三角部位（两眼和额头中部之间）。与人交流时，如果看着对话者的这个部位，就会显得严肃认真，别人也会感到你有诚意。再如，在社交场合把握好近体度也是举止适度的一个重要方面，近体度的变化反映出人际关系的变化，身体距离不适度，对人是一种冒犯（前面已有叙述）。当然，近体空间是受场景、情绪、性别、性格、年龄、地位制约的，与异性接触尤其要注意分寸、礼节，保持适度的距离。不单独跟陌生异性去不熟悉地方，也不单独约会谈无关的问题，不轻易接受异性赠物等等。

第三节 安全防范

“常在河边走，哪能不湿鞋”。“不湿鞋”，“少湿鞋”，需要我们做好安全准备。同样在，身处社会之中，要在社会中生存下来，并获得发展，安全是第一位的。有安全，万事好说，没有安全，则步步惊心。

一、生命安全与保障

生命安全大于天。有生命才有其他的可能，没有生命，其他一切无从谈起。在保障生命安全中，交通事故与溺水事故是最常面对的安全问题。

（一）交通安全与防范

有数据表明：一百多年来，全世界葬身于车轮之下的人数已达4000万，超过了第二次世界大战期间死亡人数，而且还在以每年40万人的速度递增。在交通事故中，行人总是弱者，但犯事的又往往是行人自己。因此，自身重视安全，注意安全，遵守交通法规是非常重要的。

1．有安全意识。生命只有一次，每位同学都要知道，生命在自己手中，安全是自己的，要时刻敲响安全的警钟。斑马线是专门为行人横过马路而划的，也是车让人的约定，在过斑马线时，仍然要对车的行驶情况有判断，如果有人行天桥，通过人行天桥过马路最安全。夜晚或雾天行走，视线不好，因视线不清而造成人被车撞事故很多，因此，应穿着颜色醒目的衣服。雨雪天气，尽量减少外出，必须外出时，要尽量踩在积雪上，避开浮冰和积水，降低摔倒的可能性。

2．遵守交通规则。走路，每个人都会，但走得好走得安全，则必须遵守交通规则，交通规则是社会的交通约定。依约定而行，秩序井然，逆约定而动，寸步难行。这些交通规则，大家可以向书本学，到网上学，还可以跟着做。这里不再赘述。

3．掌握安全常识。如：驾驶死角，转弯内轮对差等，都是我们要学习的。一般来说，驾驶员眼睛看不到的地方，就是“驾驶死角”。在驾驶员的“死角”内行走，就会造成车祸。因此要看清来车，礼让为先，切忌不要与车辆抢先，遇到特殊车辆要让道，更要躲避转弯汽车，千万不要以为躲过了车头就没事了，否则很可能会被后轮撞倒压伤。飞车抢夺常针对街头行走的力量弱小者，要注意财不外露，不要边走路边打手机，走路走在街道里边，背包背在靠里一侧。无特殊情况，不走夜路，不靠陌生人太近，偏僻地段、深街陋巷不独行，万不得已坐出租车。尾随抢劫常针对去银行取钱的女性和年纪较大的男性，取钱时要留意身边可疑人员，记住其相貌特征，或尽量结伴而行，不给不法分子机会。

4．骑车出行安全。绿色出行是当下许多人出行的首选。骑自行车同样要遵守交通规则，做好车况检查，特别是车铃、刹车是否灵敏。《中华人民共和国道路交通管理条例》中规定：12 岁以下儿童不准在道路上骑自行车，未满 16 周岁不得在马路上驾驶电动自行车。不骑车载人，不多车并行，不追逐打闹，不随意变更车道。横穿机动车道或中途车闸失效时，必须下车推行。不攀扶机动车辆，不搭载重物。顺风时不能快骑，逆风时不把头低。掌握摔倒技巧和特殊天气骑行技巧。穿着色彩鲜艳的衣服。

如遭遇抢夺，要大声呼救先保护好自己，记住犯罪分子长相和逃跑方向，并迅速报警。遇到车祸等交通事故要主动报警；如发现事故车辆企图逃逸，要记下车牌号和特征，及时向交警报告；任何情况下都不准乘人之危，私拿因车祸抛撒在车上、路边的钱财物品。遇到交通事故，保持冷静的心态是首要的。要看有无受伤，如果受伤，要立即拨打 122 交通报警电话。在校内，要向老师报告，向保卫处报告，由学校配合公安部门进行处理。同时，在老师和相关部门人员没有到达前，要保护好交通事故现场，如是机动车肇事，则应记住机动车牌号，防止对方逃逸。

（二）溺水事故与防范

世界卫生组织报告显示，溺水已经成为儿童和青年人群最重要的致死原因之一。据统计，全世界每年有超过 37 万人因溺水而死，而在这其中，25 岁以下的青年和儿童占据了一半的人数。据不完全统计，我国每年因溺水而死亡的人数约 57000 人，溺水也是青少年意外伤害致死事故的头号杀手。

1．预防溺水。中国古语有云：欺山不欺水，每个人都不要轻易下塘下河洗澡。如果要下水，也要采取预防措施：不野游，下水前，先要熟悉环境，不明情况，坚决不下水，应在有游泳经验和技能的人的陪同下到正规处所游泳；不要独自在河边、山塘边玩耍；不去非游泳区游泳；不会游泳者，不要游到深水区，即使带着救生圈也不安全；游泳前要做适当的准备活动，以防抽筋。

2．溺水自救。记住，一旦遇险，能救你的是你自己，恐慌是魔鬼。当出现危险时，保持冷静，不要慌张，发现周围有人时立即呼救；放松全身，让身体漂浮在水面上，将头部浮出水面，用脚踢水，防止体力丧失，等待救援；当身体下沉时，可将手掌向下压；如果在水中突然抽筋，又无法靠岸时，立即求救。如周围无人，可深吸一口气潜入水中，伸直抽筋的那条腿，用手将脚趾向上扳，以解除抽筋。

3．救护溺水。可将救生圈、竹竿、木板等物抛给溺水者，再将其拖至岸边；若没有救护器材，应立即大声呼救，或利用其他器材呼救。救人应在自己能力范围内施救。将溺水者搭救上岸后，立刻撬开牙齿，清除口腔和鼻内的杂物，使呼吸道通畅；抢救者屈膝，将溺水者举起，使其俯卧在救护者肩上，腹部紧贴救护者肩部，头脚下垂，以使呼吸道内积水自然流出。如溺水者呼吸和心搏均已停止，应头向上做胸外心脏按压和人工呼吸，同时急送医院抢救。

二、住宿安全与防范

围绕同学们在宿舍的活动，住宿的安全包括人际安全、财产安全和消防安全。其中，人际安全为第一位，可延伸出许多的安全问题。

（一）人际安全

宿舍是个小集体。同学们来自五湖四海，风土人情、生活习惯都不一样，同处一室，融洽住宿是必需的。但相处久了，每个人都有自己的生活习惯和特殊需要。难免会存在些磕磕碰碰，同学们需要不断修正自己。一旦发生冲突，同学们应该摆正心态，选择一个双方都能接受的时间、地点，一起坐下来认真地进行沟通。学会换位思考，将心比心，以诚换诚，从自身找原因；尊重对方，重视并理解对方，态度诚恳而坦率，彼此开诚布公地向对方作出让步；彼此平等，就事论事，努力弄清双方之间的相同点和分歧点，理解冲突的实质。只要消除了隔阂，一定会找到令双方都满意的答案，为自己营造一个和谐舒适的宿舍生活环境。

案例

“宿舍安全”频发背后的反思

前一段时间，社会上广泛热议的几件热点事件，都不约而同地和“大学宿舍”扯上了关系：复旦研究生宿舍投毒案件，因此而重新引起关注的清华大学朱令案，还有4月17日南昌大学宿舍腐尸事件，无一不掀起了人们对于“大学寝室”这一特殊场所的关注。

虽然他们的所作所为从本质上并不相同，但如若仔细思考，仍可以发现其相通之处：从平时日常生活里的一些小矛盾，衍生为深藏心底的积怨，进而发展成丧心病狂。显然并不是“教育缺失”或者“法律意识淡薄”这么简单；从南昌航空大学的尸体鉴定结果所表现出的，仍是一种十分严重的心理调控失衡。很明显，在惨剧发生之前，这种失衡并没有受到任何关注，无论是在情感需求还是自我心理调节方面，都没有人对他们进行引导和疏通，对青少年心理健康的长期忽视，让我们常常忘记了，原来在所谓“精英”的外表下，往往掩藏着一颗比想象中还要脆弱的心灵。

逝者已去，凶手必将面临法律制裁，但无论留下怎样的嗟叹，最值得关注的，首先仍应是对大学生这个“精英”群体的更多思考，教育者们“唯分数论”的一贯思维模式，造成了他们与优秀成绩极不相符的自我心理调节能力，以及极度匮乏的为人处世经验，进而酿成一桩桩“寝室惨案”。至此，这一点不仅应当立刻引起重视，且无论是学生自身还是学校、社会，都应该尽快亡羊补牢，全面提高大学生的各项能力和心理修养，避免大学寝室再次成为惨剧发生的温床。

（来源：西安日报 2013-05-02 05：23：15 从嘉）

（二）消防安全

除了要处理好人际关系外，宿命的消防安全也非常重要。在宿舍里火灾是威胁我们安全的重要因素之一。据有关统计资料表明，火灾比盗窃所造成的经济损失要高出十几倍。在全世界大学中，从未发生过火灾的寥寥无几。

案例

宿舍电器起火

2002 年 3 月 11 日，北京某大学物理系宿舍发生火灾，6 个房间被烧毁，楼顶被烧穿。大火从上午 8 点多一直烧了一个小时后才被扑灭，由于抢救及时，火势没有蔓延。好在宿舍学生都去上课了，没有造成人员伤害。

火灾原因是：电器起火。

案例

“热得快”引发火灾

2008 年 11 月 14 日 6 时 10 分许，上海某学院徐汇校区宿舍楼 602 女生寝室失火。因慌乱中门打不开，室内火势过大，1 位女大学生从 6 楼寝室阳台跳楼，另 3 位跟着跳楼，不幸当场死亡。

失火原因：违规使用“热得快”烧水，水烧干引发火灾。

引发宿舍火灾的，大多是违章用电，私拉乱接电线和忘记关电源。我校也曾在宿舍里发生过几起火灾，大多为违章用电所引发。

许多同学为图方便将插线板接到床上甚至放在被褥下面，且经常将电脑、热水袋、手机等通通插上使用。这样极易引发火灾，且因为是在床上，所以逃生困难加大，危险系数非常高，我校三区曾有两个宿舍的火灾就因此而造成。

“电炉子”“热得快”、电热杯、电饭锅等大功率电器在宿舍的使用屡禁不止。这些大功率电器并不适应于一般寝室楼的线路网，一旦功率过大，电线超负荷运行，导致电线过热，绝缘皮熔化短路，轻则断电或引发宿舍大火，重则引发整幢楼的大面积火灾。除此之外，卷发棒、吹风机等电器的使用也会加重寝室电路负担，引发负载短路。

一些同学在宿舍抽烟、点蚊香或燃放烟花，也极易引发大火。据检测：烟头表面温度可达 250 ℃，中心温度有 700 ~ 800 ℃。蚊香燃着时的温度约 700 ℃，这个温度，超过了纸张和棉、麻、化纤织物等可燃物的燃点，如果不加注意，足以把它们引燃起火。因此，点燃的烟头、蚊香必须注意防火安全。

案例

烟头惹的祸

广州市一所寄宿学校发生火灾，造成 8 名正在准备高考的学生死亡，25 人受伤。火灾是未熄的烟头引燃了一间休息室的沙发后引起的。

我校某宿舍里也曾因有同学在宿舍抽烟，睡着后烟头放在被子上，而引发大火将自己被褥烧坏，险些酿成大祸。

（三）财产安全

同学们的财产大多来源于父母，来源有限。学生的个人财产受侵害，主要表现为遭遇诈骗、盗窃、抢劫等。

宿舍财产防盗。同学们一般将钱财置于身边，但这样并不意味着就是安全的。有些宿舍的同学常晚归或在外玩耍，甚至夜不归宿，而同宿舍同学为他留了门，这就给不法分子以可乘之机；一些同学安全意识淡泊，出门、睡觉都无关门习惯，私自带人进入宿舍休息，甚至是过夜，这些都极易造成同学们财产的损失。

一些同学的财产保管方式不当。在宿舍里，相当多的同学因为对自己的财产缺乏保护意识和技能，给不法分子提供了可乘之机。比如，为省几块钱，不开保管箱，即便开了保管箱，也是几个同学共用或者不将贵重物品置入保管箱，而一旦造成损失，则后悔莫及。同学们一定要将自己的财产置于安全地方，学会为自己的财产负责，提高财产保护意识。

曾经某高校有一个宿舍半年内被盗 12 次，盗窃者无所不用其极，破门破窗而入，横扫一切，致使学生遭受巨大经济损失。总结宿舍常见的盗窃方式，有顺手牵羊，即趁室主人不注意时，顺手盗窃财物；乘虚而入，即室内无人，房门未锁，窃贼入室；钓鱼，即夏秋季节，窃贼趁夜深人熟睡之时，用树枝、竹竿等钩走一楼或平房内的衣物；撬门扭锁或翻窗入室盗窃；此外还有偷配钥匙预谋行窃；也有借找人、卖东西等名义混入宿舍，借机行窃等。

（四）安全防范

做好住宿安全工作，制度很重要，意识与行为更重要，同学们要树立安全意识，不想、不做违反安全的任何事项。同时，作为宿舍的一分子，还要做好宿舍安全检查，人人确立最后一名责任制意识，做好人走断电，人离锁门，不要人走后仍开启大量用电设备；搞好个人卫生和宿舍卫生等检查。不在宿舍摆放或私存易燃、易爆等妨碍公共安全的危险物品，使用符合国标的配电板等电器，不要私自拆卸各类电气设施，不要私自修理供电设施；不私拉乱接电线违规用电，不私拉乱接网线，严禁公寓楼内电动车违规充电。不使用大功率电器：如“热得快”、电茶壶、电熨斗、电热毯、电热杯、电磁炉、电烤箱、电饭煲、电炒锅、电取暖器等违规电器，禁止使用明火，如酒精炉、蜡烛、固体酒精、炭火、蚊香、烧烤炉等，不得在宿舍吸烟、生火、玩火、焚烧物品等。

勿将贵重物品随意放置。贵重的东西（包括手机、相机、笔记本电脑、钱包等）随意放置都会让不法分子有可乘之机。有些东西可能一时无用，但丢之可惜，因此，本人要有安全意识，不随意放置物品；不带外来人员进入公寓楼，不得让他人留宿；保管好寝室钥匙：寝室钥匙随身携带（撕掉标签），不随意将钥匙借予他人；见到可疑人员立即上报：发现可疑人员（异性、推销人员或发传单的人员）立即报告宿管老师。

三、网络安全与防范

信息化社会，网络成为人们日常生活的一部分，特别是随着 5 G 时代的到来，互联互通，网络便捷将更深地影响人们。基础的网络安全，同学们大多已有掌握，但对于网络成瘾、网络诈骗、信息安全等方面的网络安全防范知识还有必要多掌握一些。

（一）谨防网络成瘾

近年来大学生网络方面的安全问题层出不穷，而这些问题案例的背后是大学生网络安全意识不足。细究下去可以发现，有很大一部分网络成瘾，突破安全边界，对大学生身心造成巨大影响。

一些同学陷入网络游戏中欲罢不能，游戏成瘾。“玩了还想玩”是企业设计游戏的第一理念，也是现实中游戏玩家的真实体验，但是真的玩下去，就会发现，真是“玩了还想玩”。玩游戏不仅改变了人的价值观、世界观，还把人引入到错误的方法论与行为表达中，一些玩家在游戏过程中为了获得荣誉、自尊，不惜运用一切手段，甚至是出卖友谊、信誉，对同伴欺骗、讹诈甚至施暴。一些同学，为追求刺激有趣，掩家长老师耳目，沉迷于网吧，包夜、通宵达旦几天不着家，不上课。还有一些同学，为网络花费了大把的时间，而且一旦上瘾，就很难控制住自己，甚至一天不上网就浑身不舒服。如果一段时间不能上网，就会产生失落、焦虑、空虚感，烦躁不安，想找人吵架或想攻击别人。游戏一断，就心情郁闷，暴跳如雷，狂躁不安甚至产生悲观厌世情绪和自杀念头。厌学，随意旷课、逃学，成绩下降，甚至引发退学。而玩游戏的钱从何来呢？除了向家人要以外，有些学生铤而走险，动用了学费、生活费，甚至走上了犯罪的道路。学校就曾有几起因沉迷网络游戏而自动退学或被劝退的案例发生。因为不可抑制地沉迷网络，有些同学与人交往格格不入，行为孤僻，不合群，沉默寡言，丧失了正常的人际关系。

（二）谨防网络诈骗

网络诈骗是指以非法占有为目的，利用互联网采用虚构事实或者隐瞒真相的方法，骗取数额较大的公私财物的行为。现在的网络诈骗大多为黑客通过网络病毒方式盗取别人虚拟财产。一般不需要经过被盗人的程序，在后台进行，速度快，而且网络病毒可以跨地区传染，使侦破时间更长。还有就是网友欺骗，是通过网上交友方式，从线下或网络结识，待获取被盗者信任后再获取财物资料的方式。还有就是网络“庞氏诈骗”，即通过互联虚假宣传快速发财致富，组织没有互联网工作经验的人员，用刷网络广告等手段为噱头，收敛会费进行诈骗。

对于网络诈骗，当然人人喊打，但是真正的网络诈骗来临时，并不会像洪水猛兽那样让人有所防范，往往是不知不觉中就入了套，掉进坑。一些大学生为了满足自己炫耀式、攀比式消费，很容易被所谓的“零利息”“零首付”“最快 3 分钟到账”等宣传蒙蔽双眼。实际上，校园网贷虽然标榜不要利息，但要求缴纳的服务费、管理费、交易费等费用加起来，远比一般金融机构的利息要高。本以为可以通过自己的生活费用去还款，可一旦误了还款日期，有关贷款的利息就会暴增，成为高利贷，导致欠下的债务越来越多，从而深陷校园贷的泥潭无法自拔！一些同学被邀请参加网络游戏或打牌，本来还有些防范意识，但在一来二回后，诈骗者随机引同学入套，同学们还自以为没什么了不起，谁知是巨大的坑！还有一些诈骗者放长线钓大鱼，在一个同学上当后，并不着急让这个同学还钱，而是通过洗脑的方式，让其成为代理人，以线下方式，通过介绍人途径，拉其他同学入场，形成一环套一环的链条，扇形扩大诈骗范围。有些负债累累的大学生为了还贷，成为网贷平台的校园代理，蛊惑劝导身边同学加入校园网贷以赚取提成，甚至直接盗用同学个人信息满足个人私欲，待其明白，已入套不能自拔，等学校发现、家长知晓已是受害者众，受害度深，酿成惨痛悲剧。

（三）谨防信息泄露

网上聊天、交友是大学生喜欢的“节目”，但在虚拟环境下交网友比现实生活中更要加以警惕，以防上当受骗，曾有些学生因网络交友不慎，被带入歧途，走上犯罪道路，有些同学因网络交友不慎，在网上散布一些危害他人或集体利益的谣言，引发一系列不良的影响。

在网上购物时，应确保信息安全。要确定采用的是安全的链接方式。可以通过查看浏览器窗口角上的闭锁图标是否关闭来确定一个链接是否安全。在进行任何的交易或发送信息之前阅读网站的隐私保护政策。因为有些网站会将你的个人信息出售给第三方。在线时不要向任何人透露个人信息。

（四）谨防校园贷

幸福是奋斗出来的，无奋斗，不青春。防范网络诈骗，同学们要增强“天下没有免费的午餐”意识，强化法律意识，还贷意识。一定要清楚“天上不会掉馅饼”，面对网络贷，同学们一定要进行自我审视，思考自己的购物目标是否合理，在进行超前消费时务必根据实际情况来决定是否购买。而一旦选择提前消费，更需要做好预算，以确保自己有稳定的还款来源，不然可能会给自己的信用带来不良记录，同时影响自己的生活。大学生尽量不要超支，应该摆脱消费中的虚荣心理。同时，同学们还要增强自身的法律意识，能够客观地认识到校园贷带来的潜在危害，并帮助其他同学认清校园贷的本质，净化大学消费环境，避免带来不必要的安全隐患（图 5-4）。

图 5-4　党委书记苏立每次夜巡校园时都告诫同学们自觉抵制校园贷

案例

看清校园贷　远离校园贷

来自湖南省地方金融监督管理局网站一则新闻显示：不法人员通过佳丽贷、整形贷、套路贷等形式，无门槛放贷，在年轻女性无力偿还时采取各种暴力手段进行催收，并在不同团伙之间转让债务，让她们吸食毒品，用非法的贷款将一个个年轻的女性“套牢”，其中受害女性最小的才 14 岁。还有一受害者曾是一名即将从学校毕业的职校学生，因交不起房租通过一张贷款小卡片联系了放贷人借了 2000 元后无力偿还，之后通过层层加码，最终被逼迫进入卖淫场所还债。“先通过民间借贷，后面就是一个个圈套，虚增借贷金额，恶意制造违约，肆意认定违约。”长沙一法律人士表示，部分放贷人比借款人更懂法，往往通过一些合法的方式不断将利息滚雪球，这往往也是借款人后期被动，“难以上岸”的一个原因。

昆明市公安局 2019 年 5 月破获一起校园“套路贷”案，报道中呈贡分局民警赛禄指出，“所谓的‘翻倍还’就是借条签两份，一份 4000 元，一份 8000 元。到时逾期，就要求还 8000 元的借条，如果还不上，犯罪分子就介绍另外的“校园贷”犯罪团伙给受害人签订 1.6 万元甚至是 2 万元、3 万元的借条。借条一次次不断叠加，“我们见过最高垒至一百多万元的。”其中有的学生被他们逼得辍学。

知识拓展

警方提醒警惕网络诈骗的10种手法

1．冒充亲友诈骗。
2．征婚交友诈骗。
3．就业招聘诈骗。
4．虚假中奖诈骗。
5．网络钓鱼诈骗。
6．网络购物诈骗。
7．网络装备诈骗。
8．彩票预测诈骗。
9．炒股暴富诈骗。
10．私募基金诈骗。

面对校园不良网络贷款，大学生既要充分认识其存在的隐患和风险，向校园不良网贷说“不”，更要树立科学、理性消费意识，自觉抵制那种通过消费来获得短暂满足感的庸俗而低级的人生观与价值观，让“独立生活”和“理性消费”成为校园风尚。

四、其他安全与防范

在同学们的交往中，不可避免要与人打交道，但人的需求多样性和趋利避害性，带来了人的交往复杂与多样性。

（一）防范传销诈骗

传销组织最重要的维系方式就是“拉人头”。这种方式，骗陌生人成功率不高，多数传销组织成员都会找熟悉的人下手。同样诈骗大学生，采用的手段通常是熟人介绍工作或者通过招聘网站进行招聘，无论哪种方式都有统一的特点就是赚钱特别容易，特别快，而且能赚到大钱。还有就是一些好久没有联系、关系不怎么熟悉、能力不怎么强的同学、朋友突然给你打电话或者写信联系，说有很好的工作机会，你就要提高警惕了。另外，一些年轻人喜欢交“网友”，而这些网友就有可能是传销组织人员假扮，通过“网络情侣”的方式邀请你去工作或者观光。这时，大学生一定要学会辨别真伪，当有人给你介绍工作的时候，即便是相识很久的亲人或者朋友，也要具体问清楚工作的具体内容，工作的具体地点以及公司的属性，我们事先可以通过网络去查证，看是否存在这样的一个公司，工作的地点是否与介绍人说的一致。如果工作的地点含糊不清或者十分偏僻，建议这样的工作还是不要去了，就算是真的，工作环境十分恶劣，也不会有太大的发展，所以一定要遵循客观的发展规律，不要轻易上当。

大学生社会经验少，对于工作，不要抱有“一夜暴富”的心理。应当擦亮眼睛，注意甄别招聘信息的真伪，当听到这工作能在短时间有很大一笔收入的时候，就要在心里打个问号，是不是传销？要尽量避免从不规范的网站、APP寻找工作。一些在人才市场、网络平台、微信、微博上发布的虚假招聘信息，看似手法高明、手段隐蔽，其实不然，无外乎抓住大学生求职心切的心理，利诱上当。如，薪资高出同行业岗位很多，但聘用职位不限学历、不限专业、不限经验，对于这种“天上掉馅饼”的事，一定要远离。因为这样不切实际的工作是不存在的。天下没有“掉馅饼”的好事。

对于招聘企业的具体地址、电话号码、经营性质、资质信用等情况更要仔细核实，确认其合法性和真实性后再做决定。如果发现招聘信息是虚假的，应在第一时间举报，让非法传销组织无机可乘、无处遁形。对亲戚朋友、老乡同学提供的不合常理的用工信息，也要多留个心眼，多加分析，谨防掉进非法传销的温柔陷阱。而一旦发现传销组织，要立即举报，不让传销蔓延，毁坏一个又一个同学，一个又一个的家庭。同学们在做任何选择的时候都要多分析，要走正规渠道，只有这样才能不被传销所害。

（二）严禁酗酒醉酒

大学生严禁酗酒醉酒，这是写入学生手册的，但有关大学酗酒、醉酒的信息仍不绝于网络，大学生酗酒醉酒所带来的影响与危害是巨大的。随便上网以“大学生醉酒”一搜，便可以获得大把的信息（图 5-5）。

图 5-5　大学生醉酒搜索结果

酗酒醉酒之害，触目惊心。威斯康星大学一项调查表明，校园中有 25% 的暴力犯罪和近 60% 的野蛮行为与酗酒有直接关系，19% 大学生和萍水相逢的异性发生性关系。监狱里罪犯的 50%，交通事故的 40% 和医院重病人的 25% 都与酗酒有关，数以千万计的人，数以百万计的家庭和无数痛苦悔恨都与酗酒有关。

酒精危害生理健康。酒中甲醇可损害视网膜，导致视力迅速下降，甚至失明；酒精因在体内有 95% 是通过肝来吸收解毒，导致脂肪肝，形成肝硬化；酗酒醉酒还会导致多种消化器官疾病，降低呼吸系统的防病毒能力，使癌细胞增多，诱发多种心脏病变。南方某大学学生苏某，平时爱喝酒，在庆祝自己 22 岁生日时，20 分钟内连喝 20 杯百威啤酒，最终死在医院。有资料表明，因酗酒脑卒中而死亡者为不饮酒者的 3 倍，酗酒者的平均寿命较不饮酒者，要少 15 年左右。大学生酗酒对身体的损伤更严重，实验表明，酗酒会使生殖器官正常功能衰退，性成熟推迟 2 ～ 3 年；酗酒醉酒的兴奋状态常会使人失态，做出伤及他人或自残的举动，由此滑向违法犯罪的深渊，受到法律制裁，断送了大好前程。

酒精危害心理健康。古人云："酒能乱性失德"。酗酒会使人脑器官组织损伤，出现记忆减退、意识障碍、反应迟钝、过度兴奋、动作不协调，导致酒精中毒性精神病和中毒性幻觉症等精神异常病症，使人变得待人冷漠或不可理喻；酗酒还会导致思维能力下降，对事物的分析、判断能力减弱，智能衰退，甚至会出现妄想、幻觉，诱发人格改变和反常行为，表现为焦虑、烦躁、抑郁情绪，严重者还会产生自杀念头。

有资料显示，全世界酗酒、醉酒死亡人数每年超过 230 万，是致人类死亡的第五大杀手。第 61 届世界卫生大会上，来自 193 个成员国的代表呼吁制定一个控制酗酒的全球预防策略。而要切实防范酗酒醉酒，学校在大力提倡不饮酒并采取有力措施严禁酗酒、有效防控醉酒滋事之外，每个人还得从思想入手，提高自己的思想认识，解决自己的思想问题，改变自己的行为习惯。积极参加有氧代谢运动及各类文体活动，养成"每天锻炼一小时，健康工作五十年，幸福生活一辈子"的健康文明生活方式，积极参加专业技能大赛、职业生涯规划设计大赛、创意创业大赛、科技文化节、社团文化节、宿舍文化节等，在活动中培养健康的生活情趣，放飞心情，促进身心健康，建立和谐的人际关系。

（三）远离毒品

毒品的危害众人皆知，谈毒色变，但毒品仍然在我们身边，时刻准备危害我们及我们的家人。防毒拒毒、远离毒品应从自身做起。一些案例表明：身边或明或暗的毒品、毒友和毒贩，随时可能在不知不觉中将你拉下深渊。由于毒品品种的多样性，大部分人对毒品仍缺乏了解，同学们对毒品知道的更少。如火麻籽，大家都认为是一种再平常不过的植物种子，却并不了解这就是毒品。一些合成毒品改头换面，以人们熟悉的物品面貌出现在人们身边，令人防不胜防。云南省第一强制隔离戒毒所未成年人大队的调研报告表明，在 200 多名未成年戒毒人员中，有 55% 的人员明确提出"交友不慎"是导致自己吸毒的主要原因。带他们吸毒的人有的是同学，有的是刚认识的朋友，只因心存侥幸，以为偶尔为之无所谓，或在众人同乐的氛围下而盲从，给自己带来了大麻烦。

远离毒品，要防止惹祸上身，同学们需正视毒品的可怕，绝对一口都不碰。要坚定自己的意志。该做的事情就要去做，不该做的一定不要做。对于违背自己意愿的要求，学会拒绝。对于毒品则要直接拒绝，当机立断，坚决说不。面对挫折和困难时，坚定自己的信念，努力向上。不能因为一时的痛苦而选择用毒品麻痹自己。要加强法制学习，强化法制观念，提升个人的心理素质，加强对自我的控制，防止因为猎奇心理而沾染毒品。如身体不适，也不应该试图滥用药物来解决。乌烟瘴气的场所绝对不去，时刻提防他人的诱骗。要谨慎交友，一旦发现朋友不正经，一定不要来往。也不要通过微信"摇一摇"等交友。如发现吸毒人员，要远离并及时报警。不要袒护吸毒人员，一旦被警方发现，将负连带责任，受到法律的严惩。要克服贪小便宜的毛病，不要爱慕虚荣，更不应该追求物质上的享受。因为虚荣与物质上的享受使人容易经不起诱惑而上当受骗。时刻让自己的大脑保持清醒，不要被他人的言语蛊惑。"近朱者赤，近墨者黑"，要主动远离吸毒的圈子和群体，很多吸毒者或许在平常时很正常，对人友好，可一旦毒瘾发作或是吸毒后的一段时间，他们就判若两人，充满暴戾，为达目的不择手段，别说只是朋友关系，就算是亲戚也敢下手。

有一种毒品叫“听话水”。这种“听话水”，其实就是一些让人昏迷的药物下到酒水饮料中，让受害者失去抵抗力。很多女孩子警惕性较差，心大，特别一些未出校门的大学生，不知社会险恶，经常把自己置于危害环境下。如，有同学参加朋友 KTV 聚会，喝别人泡的咖啡，由于都是朋友带过来的人（陌生人），导致失身以至成为毒品的奴隶。建议同学们，无论是在娱乐场所，还是在聚会场合，不要喝陌生人的饮料，你不知道对方是什么人，也不清楚他是不是有不可告人的目的。身边有人聚众吸毒，一定要远离，哪怕里面有你所谓的好朋友。这个世界不可怕，但也没那么安全，如果不懂得保护自己，悔恨的泪水再多也没有意义。

（四）谨防受侵害

女生单独外出要加强安全防范。一是尽量不走僻静的道路，特别是一个人的情况下，以防遭受犯罪分子性侵害等人身伤害。二是夜间单独外出要格外小心。女生外出时不要穿着过分暴露，以免诱发性犯罪。上街或外出也不宜携带过多的钱物。劫财劫色常常是相连的，许多歹徒实施违法犯罪活动时，往往从劫财开始，到劫色结束。三是不要长时间与异性独处一室。女生去男老师的办公室或寝室、男生的卧室，要敞开大门且不宜超过 30 分钟。不要轻率地跟随陌生男人回家或者去酒店，也不要喝对方提供的饮料。四是独行时，要提高警惕，注意观察。如果发现有人尾随，就尽快改变行走路线，想办法甩掉对方，如到派出所、治安亭、交通岗，以此阻断对方的跟踪，也可以采用逆向候车、突然过街道乘公交车辆的方法甩掉对方。五是有人挡道拦截或纠缠时，要想办法尽快脱身，如可就近求助于行人、住户，夜晚可奔向有光亮、有声音的方向。如果处于危险境地，应大声呼喊。呼喊之后，瞅准时机迅速逃离危境。

第六章　新的关切：心理与健康

联合国世界卫生组织给健康下的定义是：健康，不仅仅是没有疾病，而是身体、心理和社会适应上的完好状态。可见心理健康是衡量一个人是否真正健康的重要内容。心理健康是指个体能够适应发展变化的环境，具有完善的个性特征；且其认知、情绪反应、意志行为处于积极状态，并能保持正常的调控能力。

个体的心理健康水平大体可以这样划分：心理健康、心理不健康、心理异常。其中，心理不健康又可分为：一般心理问题、严重心理问题、神经症。心理异常则通常是指心理健康水平偏离大多数人的一种异常状态，如人格障碍和精神疾病。

第一节　健康心理

一、心理健康的评价

对心理健康状态的评价要结合多方面进行，主要有本人评价、他人评价和社会功能状况，如果在这几个方面表现正常或良好，即说明心理状态是健康的。

本人不觉得痛苦——即在一个时间段中（一周、一月、一季或一年）快乐的感觉大于痛苦的感觉。

他人不感觉到异常——即心理活动与周围环境相协调，不出现与周围环境格格不入的现象。

社会功能良好——即能胜任家庭和社会角色，能在一般社会环境下充分发挥自身能力利用现有条件（或创造条件）实现自我价值。

二、大学生心理健康的标准

大学生心理健康的标准主要包括了以下八个方面：

（一）智力正常

智力以思维为核心，包括观察力、记忆力、思维力、想象力等。它是衡量人的心理健康的最重要的标志之一。正常的智力是人们从事生活、学习、工作和劳动的最基本的心理条件。心理健康的人，智力水准虽然有所不同，但智力应是正常的。

（二）情绪健康

心理健康的人心胸开朗，情绪稳定和乐观，常向光明看，不往“黑暗处”钻，热爱生活，积极向上，对未来充满希望，遇到麻烦能自行解脱。心理健康的人对自己情绪的自控能力很强。心理健康的人在通常情况下，其内部心理结构总是趋于平衡和协调。既有适度的情绪表现，又不为情绪所左右而言行失调。心理健康的人具有自控情绪能力，即表明其中枢神经系统运行正常，身心各方面处于协调状态，不论遇到什么事总能适度地控制自己的喜怒哀乐，既不会得意忘形，也不会悲极轻生。有人认为，用情绪来表示心理健康就像用体温来表示身体健康一样准确。

（三）意志健全

意志是自觉确定目的，支配自己克服困难去实现目的的心理过程。意志健全的主要标志是行为的自觉性、果断性和意志的顽强性。心理健康的人，无论做什么事，都有明确的目的，能坚定地运用切实有效的方法解决所遇到的各种困难和问题，不优柔寡断、裹足不前，也不轻举妄动、草率行事。意志顽强的人，能较长时间保持专注和控制行动去实现某一既定目标，不屈不挠。

（四）人格完整

人格指一个人所具有的稳定的心理特质的独特综合。人格完整指具有健全统一的人格，即心理和行为和谐统一的人格。包括：①人格要素无明显的缺陷和偏差；②具有正确的自我意识；③人生观正确，并以此支配自己的心理与行为；④人格相对稳定。

如果一个爽朗、乐观、外向的大学生无缘无故地突然变得沉闷、悲观、内向，那就有可能提示其心理不健康。

（五）自我评价正确

自我评价是指一个人对自己的身心状况、能力和特点，以及自己所处的地位、与他人及社会关系的认识和评价。一个心理健康的人能作出恰当的自我评价，他们能体验到自己存在的价值，对自己的能力、性格、优缺点能客观评价；同时，能接受自己，对自己抱有正确的态度，不过分骄傲也不过度自卑。心理不健康的人常缺乏自知之明，对自己的优缺点缺乏正确的评价，有的是自高自大，自我欣赏，有的是自暴自弃。

（六）人际关系和谐

人际关系是人们在工作、生活和学习中所形成的心理关系。心理健康的人，在社会和集体中总是善于与他人交往，并能和多数人建立良好的人际关系（图6-1）。良好人际关系的建立是心理健康的人与外界正常交往的结果，是个体对自己、对他人以及两者之间关系正确认识和评价的结果。心理健康的人，在和他人交往中，能接纳自我，并接纳他人，对集体具有一种休戚相关、荣辱与共的情感，在与人相处时，积极态度（尊敬、信任、喜悦等）多于消极的态度（嫉妒、怀疑、憎恶等）。

图6-1　专家来校讲座：南华大学王国平副教授讲《人际交往的心理密码》

（七）适应能力强

在日常的社会生活中，人们常以一定的社会行为规范来作为判断个体心理是否健康的标准。心理健康的人，总能和社会保持良好的接触，能正确地认识环境，处理好个人和环境的关系，能了解各种社会规范，自觉地用这些规范来约束自己，使个体行为符合社会规范的要求。另外，心理健康的人还能动态地观察各种社会生活现象的变化，以及这些变化对自己的要求，以期更好地适应社会生活。

（八）心理行为符合年龄特征

在生命发展的不同年龄阶段，都有相对应的心理行为表现，从而形成不同年龄阶段独特的心理行为模式。心理健康的大学生具有与同龄多数人相符合的心理行为特征，如精力充沛，勤学好问，反应敏捷，喜欢探索。那些过于老成、过于幼稚、过于依赖的行为都是心理不健康的表现。

三、心理不健康的基本特征

心理不健康，也就是心理健康方面出了问题（图 6-2），其基本特征包括以下几个方面：

▲ 出现有临床意义的症状，包括心理和生理症状；
▲ 心理反应的强度和持续时间往往过强或过长；
▲ 与个人的实际情况不相称；
▲ 与现实的实际情况不相称；
▲ 不能完全自控，感到痛苦或乞求帮助；
▲ 限制了个体心理的成熟与发展；
▲ 影响日常生活和社会功能。

图 6-2 专家来校讲座：中南大学唐海波副教授讲《大学生常见心理问题讲座》

四、什么是心理咨询

心理咨询是在良好的咨询关系基础上，由经过专业训练的治疗者运用咨询的有关理论和技术，对来访者进行帮助的过程，以消除或缓解来访者的问题或障碍，促进其人格向健康、协调的方向发展。

心理咨询的作用在于，心理咨询所提供的全新环境可以帮助人们认识自己与他人，逐渐改变适应不良的思维、情感和反应方式，更具适应性地生活，促进自我成长和自我实现。

根据咨询的规模，可分为个体咨询与团体咨询。个体咨询是一名咨询师针对一个来访者的咨询，具有针对性强，一对一操作的特点。团体咨询是指在团体情境中提供心理帮助与指导的一种心理咨询的形式。它是通过团体内人际交互作用，促使个体在交往中通过观察、学习、体验，认识自我、探讨自我、接纳自我，调整和改善与他人的关系，学习新的态度与行为方式，以发展良好的适应能力的助人过程。

五、心理咨询的对象

健康人群会面对许多婚姻、家庭、择业、亲子关系、子女教育、人际关系、学习、恋爱、性心理、自我发展、焦虑、抑郁、压力应对等问题，他们会期待做出理想的选择，顺利地度过人生的各个阶段，求得内心平衡，以及自身能力的最大发挥和寻求良好的生活质量。这时他们就可以寻求心理咨询的帮助。高校心理咨询的对象主要是正常人和存在一般心理问题的同学，也包括一些有心理障碍的同学。着重处理的是学习和日常生活中的人际关系问题、职业选择问题等等。

六、正确认识心理咨询

在我们的生活中，许多人对心理咨询存在误解。作为大学心理委员，需要正确认识心理咨询。常见的对心理咨询的误解有以下几点：

（一）有病的人才会去心理咨询

寻求心理咨询的人绝大部分都是心理健康的正常人。他们在生活中遇到了自己无法解决的问题，比如学习问题、人际交往问题、婚姻问题、家庭关系问题、职业选择问题等。这些问题都是我们正常人生活的一部分，寻求专业人士的帮助是他们寻求心理咨询的主要动机。那些极少数的具有问题的患者如有强迫症、恐怖症、性心理障碍的患者，则需要寻求专业的心理治疗，由对心理咨询和治疗有相当研究和实践经验的专家进行治疗。因此，寻求心理咨询的人是正常人，而需要心理治疗的人才是心理有问题的人。需要注意的是，那些有严重心理问题的人往往不认为自己有心理问题，而不会去寻求心理咨询或治疗，比如精神病患者缺乏对自己症状的自知力。

心理咨询的目的还在于自我探索，而自我探索是每个人都会进行的人生功课，故接受心理咨询并非是心理有问题、能力不足、人格异常和有精神疾病。凡对于了解自己或提升快乐能力有兴趣的同学，都可以接受心理咨询服务。

（二）心理咨询就是聊天

谈话是心理咨询的主要形式，但谈话不是一般意义的聊天。心理咨询的谈话可以分为以诊断求助者心理问题为目的摄入性谈话和以纠正求助者错误认知观念为目的的咨询性谈话。它和漫无目的的聊天有本质的不同。除了谈话以外，心理咨询还有其他方法和手段比如心理测验、音乐干预、绘画干预、角色扮演、团体活动等形式。

（三）心理咨询会告诉你怎么做

心理咨询工作的基本理念是“助人自助”。通过心理咨询过程，纠正求助者错误的认识观念和提高求助者的认识能力，透过求助者自身认识和观念的改变来协助求助者解决问题。心理咨询工作者的一个信条是“每个人都是解决自己问题的专家”，求助者的问题只有求助者有能力、有资源来解决，而求助者的能力和资源只有求助者自己最了解，因此解决问题的方法主要靠求助者自己发现。心理咨询的目标并不是给求助者提建议，而是让求助者看到自己的问题，认识到自己具有解决问题的能力和找到解决问题的方法和途径，咨询师的任务是引导求助者找到解决问题的办法。

（四）一次心理咨询就能解决问题

心理问题往往是无法通过一次心理咨询就能解决的。这是因为心理问题的解决有一个自然的过程。不能期望一次咨询就可以解决问题，比如导致心理问题的错误观念的转变、不健康的行为方式的消除、童年不幸经历的创伤修复都不可能在一夜之间得到解决。因此，对心理问题的解决具有一定程度的耐心是必要的。心理问题解决需要多长的时间一般而言取决于两个方面的因素。第一个因素是求助者的配合程度，如果求助者没有解决问题的意愿，或者对咨询师的要求不积极配合，这就会拖延心理问题解决的时间。第二个因素是病程和泛化程度。心理问题形成的时间越长需要的时间越长，心理问题对工作、学习、生活、家庭等生活方面影响越大，解决起来需要的时间就越长。

七、心理咨询的基本技能

学校每个班级都设有心理委员，为了使心理委员的朋辈心理咨询更有效，在此简要介绍一些心理咨询的基本技能。

（一）倾听

倾听是心理咨询的第一步，是建立良好的咨询关系的基本要求。倾听既是表达对来访者的尊重，也是为了充分地了解情况。倾听，不加评判，保持中立的态度，还要有恰当的反应，与来访者达到共情。

（二）开放式询问和封闭式询问

开放式询问通常使用“什么”“怎么样”“为什么”等词来发问，让求助者就有关问题、思想、情感给予详细的说明。封闭式询问通常使用“是不是”“对不对”“要不要”“有没有”等词，而回答也是“是”“否”式的简单答案。使用开放式询问，有助于心理咨询师收集资料，选择澄清事实，获取重点，缩小讨论范围。

（三）具体化

具体化指心理咨询师协助来访者清楚、准确地表述他们的观点、所用的概念、所体验到的情感以及所经历的事件。例如，可以询问：能不能具体谈谈 ×××？

（四）澄清

澄清是为了更清楚地了解来访者谈话的含义，以及为了确定说话者的意思而使用的谈话技巧，有助于来访者的自我澄清与觉察。

（五）重复鼓励技术

重复鼓励是指心理咨询师直接重复来访者的话或仅仅以某些词语如“嗯”“讲下去”“还有吗”等，用以强化来访者叙述的内容并鼓励其进一步讲下去。

（六）尊重

尊重是指心理咨询师对来访者的尊重，是心理咨询师的最起码要求。尊重求助者的现状以及他们的价值观、人格和权益，予以接纳、关注、爱护，是建立良好咨询关系的重要条件，是有效助人的基础。尊重来访者，其意义在于可以给来访者创造一个安全、温暖的氛围，这样的氛围使其可以最大程度地表达自己。

（七）真诚

真诚是指咨询过程中，心理咨询师应该以“真正的我”出现，没有防御式的伪装，不会把自己藏在专业角色的后面，不带假面具，不是在扮演角色，或像完成例行公事一般，而是表里一致、真实可信地以真正的自我投身于与来访者的关系中。心理咨询师的真诚表达可以促进来访者自我开放，它是打开来访者紧闭的心灵大门的钥匙。

（八）共情（同理心）

共情——通情达理就是指心理咨询师走出自己的参照框架而进入来访者的参照框架，把自己放在来访者的地位和处境上来尝试感受他（她）的喜怒哀乐。共情的关键在角色把握，能够做到设身处地地理解对方，同时还要注意非言语行为的表达。

（九）积极关注

积极关注就是对来访者的言语和行为的积极面、亮点或长处予以有选择性的关注，从而使来访者增强自信心，拥有正向价值观。

（十）鼓励

鼓励是指心理咨询师通过发现来访者身上的闪光点，并加以适当鼓励的技术。

（十一）内容反映

内容反映，即释义或说明，是指心理咨询师把来访者的主要言谈、思想，进行综合整理后，再反馈给求助者。

（十二）情感反映

情感反映与内容反映很接近，不过内容反映着重于来访者的言谈内容的反馈，而情感反映着重于求助者的情绪反馈。事实上，心理咨询师对来访者的情感与思想的反映是同时进行的。例如：刚才你说了和女朋友近期吵架的经历以及你对此的看法，你感到心里很烦，很生气。

（十三）非言语行为的理解与把握

在心理咨询过程中，会出现大量的非言语行为，这些非言语行为或伴随言语内容一起出现，对言语内容作补充、修正，或独立地出现，代表独立的意义。非言语行为（即无声言语）能提供许多有声言语不能直接提供的信息，甚至是有声言语想要回避、隐藏、作假的内容，借助于来访者的非言语行为，咨询师可以更全面地了解求助者的心理活动。同时，咨询师也可以更好地表达自己对来访者的支持和理解。因此，正确把握非言语行为并妥善运用，是一个优秀心理咨询师的基本功。

（十四）解释

解释即运用某一种理论描述出来访者的思想、情感和行为的原因、过程、实质等。解释使求助者从一个新的、更全面的角度来重新面对自己的困扰、自己的周围环境以及自己，并借助于新的观念、系统化的思想来加深了解自身的行为，思想和情感，产生领悟，提高认识，促进改变。

（十五）对质

对质是指心理咨询师指出来访者身上存在的矛盾和冲突，对质的目的在于协助来访者促进对自己的感受、信念、行为及所处境况的深入了解，注意对质需要建立在良好的咨访关系基础上。

（十六）指导

指导是影响力最明显的一种技术，即是心理咨询师直接地指示来访者做某件事、说某些话或以某种方式行动。

（十七）内容表达

内容表达就是心理咨询师传递信息、提出建议、提供忠告、给予保证、进行褒贬和反馈等。从广义上来说，指导、解释、自我开放等都属于内容表达。

（十八）情感表达

情感表达就是心理咨询师把自己的情绪、情感活动状况告诉来访者，让其明了。情感表达表达的是心理咨询师的喜怒哀乐，而情感反映反映的是来访者的情感内容。

（十九）自我开放

在沟通中，咨询师不仅要用心去听，还要自我开放。自我开放又称为自我暴露，是指心理咨询师可以表达自己的情感、思想、经验与来访者共同分担。它是内容表达与情感表达的一种特殊组合。

第二节 情绪调控

不良情绪会妨碍人的身心健康，甚至会影响到我们的生活、学习和工作。因此，大学生必须正确认识自己的情绪，了解健康情绪的标志，有针对性地进行自我调节，做到有效的自我情绪管理（图 6-3）。

图 6-3 专家讲座：中国地质大学王薇华教授讲《提升师生幸福力》讲座

一、健康情绪的标志

情绪是心理健康的窗口，它在很大程度上反映了心理健康的状况。情绪是否健康有如下三个标志：

（一）情绪的目的性明确、表达方式恰当

情绪健康的人能通过语言、仪表和行为准确表达情绪，能够采用被自己和社会所接受的方式去表达或宣泄。

（二）情绪反应适时、适度

情绪健康人的情绪反应，不论是积极还是消极的，都是由一定原因引起的。情绪反应的时间、强度与引起该情绪的情境相符合。

（三）积极情绪多于消极情绪

情绪健康并不否认消极情绪存在的合理性和它的意义，没有消极情绪就谈不上如何促进情绪健康了。但情绪健康者必须是积极情绪多于消极情绪，而且所出现的消极情绪的时间较短、程度较轻，不涉及与产生消极情绪无关的人和事，即对象明确。否则，情绪反应就是不健康的。

那么，具体地说，一个情绪健康的大学生具有什么特点呢？

▲ 开朗、豁达，遇事不斤斤计较。

▲ 及时、准确、适当地表达自己的主观感受。

▲ 情绪正常、稳定，能承受欢乐与快乐的考验。
▲ 充满爱心和同情心，乐于助人。
▲ 正确地认识自己和他人，人际关系良好。
▲ 对前途充满信心，富有朝气，勇于进取，坚忍不拔。
▲ 善于寻找快乐，创造快乐。
▲ 能面对现实、承认现实和接受现实，善于把个人需要与社会的需求协调起来。

情绪的状况，除可以通过上面的标志和特点进行自我定性、评定以外，还能通过情绪量表以及一些人格量表等进行定量的测量。近些年出现的一些仪器，如生物反馈仪、皮肤电发射仪等，亦是测定和调整情绪的重要手段。

二、大学生有效情绪管理的步骤

医学心理学不鼓励人们无限制地任凭情绪反应发展，也不认为“压抑”是适当的方法，但却赞同对于情绪作用有适当的控制。这里的控制，并非完全压抑情绪的作用，而是要使情绪有适当地表现。许多人在心情不愉快时，会使自己陷入一种含有敌意的沉默当中。实际上，如果能把这种不快表达出来，便会感到某种真正的轻松和愉快。由于人们不可能完全避开苦恼，所以，如何把因不愉快的情绪而在体内产生的能量消耗于有利的方面而不致发生危害，这对于人的躯体和精神上的健康都是很重要的。我们所说的要控制不适宜的情绪，道理就在于此。

（一）觉察自己的情绪

克服负性情绪的前提，首先是树立调整情绪的自觉意识，即必须承认某种情绪的存在。人类的智慧在于它不仅能对客观环境事件进行思考和评价，而且能把智慧的锋芒指向自己，对自己的身心状态加以认识、评价和思考；通过思维和意志，对它们进行干预，使之朝着有利生存发展的方向变化。例如有人惧怕黑暗，要想除去这种反应，先得承认他对黑暗有惧怕的心理。如果他认为那是丢人的事情而不愿承认，那么，他将无法克服那种恐惧。同样，有些人怀有愤怒之心而又不肯承认有愤怒的存在，他就无从消除那些愤怒。

1．探索自己曾有的各种情绪　首先，找一个安全的空间自言自语。找一个独处的时间，找一个安全的空间，大声地把任何感觉不加责备、不逃避地说给自己听。添油加醋，把情感夸大，让它戏剧化到超出真实的感受。反正在安全的地方你可以自由地喊叫，自由地让情绪发泄出来。

然后，回到过去。探索过去的回忆可以更清楚自己个人独特的内在反应模式及情绪反应的原因，所以我们可以在选定某一种情绪主题之后，自由联想童年相关的记忆，只要把所想到的任何事情，不做任何筛选地大声讲出来，甚至对忘记的部分回忆可以自己虚构，用来澄清自己内心的感受。或者可以问问父母、兄长或其他儿时的朋友，问他们关于自己童年回忆中的喜怒哀乐，从过去的经验或回忆中探索自己的情绪（图 6-4）。

2．记录整理每天的情绪，增加对自己情绪的认识与觉察　增加觉察力的另一个方法，可以从撰写个人的心情日记或者记录自己每天的情绪状态着手。写下自己的心情日记，在日记中具体地描述事件的发生、觉察自己的情绪、了解自己的想法，并与过去的经验做一些联结，看看是否受到过去经验的影响。

除了情绪日记外，为了增加情绪的觉察力，学者曹中纬提出了一个可以观察、记录的方法：当你清晨一觉醒来，就在情绪状态的七点量表上，勾选出自己的情绪状态；睡前再记录一次，并将当天较为明显的情绪事件记录下来。这个方法可以让大学生定时觉察当时的情绪。若能进一步辨识当时情绪的内涵、记录情绪产生的原因，则不仅能增加情绪的觉察能力，也能洞悉情绪与事件、想法之间的因果关系。

图 6-4 中南大学马晓虹副教授讲《我的情绪我做主》讲座

（二）了解情绪的成因

认知是平衡主客观关系的杠杆，调整情绪需要认知帮忙。在心理治疗诸方法中有一种理性情绪疗法。此种理论认为，诱发事件只是引起情绪及行为反应的间接原因，而对诱发事件的认知解释和所持信念才是引起情绪反应的直接原因。通过合理认知与不合理认知的辩论，消除不合理的信念。认知问题解决了，情绪就会随之改变。

艾利斯将以上观点概括称之为 ABC 理论，A 代表诱发事件（activating events），B 代表信念（beliefs），是指人对 A 的信念、认知、评价或看法，C 代表结果即症状（consequences）。艾利斯认为并非诱发事件 A 直接引起症状 C，A 与 C 之间还有中介因素在起作用，这个中介因素是人对 A 的信念、认知、评价或看法，即是信念 B。艾利斯认为人极少能够纯粹客观地知觉经验 A，总是带着或根据大量的已有信念、期待、价值观、意愿、欲求、动机、偏好等来知觉 A。因此，对 A 的经验总是主观的，因人而异的，同样的 A 在不同的人会引起不同的 C，主要是因为他们的信念有差别即 B 不同。换言之，事件本身的刺激情境并非引起情绪反应的直接原因。个人对刺激情境的认知解释和评价才是引起情绪反应的直接原因。

在 A—B—C—D—E 模式图中，D 代表治疗（disputing）通过 D 来影响 B，认识偏差纠正了，情绪和行为困扰就会在很大程度上解除或减轻，最后达到 E 效果（effects），负性情绪得到纠正。

A：诱发事件，即存在事实。

B：信念体系，即对于 A 的内在语言。

C：B 所引起的情绪和行为的结果，即对 A 的情绪反应。

D：驳斥想法，即对 B 的质问。

E：驳斥效果，即对 A 的新想法。

人既是理性的，又是非理性的。人的精神烦恼和情绪困扰大多来自于其思维中的非理性信念。它使人逃避现实，自怨自艾，不敢面对现实中的挑战。当人们长期坚持某些不合理的信念时，便会导致不良的情绪体验；而当人们接受更加理性与合理的信念时，焦虑及其他不良情绪就会得到缓解。人的不合理信念主要有三个特征：绝对化要求，过分概括化，糟糕透顶。凡此种种，都易使人对挫折与精神困扰产生自暴自弃、自怨自艾的反应。

知识拓展

艾利斯 11 种非理性信念

1．每个人绝对要取得周围的人，尤其是生活中每一位重要人物的喜爱和赞许。

2．个人是否有价值，取决于他是否全能，是否在人生的每个环节都有所成就。

3．世界上有些人很邪恶，很可憎，是坏人，应严厉谴责和惩罚他们。

4．当事情不如己意的时候，感到实在可怕和可悲。

5．要面对人生中的艰难和责任实在不容易，倒不如逃避来得省事。

6．人的不愉快是外界因素造成的，所以人实在是无法控制自己的痛苦和困惑。

7．对于危险的和可怕的事物，人应该非常关心；要不断关注和思考，而且要随时留意它可能再发生。

8．一个人的过往经历往往决定了现今的行为，而且这是永远不可能改变的。

9．一个人总要依赖他人，同时也需要一个比自己强有力的人来让自己依附。

10．一个人要关心他人的问题，为他人的问题悲伤难过。（注：指过分地关心和悲伤难过）。

11．人生中的每个问题，都有一个正确而完美的答案，一旦得不到答案，就会很痛苦。

另外，还有常见的六种认知扭曲现象，也会造成我们不合理的思考方式，而产生不必要的情绪困扰。

▲ 扩大与夸张，即过度强调负性事件的重要性或影响力。

▲ 选择性地推论，即忽视积极的一面，只是以片断的事实来下结论，忽略了整体内容。

▲ 个人化，就是使外在事件与自己产生关联的一种倾向。

▲ 极端化的思考，就是指思考或解释事情时，以一种“全或无”，或“非此即彼”的想法，将经验分为两类。

▲ 过度类化，即把某件事情的结果，推论到不相似的事情或环境中。

▲ 独断地推论，就是没有充足或相关的证据，就妄下结论。

值得注意的是，在日常生活中人们常常倾向于将自己或他人的不良情绪归因于客观事件，却忽视了真正起作用的内心信念。例如，一名未考上重点大学的学生表现出消沉、沮丧、绝望。他的这些消极情绪反应往往被认为是由未考上重点大学这一客观事件引起的。其实不然。根据艾利斯的理性情绪治疗理论，这名学生的消极情绪是因为他在看待自己未考上重点大学这件事上选择了非理性信念——他可能认为自己怀才不遇，认为没有考上重点大学就是没有出息，自己的前途被断送了，会被别人看不起等。理性情绪治疗的目的就是帮助当事人找出并改变不合理思想，尽量减少当事人自我毁灭的潜在倾向，进而协助他形成一个较实际、开阔和合理的人生态度。

从艾利斯所提 11 种常见的非理性信念中，选出你自己常有的 2 ~ 3 种信念，加以驳斥。

例如：“我必须能力十足，各方面都有成就，这样才有价值。”

首先驳斥：

▲ 此种想法让我觉得压力好大，我似乎不能片刻懈怠，我真的好累。

▲ 一个人一定要很有能力、各方面都有成就，才有价值吗？

▲ 如果我不是很有能力、不是每方面都很有成就，结果就是很糟、很可怕吗？

然后提出新想法：

▲ 虽然我想要能力十足、各方面都有成就，不过不是一定非如此不可，如果不能这样，

我还是可以忍受。

▲ 一个人不可能在每一方面都很有成就，那是不切实际的期望。

▲ 事实上我在领导力、体育、理科方面表现不错，虽然音乐、美术或是在做一些琐碎的事情等方面不在行，但是我还是有能力的，应该自我肯定。

三、缓和与转换情绪的方法

（一）缓和情绪的方法

1．放松法。当你感觉过分紧张、烦恼、恐惧时，可采用深呼吸的方法放松自己，即深深地吸气，慢慢地呼气，使自己的身心放松。也可以采用自我暗示的方法，如反复默念："我现在放松了，我的全身处于自然而然的轻松状态"，还可以用回忆过去成功的体验来鼓励自己。

2．活动转移方法。活动转移方法是指在处于情绪困境时，暂时将问题放下，从事所喜爱的活动以转变情绪体验的性质，达到调控情绪的目的。事实证明，音乐是调控情绪的最佳方式之一。欢快有力的节奏使情绪消沉者振奋，轻松优美的旋律让紧张不安者松弛，青年人可以学习乐器和音乐创作，把内心的体验转化成心灵的曲调，并从中体验成功。体育活动也是转移调控情绪的良好方法。当情绪状态不佳时，游山玩水、打球下棋都是极好的情绪调控手段，体育活动既可以松弛紧张情绪，又可以消耗体力，使消沉者活跃，激愤者平静，实现平衡情绪的目的。

活动转移方法按其转移的方向可分为两类：一是消极地转移，一是积极地转移。消极地转移是指情绪不佳时，转而去吸烟、酗酒，自暴自弃，这是青年人应该努力避免的转移方向。积极转移是指把时间、精力从消极情绪体验中转向有利于个人和人类幸福及未来发展的方向上，如勤奋学习，从事研究。积极转移是青年人调控情绪努力的方向。

3．寻求帮助法。当大学生陷入较严重的情绪障碍时，有必要向社会支持系统寻求帮助。每个大学生都应该建立自己的社会支持系统，有能够在心理方面给予自己支持、帮助的社会网络，如亲人、朋友，或者是专业的社会工作者、心理医生（图6-5）。社会支持系统的存在有多方面的意义：一是倾诉的对象，苦恼的人将苦恼向他人倾诉之后，会有轻松解脱的感觉，青年人应该经常利用这种情绪调控手段；二是提供新的看问题的视角和思路，帮助当事人走出个人习惯的思维模式，重新评价困境，寻找新的出路；三是社会工作者和心理医生可以提供专业意见、建议，运用心理学手段和方法帮助青年人更有效地解除情绪障碍。

图6-5 第五届朋辈心理辅导讲座

4．眼泪缓解法。在悲痛欲绝时大哭一场，可使情绪平静。很多人欣赏“男儿有泪不轻弹”，把眼泪当作软弱的表现，这种观念是不可取的。美国精神病学家曾对331名18～75岁的人进行调查，结果表明女性平均每月哭3～5次，男性每月哭1～4次，而且他们都感到哭过以后心情好多了。

5．合理宣泄调节。一些日本公司的充气工头像就是用来让员工发泄对上司的不满的。员工通过打骂模拟敌人，发泄烦恼，宁心息怒。情绪有的可以升华，有的也不一定有必要升华，在适当的场合下，合理地宣泄一下自己的情绪，同样可以起到心理调节的作用。因此要学会合理宣泄情绪，首先要注意情感宣泄的对象、地点、场合、方式等，切不可任意宣泄，无端迁怒于他人或他物，造成不良后果。所以，模拟宣泄是较合理的疏导办法。

6．文饰法。文饰又叫“合理化”，这是一种援引合理的理由和事实来解释所遭受的挫折，以减轻或消除心理困扰的方式。它的表现形式可概括为“找借口”“酸葡萄效应”“甜柠檬效应”等等。当一个人无法达到自己追求的目标，或想得到的东西得不到时，常常像伊索寓言里那只聪明的狐狸一样，吃不到葡萄就说葡萄是酸的，以冲淡内心的欲望，减少懊丧情绪。有的同学当不上学生干部，虽然内心很苦恼，很失望，却安慰自己“当了学生干部杂事太多，耽误学习，没啥意思”；求爱不成，则说对方才貌平平，非己所求。与此同时，又以“甜柠檬心理”来肯定自己的成绩和价值，认为凡是自己所拥有的东西都是最好的，最重要的，以减轻内心“求而未果”的痛苦。

（二）转换情绪的方法

1．自我意识调节法。自我意识使人能够认识和体验自己的情绪，同时也可控制情绪的变化。如一个人的政治意识、道德意识、公民意识以及角色意识等均可对情绪起到调节作用。因此，当自我意识失去控制时，就需要借助外力进行调节，使自我意识水平保持最佳状态，只有提高自我意识的支配能力，才能保证较高的自我意识水平，从而发挥正常的自我意识功能，构建健康心理，获取幸福人生（图6-6）。

图6-6　中南大学应用心理学博士袁红梅讲《幸福心理》

2．P·A·C自我写照法。1959年，美国医生埃里克·巴恩创立了一种心理调节方法——P·A·C法。P·A·C分别为“双亲”（parents）、“成人”（adult）、“儿童”（child）的英文首字母。巴恩指出，要保持心理健康，一个人一生要保持这样三个心理：

C代表要保持“童心”。不要强行压抑自己的本能需要。人的一生要有孩子般自然、朴素的情感。A代表要保持理智。要有成人般的成熟心理，遇事冷静，能够理智地、正确地观察现实，适应现实生活。P代表要保持慈善。要像父母双亲关心子女那样体谅别人，关心别人，有一颗慈善的心。

人的P·A·C不是天生的，但是人在幼小时形成的种种不同的行为模式对人的成长起着“蓝图”的作用。它强烈地影响着一个人一生的行为倾向。伟大的戏剧家莎士比亚曾说：“人生是一个大舞台。”一个人怎样在这个舞台上活动，扮演什么样的“角色”，这就要看你的P·A·C从幼儿起得到怎样的培养和塑造。换句话说，为什么有些人爱发脾气，有些人总是忧郁寡欢，又有些人总是焦虑不安？这就需要从个性形成的历史中去找原因，即从你的经历和所处的环境找原因。

因此，每个人都可以根据自己的个性特征运用这个方法，调节自己的情绪，本着缺什么学什么的原则完善“自我”。P·A·C三项中，你感到哪一项薄弱，你就要朝哪个方面弥补自己的缺陷，完善“自我”。你这样做了，也就掌握了自己，你的心理就会得到和谐和安宁，你也可以美满和愉快地与他人相处和交往。

第三节　学生常见心理障碍

一、心理障碍分类

心理障碍根据严重程度划分，可分为：一般心理问题、严重心理问题、神经症、重性精神病。下面对此进行阐释。

（一）一般心理问题

1．原因。现实生活、工作压力、处事失误等因素引起内心冲突，产生并体验到不良情绪。

2．时间。近期发生而不太持久（小于2个月）。

3．影响。问题的内容尚未泛化且只局限在引发事件本身。

4．反应。不强烈，情绪反应在理智控制之下，没有严重影响思维逻辑性，社会功能未破坏。

（二）严重心理问题

1．原因。较强烈的、对个体威胁较大的现实刺激，如悔恨、冤屈、失落、悲哀等。

2．时间。持续时间较长，一般超过2个月但不到半年。

3．影响。问题的内容有泛化，不只局限在引发事件本身，即碰到类似或相关事件，均可引起痛苦体验。

4．反应。强烈，会短暂失去理性控制，对工作、生活和社会交往有一定影响，社会功能受损，但没有严重影响思维逻辑性。

（三）神经症

神经症起病常与心理压力和性格特征有关。通常，遭受应激事件多的个体易患神经症，并且患者的个性特点易导致生活中出现冲突与应激（表6-1）。

一般来讲，与重性精神疾病的发作期相比，多数神经症患者的社会功能完好，与正常人或病前相比，其工作、学习效率和适应能力均有不同程度的减退。总体而言，神经症具有以下共性。

▲ 患者病前常有一定的易感素质和人格基础。

▲ 症状没有相应的器质性病变为基础。

▲ 一般没有明显或持续的神经病性症状。

▲ 一般自知力完整，有求治要求。

▲ 社会功能相对完好。

表6-1　应激事件表

应激事件	压力指数	应激事件	压力指数
1 配偶死亡	100	11 家人患病	44
2 离婚	73	12 怀孕	40
3 分居	65	13 性生活障碍	39
4 被拘留或判刑	63	14 家庭增加新成员	39
5 近亲死亡	63	15 事业或商业调整	39
6 外伤与患病	53	16 财产状况改变	38
7 结婚	50	17 好友死去	37
8 被解雇而失业	47	18 改变行业	36
9 婚姻重新和好	45	19 与配偶争吵	35
10 退休	45	20 抵押贷款万元以上	31

（四）精神病

精神病指的是大脑功能活动发生紊乱，导致认识、情感、行为和意志等精神活动不同程度障碍的疾病。许多精神病患者有妄想、幻觉、错觉、情感障碍、哭笑无常、自言自语、行为怪异、意志减退等精神病性症状，绝大多数患者缺乏自知力，不承认自己有病，不主动寻求医生的帮助。

致病因素有多方面：先天遗传、个性特征及体质因素、器质因素、社会性环境因素等。

常见的精神病有：精神分裂症、心境障碍、偏执性精神病及各种器质性病变伴发的精神病等。当前社会患病率较高的抑郁症属于心境障碍，我们将在后面章节详细阐释。当发现精神病性症状时，患者及家属应和精神科医生积极配合，及早到医院治疗。

知识拓展

心理障碍几乎人人都可能遇到。如失恋、落榜、人际关系冲突造成的情绪波动、失调，一段时间内不良心境造成的兴趣减退、生活规律紊乱甚至行为异常、性格偏离等。像这些问题大多数人往往自我调节或求助父母、亲朋、老师等来帮助调节，假如通过这些调节方法仍无效果时，就需要向心理医生寻求帮助。

二、常见的神经症

（一）神经衰弱

神经衰弱是一种以脑和躯体功能衰弱为主的神经症，以精神易兴奋却易疲劳为特征，表现为紧张、烦恼、易激惹等情感症状，以及肌肉紧张性疼痛和睡眠障碍等生理功能紊乱症状。大多缓慢起病，就诊时往往已有数月的病程，并可追溯导致长期精神紧张、疲劳的应激因素。偶有突然失眠或头痛起病，却无明显原因。病程持续或时轻时重。症状不是继发于其他疾病或其他任何精神障碍的一部分。

（二）焦虑性神经症

焦虑性神经症以焦虑情绪为主，是以广泛和持续性焦虑或反复发作的惊恐不安为主要特征，常伴有自主神经紊乱、肌肉紧张与运动性不安。

焦虑的本质是什么？行为主义心理学认为，焦虑是对某些环境刺激恐惧而形成的一种条件反射。心理动力学派则认为，焦虑源于内在的心理冲突，是童年或少年期被压抑在潜意识中的冲突在成年后被激活，从而形成焦虑。

广泛性焦虑症是焦虑症最常见的表现形式。常缓慢起病，并以经常或持续存在的焦虑为主要临床相，又称慢性焦虑症。其临床表现如下：

1．神经焦虑——焦虑症状的核心。表现为：对未来可能发生、难以预料的某种危险或不幸事件的担心；有患者担心现实生活中可能发生的事情，但其担心、焦虑和烦恼的程度与现实不相称，称为预期焦虑。

2．躯体焦虑——表现为运动不安与多种躯体症状，包括：①运动不安，搓手顿足，不能静坐，无目的的小动作增多，肢体震颤；②躯体症状，胸骨后的压缩感是焦虑的一个常见表现，常常伴有气短；③肌肉紧张，一组或多组肌肉不舒服的紧张感，紧张性头痛也很常见；④自主神经功能紊乱，如心悸、出汗、口干，便秘或腹泻，尿意频繁等症状。

3．觉醒度提高。表现为：过分警觉，出现惊跳反应；对外界刺激敏感，注意力难于集中，易受干扰；难以入睡、睡中易于惊醒；感觉过敏，可感到自身肌肉的跳动、血管的搏动、胃肠道的蠕动等。

（三）恐怖性神经症

恐怖性神经症又称恐怖症、恐惧症，是以恐怖症状为主要临床表现的神经症：一是所害怕的特定事物或处境是外在的，尽管并无危险；二是恐怖发作时往往伴有显著的自主神经症状；三是患者极力回避所害怕的情景，知道害怕是过分、不应该、不合理的，但不能防止恐怖发作。

恐怖性神经症一般分为以下三种：

1．广场恐怖症。也称场所恐怖症、旷野恐怖症，它是恐怖症中最常见的一种，约占60%，具体是指对特定环境的恐惧，如高处、广场、密闭的环境、拥挤的公共场所等。患者害怕离家或独处，害怕进入商店、剧场、车站或乘坐公共交通工具，恐惧发作还常常伴有抑郁、强迫、人格解体等症状。

2．社交恐怖症。表现为：在社交场合出现恐怖；回避朋友，与社会隔绝；失去工作能力。

3．特定恐怖症。也称物体恐怖症，主要为对某些特定的物体产生恐怖。有些表现为对动物的恐怖，害怕猫、老鼠、狗、鸟类或昆虫等小动物。有些表现为对尖锐物体的恐怖，不敢接触尖锐物体，害怕自己或别人会受到伤害。也有些害怕见到血液等。

（四）强迫性神经症

强迫性神经症也称强迫症，是以反复出现强迫观念和强迫动作为基本特征的一类神经症性障碍。其特点是有意识的自我强迫和反强迫并存，两者的强烈冲突使患者感到焦虑和痛苦；患者体验到观念和冲动来自于自我，但无法控制；社会功能严重受损；有强烈的求治欲望、自知力保持完整。

强迫症患者在一般人群中约占0.05%，该病在30岁前发病，男多于女，以脑力劳动者常见。其临床表现：一是强迫观念。强迫想法，想象和冲动。包括：强迫思想，强迫性穷思竭虑，强迫怀疑，强迫联想，强迫计数，强迫回忆，强迫意向。二是强迫行为。既重复出现的仪式动作或意识。包括：强迫检查，强迫洗涤，强迫询问，强迫性仪式动作，强迫缓慢。

案例

杜某，女，29岁，营业员，2000年9月在回家的路上见到一只死老鼠，觉得浑身很脏，回家将外衣换洗，又感到澡盆变脏了，又反复冲洗澡盆，忙到半夜两点。从此怕见死老鼠，不愿出门，自己也觉得自己心态不正常，不能控制自己的这种想法，因此脑子里经常与这种想法做斗争，觉得痛苦。几天前，婆婆切菜时生熟不分，并把苍蝇拍死在案板上，从此觉得心里恶心，反复清洗案板。平时总是最后出家门，反复锁门，怕家门没关好。

这位患者从小就特别爱较真，要求自己做事要完美，梳洗打扮也要特别干净，逐渐养成了强迫个性，这个性格基础上遇到一件特别的事，如见到死老鼠，出现强迫症症状。自己也知道没必要这么想，但就是控制不住，这种强迫和反强迫的观念引起内心极度痛苦，患者有强烈就诊欲望。

四、适应性障碍

（一）适应性障碍的含义

适应性障碍是人群中常见的一种心理障碍，是在明显的生活改变或环境变化时所产生的短期和轻度的烦恼状态和情绪失调，常有一定程度的行为变化等，但并不出现精神病性症状。这种心理障碍常见于入伍新兵、大学新生、移民或灾民之中。

对大学新生而言，诱发其适应性障碍的直接原因主要有个体心理素质不良和环境变化两个方面。具体的因素因人而异，如：升学既定目标未能实现、对新学校感到失望、对新的学习方式或管理方式不适应、远离亲人得不到亲情的抚慰、原有的优势丧失（如高中阶段处处"冒尖"，但天外有天，进大学后却在某些方面逊于他人）、城乡学生巨大的文化差异、贫困生的经济压力等均会使刚进大学校门的新生产生心理落差，如果调节不当，不能及时排解内心的不良情绪，便会产生心理偏差，继之则会形成心理障碍。适应性障碍的病程至少 1 个月，最长不超过 6 个月。

（二）新生适应性障碍的主要表现

1．抑郁。考上大学的激情荡然无存，对一切不感兴趣，自卑、自责，睡眠障碍，食欲减退等。

2．焦虑。紧张不安、心慌气短，无所适从。

3．行为障碍。新生中出现旷课、迟到、早退、逃学、寻求刺激等。

4．躯体不适。腰酸背痛，肢体麻木，消化不良等。

5．社会性退缩。逃避现实，独来独往，学习成绩下降，效率低下，学习能力抑制，生活能力减退，回避社交活动。

（三）新生适应性障碍的预防和治疗

适应性障碍在大学新生中较普遍，但大部分人随着时间的推移会逐渐排解，多在半年内慢慢消除。为了将其消极影响降至最低限度，新生入学前，有必要对新的大学环境和生活、学习状况进行了解，防患于未然，尽可能避免产生适应性障碍；入学后，学校要对新生给予更多的温暖，给予这方面的指导，新生也需要同父母、朋友保持书信或电话联系，以获得更多的感情慰藉。但如果适应性障碍症状比较明显，则应采取相应的治疗措施，可视情况进行心理咨询或心理治疗，并可适当服用一些镇静安神类的药物，以调整情绪，促进睡眠，消除躯体的不适。如果出现较为严重的焦虑、抑郁症状，则还需要配合进行药物治疗。

五、精神分裂症

精神分裂症（schizophrenia）是以基本个性改变、思维、情感、行为的分裂，精神活动和环境的不协调为主要特征的一类常见的精神疾病（图 6-7）。

图 6-7 衡阳市第一精神病医院精神科专家讲《大学心理问题识别》

（一）精神分裂症的特征

1．幻觉。幻觉是指没有相应的外界刺激时所出现的感觉体验。通俗说，患者感觉到了某种声音或图像，但事实上并不存在相应的声音或图像。由于患者的感受常常逼真生动，可引起愤怒、忧伤、惊恐、逃避乃至产生攻击别人的情绪或行为反应。这是一种比较严重的知觉障碍。幻觉偶尔也能见于正常人。

幻觉可能发生于各种知觉形式（视觉、听觉、嗅觉、味觉、触觉等），一般而言患者身上最常见幻听，例如患者可能会听到有一个声音总是批评他（她）、指责他（她）、或者让他（她）去做一些行为动作。

2．妄想。患者会有一些怪异的想法或者缺乏事实根据的信念，并且这些信念不能被说服。即使把事实或已经被完全论证的理论摆在妄想者的面前，也很难动摇他的信念。最常见的是被迫害的妄想，患者会相信自己被跟踪、欺骗、迫害、侦查等。

3．混乱的思考、语言。患者的认知语言能力出现损害，例如可能会发现患者的言谈话题不连贯，前一句在说天气但后一句在说政治，更甚者语无伦次，完全无法理解。比如医生问患者：你叫什么名字啊？患者答："你上课水流哗哗地响，人民都兴高采烈。我的眼睛不好，可能是感染。有两个问题我不懂，我想参加运动会，但手指甲不好……"

4．混乱或紧张性的行为。患者可能有一些怪异的行为举动，例如穿着怪异（热天穿棉衣）、无法维持个人卫生（蓬头垢面）或没有理由的激动（吼叫、谩骂）等。

精神分裂症的临床症状复杂多样，可涉及感知觉、思维、情感、意志行为及认知功能等方面，个体之间症状差异很大，即使同一患者在不同阶段或病期也可能表现出不同症状。

案例

刘某，女，32岁，4年前无诱因出现敏感多疑，看了其爱人妹妹的日记内容自觉与自己有关，为此与爱人妹妹争吵。后在工作中无故旷工，被领导批评后，辞职在家。有两年的时间患者在家中多独处，整日将自己锁在家中，个人卫生差，并在家中胡乱收拾东西。有时说话东拉西扯，不知其所云。患者经常诉头晕头疼，查头颅CT未见异常。家人后带其于某医院就诊，服用某种药后，患者即变得情绪极其不稳定，经常打骂家人，诉家人让她吃药是在害她，为此患者公公不敢带孙子回家。睡眠较差，经常半夜起来又哭又骂，饮食亦变得不规律，很少与家人一起吃饭。

后家人带其到精神科就诊，经详细检查，精神科的专家诊断刘某患有“精神分裂症”。

精神分裂症常起病潜隐，发展缓慢，初期有时只表现为懒散，随着疾病的加重，会有思维障碍、情感障碍、幻觉、妄想等。然后社会功能受到严重损害，整个精神活动趋向衰退。当发现周围有类似症状的人，要多关心他们，必要时送医院确诊。

六、人格障碍

（一）人格障碍的含义

人格是个体的先天素质与后天社会环境的相互作用而形成的，相对稳定、独特的心理行为模式，它反映一个人总的心理面貌。人格障碍是指明显偏离正常且根深蒂固的行为方式，具有适应不良的性质。由于人格上存在缺陷，对环境适应不良，常影响其社会功能，甚至与社会发生冲突，给自己或他人造成痛苦。

一般认为，人格障碍可能是生理、心理和社会文化等共同作用下形成的，尤其是儿童早期的环境和家庭教养方式对人格形成和发展起着非常重要的作用。虽然在大学生人群中真正人格障碍的人并不多，但存在不良人格倾向的人却不少，是人格障碍的易感人群——应该引起警惕。

（二）人格障碍的特征

1．人格障碍开始于童年期、青少年期或成年早期，并一直持续到成年乃至持续终生。没有明确的起病时间，不具备疾病发生发展的一般过程。

2．可能存在脑功能损害，但一般没有明显的神经系统形态学病理变化。

3．人格显著地、持久地偏离了所在社会文化环境应有的范围，从而形成与众不同的行为模式。个性上有情绪不稳、自制力差、与人合作能力和自我超越能力差等特征。

4．人格障碍主要表现为情感和行为的异常，但其意识状态、智力均无明显缺陷。一般没有幻觉和妄想，可与精神病性障碍相鉴别。

5．人格障碍者对自身人格缺陷常无自知之明，难以从失败中吸取教训，屡犯同样的错误，因而在人际交往、职业和感情生活中常常受挫，以致害人害己。

6．人格障碍者一般能应付日常工作和生活，能理解自己行为的后果，也能在一定程度上理解社会对其行为的评价，主观上往往感到痛苦。

7．各种治疗手段效果欠佳，医疗措施难以奏效。

（三）常见的人格障碍类型

1．偏执型人格障碍。这类人以猜疑和偏执为主要特点。表现出普遍性猜疑，不信任或者怀疑他人忠诚，过分警惕与防卫。他们对自己的能力过高估计，习惯于把失败归咎于别人，对批评或挫折过分敏感，对侮辱和伤害不能宽容，多疑；这类人在家不能和睦相处，在外不能与朋友同事相处，别人只好对他敬而远之。

2．强迫型人格障碍。这类人以要求严格和完美为主要特点，希望遵循一种他所熟悉的常理，一丝不苟，无法适应新的变更。缺乏想象，不会利用时机，做事过分谨慎与刻板，事先反复计划，事后反复检查，不厌其烦。犹豫不决，优柔寡断也是其特点之一。

3．回避型人格障碍。这类人表现为退缩、孤僻、胆怯、情绪冷淡，不能表达对他人的关怀、体贴或愤怒，对赞扬或批评无动于衷；常做白日梦，沉迷于幻想中；人际关系有明显缺陷；缺少知音，我行我素，因此也较少与人发生冲突。

4．自恋型人格障碍。这类人的基本特征是夸大自我价值感和缺乏对他人的共感性。他们幻想自己很有成就，自己拥有权利、聪明和美貌，遇到比他们更成功的人就产生强烈嫉妒心。他们的自尊很脆弱，过分关心别人的评价，要求别人持续的注意和赞美；对批评则感到内心的愤怒和被羞辱，但外表以冷淡和无动于衷的反应来掩饰。他们不能理解别人的细微感情，缺乏将心比心的共感性。自恋型人格障碍患者常有普遍性的人际关系；他们的抑郁情绪、人际困难或不切实际的目标可能影响工作。但另一方面，他们对功利的追逐也可能使他们获得较高的工作成就。

（四）人格障碍与人格缺陷

1．人格缺陷。人格缺陷是人格的某些特征相对于正常而言的一种边缘状态或亚健康状态。它可与酗酒、赌博、嫖娼、吸毒、网瘾等恶习相关，是介于人格健全与人格障碍之间的一种人格状态，也可以说是一种人格发展的不良倾向，或者说某种轻度的人格障碍。

2．人格缺陷的表现。常见的人格缺陷有自卑、抑郁、怯懦、孤僻、冷漠、悲观、依赖、敏感、多疑、焦虑或对人格敌视、暴躁冲动、破坏等等。这些都是不健康的心理因素。它们不仅影响活动效率，妨碍正常的人际关系，同时还会给人蒙上一层消极、阴暗的色彩。

七、抑郁症

（一）什么是抑郁症

抑郁，英文为 depression，无论在中国还是在英语中，都分别存在了很多个世纪。在中国古代的中医文献中，就有“郁症”这一类别。抑郁症是一种心境障碍，也称情感性精神障碍或情感性精神病，是一组以显著的心境低落为主要特征的精神障碍，常伴有相应的思维和行为改变。

在《中国精神障碍分类与诊断标准（第 3 版）》（CCMD-3）中，抑郁症的诊断标准如下：抑郁发作以心境低落为主，与其处境不相称，可以从闷闷不乐到悲痛欲绝，甚至发生木僵；严重者可出现幻觉、妄想等精神病性症状；某些病例的焦虑与运动性激越很显著。

主要症状以心境低落为主，并至少有下列中 4 项：

▲ 兴趣丧失、无愉快感。

▲ 精力减退或疲乏感。

▲ 精神运动性迟滞或激越。

▲ 自我评价过低、自责，或有内疚感。

▲ 联想困难或自觉思考能力下降。

▲ 反复出现想死的念头或有自杀、自伤行为。

▲ 睡眠障碍，如失眠、早醒，或睡眠过多。

▲ 食欲降低或体重明显减轻。

▲ 性欲减退。

（二）抑郁症有哪些症状

事实上，抑郁症并不仅仅涉及我们的情绪，而是一个“全身性”的障碍。它对我们的躯体和我们的心理都具有极大的摧残性。抑郁症主要包括四个方面的症状：

1．情绪症状。情绪症状是抑郁症的最显著、最普遍的症状。抑郁症患者的情绪症状主要包括两个方面：抑郁心情和兴趣的消失。抑郁症患者的生活中，似乎充满了无助和绝望。如果让抑郁症患者描述他（她）的心情，他（她）往往会说："悲哀、无助、绝望、孤单、不幸、垂头丧气、无价值、丢脸、惭愧、闷闷不乐、羞愧……"虽然抑郁症患者的基本情绪是抑郁，但他们的心情，或者说他们的抑郁情绪随时间的不同而不同。即使是在一天的时间里也会有所变化。一般来说，抑郁症状在早晨最明显，患者往往觉得几乎没有力气从床上起来，随着一天的推移，情绪会慢慢好转一些，晚上的心情相对较好。几乎和抑郁一样普遍的另外一个情绪症状是兴趣的消失：抑郁症患者往往体会不到生活的乐趣。过去感兴趣的事物，喜欢参加的活动，现在一点也引不起他们的兴趣。兴趣的丧失往往是从某一些活动开始的，比如，学习或工作。但是，随着抑郁症状的发展，患者慢慢地对几乎所有东西都失去了兴趣。喜欢下棋的人，棋盘上慢慢积起了灰尘；喜欢打球的人，球场上再也见不到他（她）的身影；喜欢参加聚会的人，聚会上再也听不到他（她）的声音。最后，甚至是基本的生物本能（食、性），也不能引起他们的任何激情。

2．认知症状。认知症状是抑郁症的另外一大症状。主要体现在无端地自责自罪，夸大自己的缺点，缩小自己的优点，表现出一种认知上的不合逻辑性和不切实际性。抑郁症患者对自己的评价总是消极的。这种消极的思维，给他（她）眼中的自己和未来都蒙上了一层灰色。他（她）常常坚信自己是一个失败者，并且失败的原因全在于自己。他（她）坚信自己低人一等、不够聪明、不够称职、不够好看、不够有钱，等等。总之干什么都不会成功，都没有希望。抑郁症患者的这些观点常常是扭曲的，与现实不相符合的。一旦有挫折发生，抑郁症患者就会把全部责任归咎于他们自己。某些极度抑郁的患者，甚至相信他们应该为世上的不公正和不平等现象负责，他们应该为自己的"罪恶"而受到惩罚。

3．动机症状。抑郁症患者的动机症状体现在做任何事情都缺乏动力。不同的人做事有不同的动机水平。大多数人都能够做到早晨按时起床，按时去工作或上学，能够积极寻找各种方法来娱乐自己以及他人。但是，对抑郁症患者来说，不要说积极寻找各种方法来娱乐自己，他们要开始做任何事情都是一件极其困难的事，需要作巨大自我斗争。严重的抑郁症患者，每天会披头散发躺在床上一动不动，终日茶饭不思，眉头紧锁，寡言少语，甚至以泪洗面。即使他们有所动作，动作也明显缓慢。

4．躯体症状。抑郁也能够通过躯体不适的形式表现出来。随着抑郁症状的发展，一切生物的、心理的快感都丧失殆尽。抑郁症患者的胃口常常不佳，即使是平时贪吃的人，美酒佳肴也勾不起他（她）的食欲。抑郁症患者常常会变得消瘦。睡眠也出现各种问题，晚上难入睡、早上又早早就醒了，即使睡着了，睡眠的质量也很差。胃口不佳，睡眠不好，患者渐渐地就会变得虚弱、疲劳。抑郁症患者的性生活也会受到影响，男性的勃起障碍和女性的性冷淡都是常见的现象。而各种躯体症状的出现，往往会削弱患者对躯体疾病的抵抗力。所以，抑郁症患者又增加了一条焦虑和抑郁的理由：自己的健康。

（三）抑郁症的五大特征

抑郁症的识别有 5 个特征：懒。无原因突然疲乏无力、自觉懒散无能，甚至连日常生活、简单的工作或家务亦懒于应付。呆。动作减少，行动呆木、被动，思维迟钝、构思困难、记忆力和注意力下降，理解力和脑功能明显减退。变。性格明显改变，前后判若两人。忧。忧郁悲观、意志消沉、无信心和活力，有万念俱灰之感。心情压抑、苦闷，对外界一切事物缺乏兴趣，并感觉有许多身体上的不适。虑。多思多虑，焦急不安，胡思乱想，坐立不宁，或是一筹莫展，常常自责，且自卑。一般而言，久治难愈，或是原因不明、长达数周甚至数月的失眠，可能是抑郁症的重要信号。

（四）非典型性抑郁

1．勤勉型抑郁。表现为“工作狂”。他们全身心地投入工作，终日忙忙碌碌，最怕“闲下来”。

2．微笑型抑郁。虽有抑郁的主观体验，但在旁人面前却总是有说有笑，旁人很难察觉到他（她）是“强颜欢笑”。

3．隐匿型抑郁。以躯体不适为主，抑郁情绪不明显。这类患者多辗转于内、外科求治，做了很多不必要的检查，有些被误诊。

4．嗜睡型抑郁。嗜睡，睡眠时间越来越长——潜意识对现实的逃避。

5．激越型抑郁。容易动怒，芝麻大点事就大发雷霆，像变了一个人。

（五）如何区别正常的情绪低落和抑郁症

抑郁时的心境与人们所熟知的悲伤相似，但较持久，患者情绪低落，整日忧心忡忡，愁眉不展，唉声叹气。重则忧郁沮丧，悲观绝望，总觉得“一年三百六十日，风刀霜剑严相逼；明媚鲜妍能几时，一朝漂泊难寻觅”。患者自我评价甚低，以致生趣漠然，常感到“度日如年”“生不如死”。他们越是自责自罪，就越会产生更多的消极信念，美好的世界在他们眼里竟变成一片灰色。

具体说来，抑郁症症状与正常的情绪低落的区别在于：一是前者在程度和性质上超越了正常变异的界限，常有强烈的自杀意向。二是前者可具有自主神经或躯体性伴随症状，如早醒、便秘、厌食、消瘦、性功能减退、精神萎靡等，此外，往往还伴有精神病性症状或神经症的表现。

知识拓展

抑郁症的自我测试

检查一下，在过去两周或更长时间内，你是否出现以下抑郁症状：

- 绝大多数时间感到悲伤或情绪低落。
- 对多数活动或性生活失去了兴趣。
- 体重或食欲发生变化。
- 睡眠不好。
- 坐立不安、急躁或易激惹。
- 易出现疲劳感。
- 内疚、无价值感或无助感。
- 记忆或集中注意力困难，做事犹豫不决。
- 反复出现死亡或自杀的想法，觉得活着还不如死了好。

如果你同时存在几个上述症状，最好尽快看专业人员，不要再拖延。这样会帮你避免更多的痛苦和损失。

（六）自己得了抑郁症怎么办

英国前首相丘吉尔称抑郁症为“黑狗”，他以亲身体验告诉公众：“要是‘黑狗’开始咬你，千万不要置之不理，要是严重的征象已经持续了数周，而且还有自杀念头的话，那就该赶快去看医生。”

1．意识突破。要意识到自己的疲惫感、无价值感、无助感和无望感是疾病的症状，是可以治疗的。不要试着用自己服药、饮酒或吸毒的方式来解决目前的困境。在抑郁症缓解之前，不要做重大的决定。

2．积极进行系统的药物治疗。治疗抑郁症服药一定要遵医嘱，足疗程、足剂量。急性期的治疗，药物治疗一般 2 ～ 4 周开始起效，治疗的有效率与时间呈线性关系，“症状改善的半减期”为 10 ～ 20 天。巩固期的药物治疗，从症状完全缓解起，持续 4 ～ 6 个月，在此期间患者病情不稳，复燃风险较大。维持期的药物治疗：首次发作，治疗 6 ～ 8 个月；第 2 次发作，治疗 3 ～ 5 年；2 次以上的发作，需长期治疗。

3．积极进行系统的心理治疗。通常，心理治疗在症状控制住后开始效果较好。

4．防止自杀。不要相信自己不会真的自杀的誓言，不要相信自己具有坚强的意志与自控能力，抑郁袭来时，弥漫的痛苦感、绝望感能吞噬人的意志，解除你的控制力，自杀往往就发生在失控的瞬间。请在你清醒的时候、在自控能力尚存的时候，及早拨打我校 24 小时生命援助热线（13377884461）自救，或到大学生心理健康教育中心寻求专业帮助。

5．告诉家人朋友，积极寻求心理支持。尽量减轻生活中出现的压力，保持身体健康，有规律地锻炼身体，参加社交活动。

（七）同学得了抑郁症怎么办

1．陪护。防止自杀，作好陪护，严重时，须臾不能离开（图 6-8）。

图 6-8　长沙理工喻玲教授讲《朋辈辅导的技巧》

2．报告。及时报告给所在二级学院有关老师或大学生心理健康教育中心（24 小时生命援助热线 13377884461 或 68772029），或直接将他（她）带到大学生心理健康教育中心。千万不要因为患者“千万不要告诉学校”的请求或“不会真的自杀”“我能自我克服”的保证而不报告。

3．督促治疗。经常性督促按时服药，按时进行心理治疗。

4．消除歧视。给予积极的心理支持，帮助患者面对其现实处境。

第四节　自杀危机干预知识

一、自杀危机概述

自杀是对生命的自我毁灭，违背生命的自然法则，是一个没有改正机会的错误，是无法挽回的损失。

大学生自杀，对于个人和家庭都是一种悲剧，对社会也是极大的损失。一个人自杀，尤其是独生子女自杀，对于家庭是毁灭性的打击，会给家人带来巨大的内心冲击和生活巨变，家人常常背负着内疚感、自责感、羞耻感、恐惧感甚至经济负担而生活。一个自杀者，尤其当他是独生子女时，对于他的家人还有亲戚朋友而言，可能失去的就是全部，就是百分之百。通过访谈1000余例自杀死亡者家属后发现，在中国，每一个人自杀，他身边的5～8个亲人或朋友就会受其影响。据估计，美国每年有13.5万名不满17岁的孩子经历父亲或母亲死于自杀的创痛。这种精神上的影响有时会持续一生，波及三代人。所以，美国自杀协会的创立者埃德温·施耐德曼说："自杀者将他们的遗骸放在生者的心理衣柜里。"尽管自杀是一种个体行为，但如果自杀发生在学校，则会对该校学生群体产生巨大的心理冲击。

总之，自杀既是一个非常重要的心理卫生问题，又是一个重要的教育问题和社会问题。认识这个问题，以期减少和控制大学生自杀，这对于促进社会的稳定、维护教育的声誉、提高学生的素质不仅具有理论探索的意义同时具有实践指导的意义。

对于自杀的原因，美国自杀协会主席希尼亚帕佛认为："防止自杀最好的办法不是注意自杀本身，而是应当更广泛地注意是什么因素导致了自杀的发生……"自杀是一连串前后相扣的事件之链的最后一环。鲁迅在《论人言可畏》中说："然而我想，自杀其实是不很容易，决没有我们不预备自杀的人所藐视的那么轻而易举的。"自杀的原因非常复杂，自杀者的背景是多种多样的。自杀行为往往可以套用一个公式：首先，内心形成自杀倾向（自杀的准备状态），接着形成一个自杀的直接动机，最后便是自杀。形成自杀倾向的原因有以下三大方面：

（一）环境因素

自杀也被称为社会病理现象的警示灯，是人们对社会变动的敏感反应。经济不景气时自杀现象时有发生，但在经济景气的情况下，若社会变动剧烈，自杀行为同样很多。搬家、调换工作、转校等一系列环境的变化都有可能成为自杀的直接动机。这同样也是形成自杀倾向的一大要素。

季节变换也是形成自杀倾向的因素之一。春、秋两季自杀频率较高，这是因为春、秋两季是抑郁症和精神分裂症的多发时期。从心理学上来看，春、秋两季人类活动频率加快，上学、工作、结婚、搬家等，周围的人们忙得不可开交，这样反而会加重抑郁症患者的病情。

（二）生物学因素

精神病患者的自杀率要远远高于非精神病患者的自杀率。抑郁症是一个负性条件，再加上接二连三的不利因素，自杀行为产生的可能性自然也就大大提高了。

（三）心理因素

人际关系特别是家庭内部人际关系的冷淡、歪曲是形成自杀倾向的一大原因。有位学者将曾经患过抑郁症的大学生分为自杀未遂组与非自杀未遂组两组，以其家庭内人际关系为中心进行调查比较。结果发现，自杀未遂组的大学生在患上抑郁症后内心郁闷，想逃离这个家庭，但家人却丝毫没有察觉到他们的这种心理，与此相对，非自杀未遂组的大学生患上抑郁症后马上向家人求助，家人也会立即向他们伸出援助之手。换句话说，抑郁症患者并非是因为患上抑郁症而企图自杀，而是因为他们的家庭人际关系冷淡、歪曲，这才导致抑郁症患者陷入企图自杀这种危险的心理状态。

此外，偏激的性格作为心理学因素之一也应受到大家的重视，它往往会使人因外界压力的影响而产生精神障碍，当然也可以说与自杀关系相当密切了。有人研究了自杀儿童的性格，其性格大体上可分为两大类，即极端外向型（冲动、富有攻击性）和极端内向型（内向、感伤、爱哭）。

以上三种因素综合起来便形成自杀倾向，加上自杀动机、生活中的负性刺激或情感压力就容易导致自杀行为的出现。

直接动机会因年龄及性别的差异而大有不同。也就是说，不同群体的人生观、价值观有所不同。儿童青少年期的直接动机基本体现在环境的变化上（父母离异、家庭不和、搬家、转校、受到父母或老师的严厉批评、学校内的矛盾等）。也就是说，处于儿童青少年期这个衣食住行都依赖于父母的年龄阶段时，当依赖对象崩溃或有崩溃危险时，少年儿童易产生自杀动机。

从青春期到青年期，自杀的直接动机转化为个人问题，如异性问题、对前途的不安、考试失败、就职问题等。到了成年阶段，男性在事业上的问题（调换工作、退休、事业失败、失业等）、女性在家庭内的纠纷（婆媳之争、丈夫不专一、子女的不良行为等）受到人们的普遍关注。中、老年时期多因体质下降、身患疾病而产生自杀动机。

知识拓展

大学生自杀调查

中国社会科学院教育蓝皮书《2005年：中国教育发展报告》以五年来在媒体上披露的281名大学生自杀案例为基础，对2005年及近年来中国大学生自杀现象进行梳理：2005年，媒体报道的中国内地大学生自杀事件116起，分布在全国23个省份近100所高校（明确校名的高校有50所），其中83人死亡，33人存活；其中，男生比女生多12人。2006年全年，北京自杀死亡的学生为19人。2007年上半年北京高校100多万名在校大学生中，已经有14名自杀身亡。研究者分析认为，近年来，大学生自杀的人数呈明显增长的趋势，死亡人数也随之增长。其中，女生自杀的比例高于男生，理科生自杀人数多于文科生，文科生自杀的比例高于理科生。

大学生自杀的主要原因是学业困难和恋爱问题。因为恋爱问题而自杀的，占总数的21.7%；因为学业问题而自杀的，占总数的18.9%，分别居第一、第二位。通过对个案的研究分析，研究者认为抑郁、悲观、自卑、抗挫折能力差是导致自杀的主要原因。

二、自杀危机干预知识

（一）改变对自杀的一些错误观念

社会上对自杀这种行为所持的态度和认识差别很大，其中有一些错误的观念，若不加以纠正，对自杀预防不利。主要存在以下误解：

1．自杀无规律可循。自杀事件常常带有突发性，一旦发生，周围的人常感意外诧异。所以有人认为自杀防不胜防，没有规律可循。事实是，大部分自杀者都曾有过明显的直接或间接的求助信息。他们在决定自杀前会因为内心的痛苦和犹豫而发出种种信号。

2．宣称自杀的人不会自杀。当有些人向他人透露自己会自杀，尤其当用语带有恐吓成分时，他人以为他不过是说说而已，真正想死的人是不会把自己的打算告诉别人的。事实是，研究表明，在10名自杀者中，有8人清楚地表露出了他们有自杀企图的线索，50%的自杀者在自杀前曾向他人谈论过自杀，这种人很可能会有自杀的举动，必须高度重视。

3．一般人不会有自杀念头。很多人以为一般人不会有自杀念头。事实是，国内外研究结果显示，30%～50%的成年人都曾有过一次或多次自杀念头。对于性格健康，家庭关系好的人，自杀意念可能只是一闪而过，很少发展为真正的自杀行动；而性格或精神卫生状况存在问题的人在缺乏社会支持时，自杀念头有可能转变为自杀行为。

4．自杀危机改善后就不会再有问题。有自杀企图的人经过危机干预状态改善后，情绪会好转。周围的人常常会误以为自杀危险性减低了，而放松防范措施。事实是自杀危机改善后，至少在 3 个月内还有再度自杀的可能，尤其是抑郁症患者在症状好转时最有危险性。有自杀史的人，再次自杀的可能性较大，10% 的人 10 年内死于自杀。

5．对有自杀危险的人不能提及自杀。很多人担心，对那些有情绪困扰的人，有自杀意念的人，主动谈及自杀会加重他们的自杀动机。事实是，受自杀困扰的人往往愿意别人与他交谈，听他诉说对自杀的感受，如果故意避开不谈，反而会因被困扰的情绪无从疏解而加重情绪问题。

（二）关注校园中容易产生心理危机的重点对象

1．遭遇突发事件而出现心理或行为异常的同学。突发的创伤事件所带来的生活上的痛苦可能引发自杀意念，长时间得不到解决的问题或短时间内累积的创伤都可能压垮一个人。主要的突发事件有以下三类：一是家庭发生重大变故（经济受损、亲人意外死亡、父母离异等）；二是遭遇性危机；三是遭遇自然或社会意外刺激。

2．患有严重心理疾病的同学。如心境障碍、精神分裂症、妄想症等，国内调查 895 例自杀死亡案例发现，63% 有精神障碍，尤以抑郁症、精神分裂症为甚。精神分裂症患者 50% 试图自杀，10% 死于自杀。

3．既往有自杀未遂史的同学。各国的研究指出：自杀未遂的人再次自杀的概率相当高。一项调查显示，20% ~ 30% 自杀者曾经有过自杀的记录，其中更有 35% 是用同一方法自尽。研究还表明，有将近 80% 的自杀成功的案例在成功之前都曾尝试过自杀。

4．家族中或亲戚、朋友中有自杀者的同学。国内调查 895 例自杀死亡案例发现，有血缘关系的人或亲戚、朋友、熟人中有过自杀行为者占 47%。

5．名人自杀、校园出现自杀时。18 世纪，德国文豪歌德出版《少年维特之烦恼》一书后，在欧洲仿效小说的主人公维特自杀的人剧增，“维特效应”因此而得名。心理学上的“维特效应”指伴随自杀或模仿自杀，是指当名人或自己的偶像等人自杀时，把自己和自杀的人视为一体而试图自杀的现象。

6．身体患有严重疾病、治疗费用高、治疗周期长的同学。

7．学习压力过大、学习困难而出现心理异常的同学。有的同学不及格较多，面临获得学位、毕业、留级等问题，有的则表现为沉迷网络游戏等。

8．个人感情受挫后出现心理或行为异常的同学。

9．缺乏社会支持、人际关系失调后出现心理或行为异常的同学。

10．长时间处于慢性心理压力下的同学。慢性心理压力的积累会促使人产生绝望感，积土成山，小变成大变，达到极限，就会崩溃，成为自杀的复合因素。最后一根稻草压死一匹骆驼。事件只是导火索，长期积累的压力才是根本原因，尤其是很少表达和抒发压力情绪的学生。大学校园中不乏某些将问题隐藏得很深的优秀大学生，他们身上所表现出的一系列心理特点被称为“优秀学生综合征”。

11．有性格缺陷的同学。自杀往往由内因和外因共同导致。在自杀者中，95% 内向，52% 孤独，71% 虚荣。以下性格缺陷在自杀者中较为常见：孤僻、内向、敏感多疑；冲动、易怒；思维僵化；极端自恋；高要求与低接纳；外在傲慢而内在自卑。

12．严重环境适应不良导致心理或行为异常的同学。

13．因家境贫困、经济负担重，深感自卑的同学。

14．不能顺利毕业或找工作困难的同学。

知识拓展

世界预防自杀日

2003 年 9 月 10 日被世界卫生组织定为首个“世界预防自杀日”，为了引起公众对自杀的关注，世界卫生组织和国际自杀预防协会呼吁各国政府、预防自杀协会和机构、当地社区、医务工作者以及志愿者们，加入到当天的各项地方性行动中，共同提高公众对自杀问题重要性以及降低自杀率的意识。

2003 年首个“世界预防自杀日”的主题是“自杀一个都太多”；2004 年的主题是“挽救生命，重建希望”；2005 年的主题是“预防自杀，人人有责”；2006 年的主题是“增进理解，重筑希望”；2007 年的主题是“穿越终生的自杀预防”；2008 年的主题是“全球化思维、全国性计划、地方化行动”；2009 年的主题是“社会文化因素与预防自杀”；2010 年的主题是“无论是谁，无论在哪，全球携手预防自杀”；2011 年的主题为“多元文化社会之自杀预防”。

三、了解自杀的前期征兆

自杀是心理危机的强烈表现，这样严重的心理危机肯定会有前期征兆，只不过往往被忽视。就是因为前期的心理问题没有及时解决，才发展到自杀。学院心理健康教育中心经常开展各类心理辅导讲座（图 6-9），欢迎大家关注。

图 6-9　第十届“5 · 25 心理健康日”专题讲座

（一）认识自杀的线索——言语方面

一些想要自杀的同学通过言语表达厌世念头，或谈论有关死亡的话题。如“人生的意义是什么”“人活着真难受、真没意思”“人是不是真的有来世”等。这实际上是自杀的信号，表明他（她）正处于自杀冲突阶段，陷入了生与死的两难选择中。另外，一般情况下，自杀者会在自杀前与最亲近的人（一般是父母）联系，对后事作交代，如“感谢你们的养育之恩”“今后一定要注意身体”等。

1．直接地说。有些人会直接表达自杀想法，他们直接说“我想死去”“我不想再活下去了”等。需要注意的是，不要以为处于情绪极度低落或心理冲突非常大的人说这些话只是开玩笑。

2．间接地说。另一些人会间接表达自杀想法，如“我所有的问题都将结束了”“如果我不在了，每个人都会更好”“现在没有人能帮助我”“我真的不能再忍受下去了”“我要彻底休息了”等。此时，如果能及时通过这些信息发现他（她）的自杀意图并予以有效的帮助，很可能促使其放弃自杀。但是，这些重要信息却往往被人忽略。

3．谈论有关自杀的话题，或开此类的玩笑。某些想要自杀的人会描述有关自杀的方法或计划，包括在信件、日记、手机短信、微博、图画或乱涂乱画的只言片语中流露自杀的念头。

（二）认识自杀的线索——情绪方面

1．严重抑郁、悲伤、情绪低落。严重抑郁在单独的自杀危险因素中排在第一位，自杀者75% 患有抑郁症。国外的调查发现，抑郁症患者 10% ～ 15% 最终死于自杀。

2．情绪发生明显改变。在自杀前，自杀者会处于复杂的心理矛盾之中，会有一些明显的表现，如特别烦躁、高度焦虑、恐惧、易冲动；或情绪不稳定、忽悲忽喜；或平时乐观开朗，突然变得郁郁寡欢；或平时寡言少语，突然爱说爱笑等。

（三）认识自杀的线索——行为方面

有专家认为，行为和习惯的突然改变常常是精神崩溃的信号。自杀者在行为方面的线索如下：

1．一反常态，将自己的物品整理得井井有条。

2．不明原因地将自己的东西送给他人、送礼、请客，赔礼道歉、述说告别的话。

3．经常发生意外事件（车祸等），这些意外可能是自杀未遂的表现。

4．坐在危险的位置（楼顶、窗台等）发呆。

四、妥善处理危机事件

（一）立即报告

违纪处理有其程序（图 6-10），也就是我们讲的预案中的主要内容；危机处理中要牢固树立有所为有所不为的思想（图 6-11）。

一是报告给院系有关老师或大学生心理健康教育中心（24 小时生命援助热线 13377884461，或 68772029）。二是千万不要答应对其想自杀的事情保密，要帮助他到心理或医疗机构接受评估和治疗。很多学生回避心理问题，误认为进行心理咨询的人就是精神病，不正常。甚至有的同学发现身边的同学有心理问题时，还劝他“千万别让学校知道，知道了就要休学”，有意帮忙隐瞒。需要强调的是，自杀者中虚荣心强的占 71%，他们之所以自杀很大程度上就是因为太爱面子。

知识拓展

请注意：当人处于非正常状态时，高度危机会使其更难做出合理的决定，要你保密，当为妄语，信以为真，实为谋命。

请牢记：同学的生命比你的承诺重要，保护生命比耽误学业重要，生命比面子重要。

（二）作好监护

对有高度自杀倾向的同学不能让其独处，作好监护，并远离危险位置（楼顶、窗台等），远离危险物品（电源、利器、毒药、绳索等）。记住：高危状态，须臾不能离开！

（三）陪伴支持

陪伴的同时，一定要注意倾听，但又不能有过激行为和动作。

1．倾听技巧。倾听他（她）的诉说，理解他（她）的痛苦；任何一个处于心理危机中的

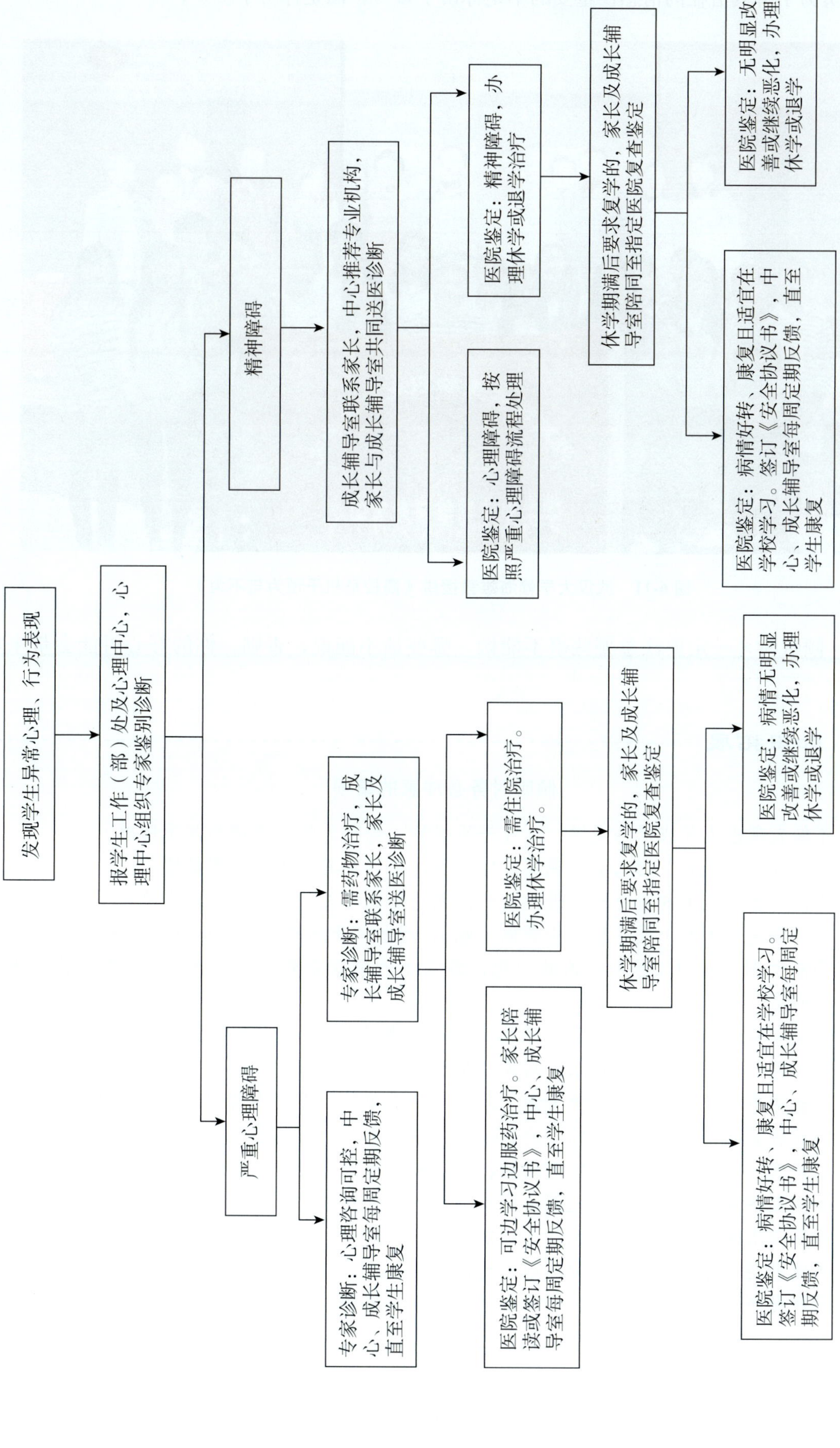

图 6-10 异常心理问题学生跟踪处理流程

人，他（她）最迫切的需要就是有人能倾听他（她）所传达出的信息；应耐心倾听他（她）的诉说，努力了解其潜在的情感；重要的不是你讲了多少，而是你听了多少。

图 6-11 武汉大学赖海雄教授讲《高校危机干预为与不为》

2．倾听时，一定要注意哪些事不能做，哪些话不能说，否则，你的好心可能会带来坏结果。

知识拓展

倾听时务必注意的事项

不能表现出生气或惊恐无措，生气是不接纳，惊恐无措反而增加其无助感。

不能否认他（她）的感受与现实，你的否认将导致其产生不被理解感。

不能对他（她）的情境随意进行判断，无论赞成与否，皆有可能产生负作用。

不能嘲笑他（她）或冒犯与指责他（她），增加其无用感、无价值感，自卑自怜感。

不能试图不与他（她）谈论其问题，蓄满了的水库需要疏泻，他（她）愿意谈是再好不过的。

不能争辩、排斥或试图否认自杀念头的“合理性”，当有人谈到自杀时，绝不能轻易认为他（她）并不是真的想自杀，只是“想闹一闹”。

不能将有高度自杀危险的他（她）单独放走或单独留下，为其创造自杀机会。

不能轻易相信他（她）真的不会自杀，自杀的念头会反复出现，尤其是理智型自杀。

不能说一些不实际、盲目安慰的话，他（她）可能产生毕竟你不是我的想法。

不能期待或相信自己能帮人解决所有困难，请记住：

你不是上帝，不要认为自己什么都能搞定，可以不用报告；

不能期待劝导立即见效，欲速则不达；

不能做超过自己能力的事，高估自己往往事与愿违。

第五节　心理健康教育中心简介

学院的心理健康教育中心（图 6-12）是学校面向全体学生实施心理健康教育的专门机构，承担着对全校学生宣传、普及心理健康知识，组织心理健康教育活动，开展心理咨询与治疗，调查大学生心理健康状况，研究大学生心理健康及其特点和发展规律，指导学生心理健康自助组织的工作任务。

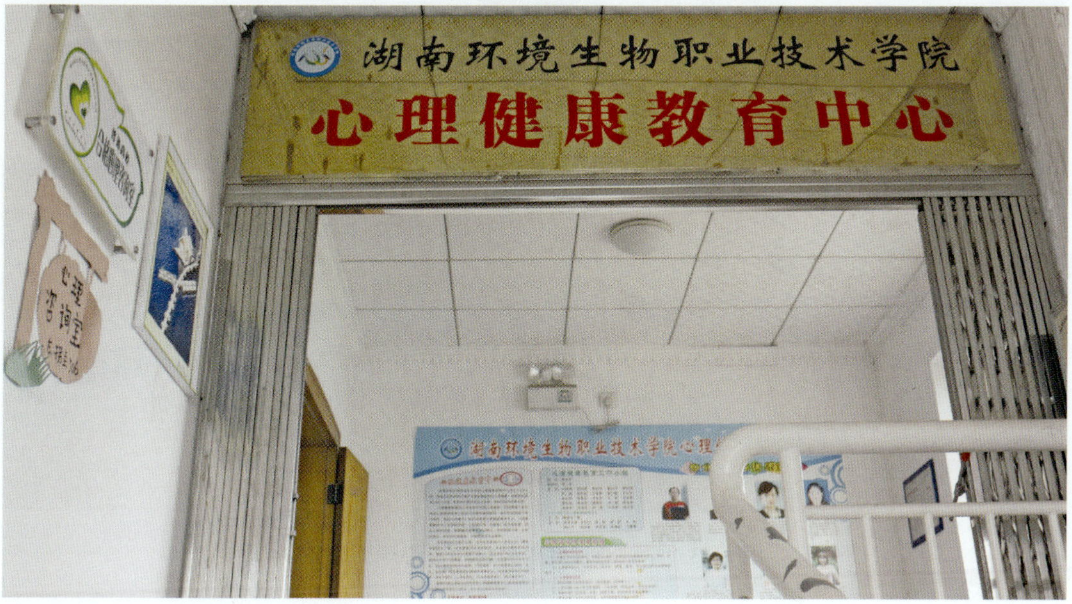

图 6-12　学院心理健康教育中心

中心以“以人为本，促进发展，立足教育，重在预防”为工作理念，搭建了心理健康教育工作的“五个平台”——宣传平台、教育平台、咨询平台、互助平台、干预平台；实施了“六个一工程”——建设好一支队伍、营造好一种氛围、开设好一组讲座、利用好一块阵地、主办好一家网站、指导好一个组织；构建了“四体联动”工作模式——以“教育宣传体系”为重点、以“心理咨询体系”为基础、以“危机干预体系”为难点、以“队伍建设体系”为保障。

中心致力于以优美的环境、优质的服务成为广大同学心灵的温馨家园。中心现有专职人员四人，拥有一支由不同学科背景组成的心理咨询专家队伍，竭诚为全校学生提供面谈咨询、团体辅导、现场咨询、在线咨询、电话咨询等专业服务。中心在全校设有两个心理咨询接待点（图 6-13），其中重点心理咨询点按照专业化要求设有咨询室、治疗室、催眠室、测试室、等待室、团体辅导室、督导室、资料室与多功能室，拥有多种现代化的专业设备（图 6-14）。

中心面向全校学生开设“大学生心理健康”“心理咨询与治疗”等课程，指导大学生心理卫生协会和学生会心理部开展各种心理健康教育活动，每月编发心理健康教育报，举办“温心行动”“热爱生命”“微笑行动”“感恩行动”“心理健康知识大赛”“心理情景剧大赛”“心理电影赏析”等特色活动，引导学生追求阳光心态，培养学生健全人格，促进学生健康全面发展。中心连续五年荣获湖南省高校“大学生心理健康教育工作先进单位”称号（图 6-15、图 6-16）。

湖南环境生物职业技术学院大学生心理健康教育中心地址：体育馆 5 楼；联系电话：0734-8178520；微信公众号：湘环心灵驿站。

图 6-13 学院心理健康教育中心心理咨询室

图 6-14 学院心理健康教育中心的专业设备

图 6-15　我院被评为 2016—2017 年度湖南省高校心理健康教育先进单位

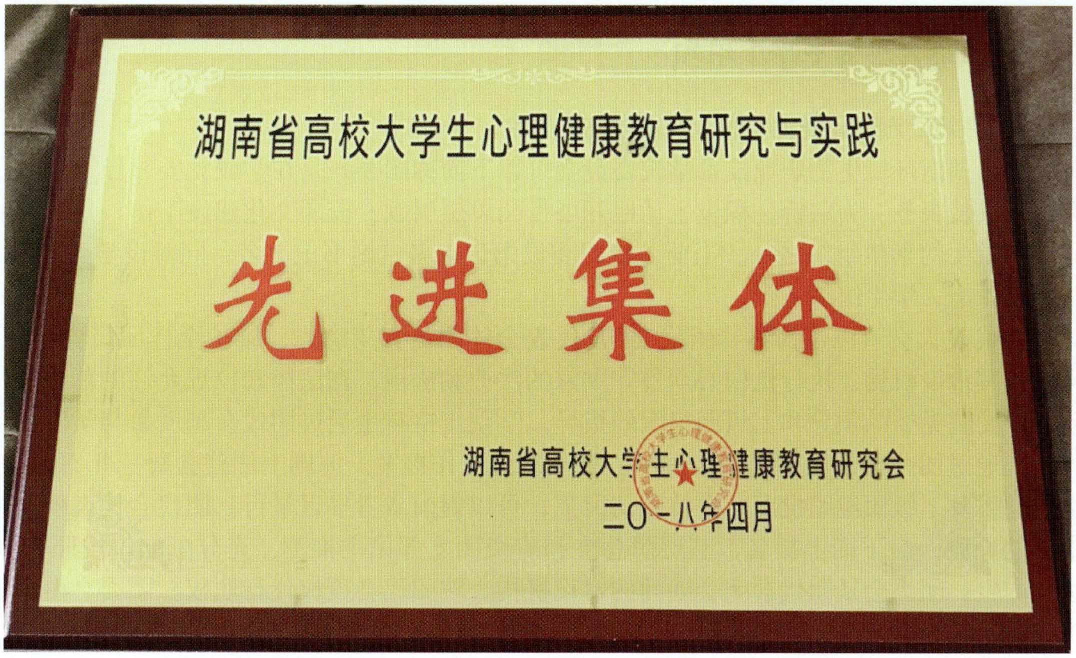

图 6-16　学院多次被评为湖南省高校大学生心理健康教育研究与实践先进集体

第七章　新的文化：社团与活动

从中学进入高校，你们的人生就步入了崭新的发展阶段，你们的思想、学习、生活将跃上一个新的台阶，有新的思想、新的学习、新的生活，也包括新的校园文化。高校校园文化以学生为主体，以课外文化活动为主要内容。校园文化建设的主体是学生，以校园为主要空间，涵盖校领导、教职工在内，是以校园精神为主要特征的一种群体文化。校园文化是社会整体文化的一部分。那么初进高校校园的你，该如何参与校园文化建设？如何在校园文化建设中找到自己的定位呢？

第一节　学生组织

一、何为学生组织

从广义上看，学生组织是由学生自愿组成的，按照章程开展活动的非盈利性群众组织；从狭义上看，学生组织是在学校内，由学生组成的，接受学校党委领导、团委指导的，自我服务、自我提高、自我管理、辅助教学的组织。具体形式包括：学生会、学生团委、学生社团联合会、青年志愿者中心、大学生自律委员会、学生社团、学生班级等。

二、学院各级各类学生组织

（一）共青团湖南环境生物职业技术学院委员会

共青团湖南环境生物职业技术学院委员会（以下简称团委）是在学校党委领导下，以“思想引领　成长服务”为宗旨，积极主动地开展校园思想引领、校园文化建设工作，是学校最基本的、最重要的学生组织之一。当前，校团委设书记 1 名，副书记 2 名，同时设学生副书记 1 名，部门 4 个，学生组织 3 个。

团员代表大会（以下简称“团代会”）代表全体团员青年意志、维护全体团员青年权益。团代会及其常设机构、执行机构必须遵守国家的法律和法规，在法律和校规允许的范围内开展活动，接受院党委的领导和上级团组织的指导。学院支持学生通过团代会制度参与学院民主管理，学院通过团代会制度了解学生诉求、处理有关工作提案。原则上团代会每三年召开一次，由学院党委及上级团组织批准。在特殊情况下，可以提前或者推迟举行。团代会代表根据民主集中制的原则，自下而上提名，基层团总支和班级团支部民主推荐、充分酝酿，按照 20% 差额选举产生。团委会是团代会闭会期间的常设机构，按团代会授权代行职权。团委会由团委委员组成；共青团湖南环境生物职业技术学院委员会由 15 ~ 21 人组成，由团代会差额选举产生，按照相关规定，委员会候选人应多于应选名额 20% 以上，委员候选人定为 18 ~ 26 人。团委会负责执行团代会决议，对外代表学院共青团组织。

1. 团委办公室。负责团委内务工作；负责团属活动阵地及物资的管理工作；负责团委各类文件资料的收集、整理、归档工作及音像材料整理；负责组织安排各种会议，并做好会议记录；负责做好团委工作计划、总结与年鉴。

2. 团委组织部。负责全校各级团组织基本情况的统计工作；负责做好团员发展、团籍注册、团费收缴、团员组织关系转接等工作；负责团内评优及表彰等工作；负责团员的档案建设和管理；配合党委组织部门做好大学生的推优入党工作；组织开展团组织生活、团日活动；负责青年马克思主义培养学院（团校）培训的日常管理、认证考核等工作；联系协调好各团总支组织部工作。

3．团委宣传部。开展对团员青年的思想政治教育工作，统一管理、指导和监督各团总支宣传部的工作，搞好学院重大团学活动的宣传工作，以共青团新闻为主线，结合学院动态，形成良好的新闻氛围；负责各级团组织宣传阵地的建设和管理工作；负责指导各团总支宣传部的工作；加强与兄弟院校的工作交流，积极树立团委的形象；负责团委官方微信、微博、门户网站的建设、运行、管理和维护，并监督各二级学院团总支信息上传情况。

4．团委素质拓展部。负责第二课堂成绩单制度实施与管理、素质拓展、艺术教育、各类活动及赛事、临时项目活动。负责监督学生干部的工作作风、财务、大小活动及内部事务工作，收集广大同学的评价与意见，向有关部门反馈，负责统计各学生机构、各院部团工作报表以及考核评比。

（二）学生会

学生会按照民主集中制的组织原则，在学校党委的领导和党委学生工作部（处）、学院团委的具体指导下，依照国家法律法规、学校规章制度和本组织的章程，独立自主地开展工作。学生代表大会制度是学生会自我教育、自我管理、自我服务、自我监督的重要制度，是同学在校园体验社会主义民主政治的重要途径，是体现学生会合法性、权威性的基础和保证，是学校最基本的、最重要的两个学生组织之一。学生会共设 10 个职能部门，分别为：办公室、体育部、学习部、卫生部、权益部、实践部、心理部、联络部、宣传部、新闻部。

学生代表大会是学生会的最高权力机关，全院同学通过学生代表大会依法行使民主权利，参与学校治理和监督。院学生代表大会实施常任代表会议制度。常任代表会议不得代替学生会组织行使权益维护等日常执行功能。学生会设立主席团，并聘任团委专职干部作为秘书长指导工作。主席团作为学生会工作的领导机构，负责学生会组织的日常工作，并向学生代表大会及其常任代表会议负责并定期报告工作。学生代表大会原则上每年召开一次。

学生会下设学生分会，是学生会的二级学院学生会组织，接受所在学院党组织和学生会的双重领导。二级学院学生分会主席须由院部学生代表大会或全体学生大会选举产生。学生分会一般设主席 1 人，主持学生分会日常工作，可设副主席 1 ~ 3 人协助工作。

班委会是本会的基层学生会组织，由全班学生大会选举产生，对全班同学负责并报告工作，接受所在院部党组织和学生分会的双重领导。班委会一般设班长 1 人，主持班委会日常工作，可设班委若干人协助工作。

（三）团属学生组织

1．大学生社团联合会。大学生社团联合会是在校团委的指导下，对全院学生社团及社团活动开展进行管理、协调、监督与服务的学生团体。内部设立主席团、办公室、财务部、策划部、外联部、宣传部、新闻部、社团管理中心。

2．青年志愿者中心。青年志愿者中心是校团委指导下的一支学生志愿服务团体，坚守“立足校园，面向社会”的指导方针，秉承团结、友爱、奉献、互助、进步的志愿精神，以志愿为前提，以发挥大学生知识技能为基础，通过开展生态文明、援助孤残、义务支教、知识培训等形式多样的活动，发挥大学生的自身优势，为学院和国家生态文明建设服务。内设主席团、秘书处、宣传部、策划部、外联部、培训部、信息部、志愿者管理中心 8 个部门，另辖 6 个二级学院志愿者分队，由各学院团总支指导，志愿者管理中心统一注册。

3．大学生艺术团。大学生艺术团是校团委指导下的一支年轻而又充满活力的学生文艺团体，是培养具有深厚专业技术和较高艺术水平人才的实践阵地。立足艺术拓展，汇集学院艺术精英，定期开展艺术教学与演出活动，成立了学校首支学生乐队——“信仰”乐队，现设声乐队、舞蹈队、器乐队、综艺曲艺队、模特礼仪队等。

4．学生社团。我院学生社团（图 7-1）是学生参与度最高的学生组织，是学生在自愿基础上结成的各种群众性文化、艺术、学术团体。不分年级、系科甚至学校的界限，由兴趣爱好相近的同学组成。在保证学生完成学习任务和不影响学校正常教学秩序的前提下开展各种活动。目的是活跃学校学习氛围，提高学生自治能力，丰富课余生活；交流思想，切磋技艺，互相启迪，增进友谊。

图 7-1 学生社团

截至 2018 年 12 月，我院南北校区共有各级各类学生社团 44 个，分思想政治类、学术科技类、文化活动类、志愿公益类、体育活动类 5 种类型，会员 6383 人（表 7-1）。

表7-1 学生社团一览表

社团名称	现加入社团总人数	所属类别
青马学习社	606	思想政治类
红色文化社	205	思想政治类
含笑湖文学社	65	文化活动类
演讲辩论协会	63	文化活动类
书画协会	483	文化活动类
舞蹈协会	216	文化活动类
弈棋社	125	文化活动类
摄影协会	199	文化活动类
读者协会	135	文化活动类
音乐协会	329	文化活动类
魔术爱好者协会	89	文化活动类
汉文化社	394	文化活动类
美妆协会	302	文化活动类
半城天下动漫社	182	文化活动类

续表

社团名称	现加入社团总人数	所属类别
逻辑推理社	42	文化活动类
手工社	106	文化活动类
次元动漫社	5	文化活动类
礼仪社	117	文化活动类
友源花卉协会	123	学术科技类
护理协会	135	学术科技类
外语社	230	学术科技类
宠物家园协会	190	学术科技类
创业社	89	学术科技类
旅游协会	68	学术科技类
兽医协会	125	学术科技类
康复协会	163	学术科技类
中医药养生协会	79	学术科技类
物流管理社	24	学术科技类
设计协会	95	学术科技类
营销会计协会	35	学术科技类
园林创业协会	15	学术科技类
萤星环保协会	32	志愿公益类
心理协会	103	志愿公益类
生态文明志愿者协会	239	志愿公益类
心语社	77	志愿公益类
武术协会	387	体育活动类
羽毛球协会	237	体育活动类
太极拳协会	66	体育活动类
健美操协会	104	体育活动类
乒乓球协会	122	体育活动类
足球协会	64	体育活动类
定向运动协会	20	体育活动类
supreme 滑板社	67	体育活动类
排球协会	42	体育活动类

（四）宣传类学生组织

1．院报编辑部。《湖南环境生物职业技术学院报》创办于 2001 年，原名《湘环学院报》，原为四开四版，半月刊，2011 年 4 月改为对开四版，月刊，由湖南环境生物职业技术学院委员会主办。设立了院报编辑部并配备专职人员，编辑部隶属于学院党委宣传统战部。院报紧跟国家发展形势，围绕学校党政中心工作，在院党委的领导下，编辑部全体成员本着“以专业水准办好院报”的原则，及时、准确地向全院师生传播新信息、新思想、新文化，牢牢把握学校意识形态主动权，充分发挥校园文化宣传主阵地作用。开展各种形式的新闻采访报道，深度报道学校教育教学改革、人才培养、科研进展、社会服务、校园民生等方面的先进人物和先进事迹。2018 年 4 月起，主要版面以综合报道内容为主，占到近三个版面。具体版面内容：第一版为学院本月时政新闻的再编辑；二、三、四版均为学校创卓越、争一流建设，教育教学、专业改革与建设、人才培养、校园活动、所获荣誉等深度报道；第四版下半页刊登 1 ~ 2 篇散文、诗歌等。院报编辑部下设执行主编 1 人，常务副主编 1 人，副主编 3 人。下设办公室、采编部、记者团、网信部、摄影部、发行部、外联部等 7 个部门。

2．湘环之音校广播电台。湘环之音校广播电台是在学校党委宣传统战部直接领导下，学校重要的宣传阵地和唯一的有声媒体，经升级改造，已经拥有完备的广播播出控制系统，实现了校园广播全覆盖。始终坚持正确舆论导向，大力宣传党和国家方针政策。紧紧围绕学校中心工作，及时准确传达学校声音，传播先进文化，报道先进经验，丰富校园文化生活，活跃校园气氛，构建健康和谐生态校园文化。北校区设台长 1 名，副台长 1 名，办公室主任 1 名，副主任 1 名，各部门部长 1 名。常设部门有办公室、播音传媒部、设备后勤部、新媒体宣传部、新闻采编部、外联部等 6 个部门。南校区设副台长 1 名，办公室主任 1 名，各部门部长 1 名。常设部门有办公室、播音传媒部、外联部、设备后勤部等 4 个部门。

3．新媒体中心。新媒体中心全称为湖南环境生物职业技术学院新媒体中心，是在湖南环境生物职业技术学院党委、行政的领导下，由宣传统战部管理、指导，以学生为主体组建而成。宣扬爱国主义、共产主义和中国共产党的方针政策，配合学校育人工作，传播学院正能量，繁荣学院文化。新媒体中心管理机构设主编一名、常务副主编 1 名，副主编 3 名，各部门部长 1 名，主编团下设美工部、摄影部、策划部、新闻采访部、办公室、外联部、文案部，共 7 个部门。

（五）国防类学生组织

1．国防教育教导队。国防教育教导队（简称教导队），是在原国旗仪仗队的基础上成立的半军事化管理队伍。历经五届教导队的不懈努力，每年面向全校招收 100 名队员，隶属于我院学生工作部（武装部）指导。其主要工作性质包含：升旗任务、军事技能训练工作、重大活动执勤任务、校园巡逻任务及领导赋予的其他任务。下设办公室、国旗班、文艺部、宣传部。

2．湘环护校队。湘环护校队是保卫处直接领导的一个积极向上的团体，是学院保卫部门的辅助力量，是维护校园稳定、维护师生人身财产安全的主要力量，负责校园治安协防工作，具有勤工助学性质的群众性治保组织。队员除保质保量完成各项任务及值班、执勤或执行特殊任务外，必须参加班里的各项活动，自觉接受班主任、系部和职能部门的管理。我队以树立“文明高校”形象，有效保障大学校园正常的教学、工作和生活秩序，加强安全保卫工作，保护学校公共财产及学生的人身、财产安全，促进平安和谐校园建设为宗旨。按照半军事化要求规范队伍，向着“最具奉献精神的特色组织”的建设目标迈进。湘环护校队现有成员 50 名。设有队长一名，副队长一名，下设 6 个部门，分别为武装部、政治教育部、后勤部、宣传部、财务部、人事部。每个部门设部门负责人一名，负责完成本部门工作、管理部门成员。

三、如何加入学生组织

（一）学生干部的基本条件

1．政治思想素质要求。拥护中国共产党的领导，以习近平新时代中国特色社会主义理论为指导，解放思想，实事求是，关心时事政治和学院大事，积极参加学院、院部组织的政治理论学习。

2．道德品质素质要求。遵纪守法，能自觉维护校园和谐安定的秩序；热爱公益活动，爱护公共财物，敢于同不良风气作斗争；做人诚实守信，尊敬师长，礼貌待人，朴素大方，乐于助人，具有健康向上的精神风貌，在同学中有较高威信。

3．科学文化素质要求。学习勤奋努力，能自觉完善和优化知识结构，成绩优良。

4．身体心理素质要求。身体素质好，心理健康，性格开朗，面对竞争、挫折具有一定的承受能力和自我调节能力。

5．综合素质要求。工作积极主动，细心负责，思路清晰，有较强的创新意识；工作方式、方法恰当，能够正确地处理好学习、工作和生活三者之间的关系；有团结协作精神，并具有一定的社会实践能力、语言表达能力、组织协调能力和沟通协作能力。

（二）学生干部的选拔方式

1．学生自荐。在学生干部选举之前，由各学生组织对选举工作进行宣传，符合条件的同学可以向各学生组织递交自荐书，介绍本人情况和对竞选职位的意愿。

2．老师推荐。根据学生干部的基本条件进行推荐。

3．学生干部推荐。通过工作相处，在深入了解成员的学习成绩、办事能力、组织纪律性等情况的基础上，推荐品学兼优的成员参与选拔。

4．公开竞聘。同学准备演讲材料，通过公开竞聘演讲，选拔群众基础好，具有一定工作能力，品学兼优的学生。

（三）学生社团的成立与管理

学生社团各项活动必须遵守宪法、法律、法规和国家政策，必须遵守湖南环境生物职业技术学院的规章制度。学生社团的成员必须是具有正式学籍的湖南环境生物职业技术学院在校学生。

1．学生社团的成立。学生社团的成立由校团委审批。凡未经正式登记或未履行审批手续的社团，属非法社团，学院将予以取缔，由此产生的不良后果由当事人自己负责。

成立学生社团，须具备下列条件：

有 5 名以上的学生联合发起，发起人必须具有开展该社团活动所必备的基本素质，且未受过校规校纪处分。

有规范的名称和相应的组织机构。

有业务指导单位或社团指导教师负责日常业务指导。其中，业务指导单位须是学院内机构（各二级学院、学院职能部门）；指导教师须是校内具有助教（或相当于助教）及以上职称的在职在岗教职工。

申请筹备成立学生社团，发起人应当向校团委提交下列文件：

筹备申请书。

章程草案。

发起人和拟任负责人的基本情况介绍、学生证复印件。

业务指导单位的书面意见及指导教师的基本情况、身份证明。

学生社团章程应当包括下列事项：

社团名称。学生社团的名称应当符合法律、法规的规定，不得违背校园文明风尚。

成立宗旨。

活动范围和活动方式。

社团成员资格及其权利和义务。

组织管理制度、执行机构的产生程序及权限。

财务管理、经费使用的原则。

负责人的任职条件、权限和产生、罢免的程序。

章程的修改程序。

社团终止的程序。

应当由章程规定的其他必要事项。

校团委在收到全部有效文件之日起一周内，就能否开展筹备工作作出答复。经批准筹备成立的社团，在校团委批准筹备成立之日起 30 日内召开成员大会，通过章程，产生执行机构、负责人。筹备期间不得以社团的名义收取会费和组织社团筹备以外的活动。

筹备期结束，校团委在一周内作出批准或者不批准社团成立的决定。经批准正式成立的学生社团应尽快以公告或其他方式宣布成立。

出现下列情况之一，社团不予成立：

社团宗旨、活动内容、范围不符合宪法、法律、法规、国家政策和湖南环境生物职业技术学院的规章制度。

校内已经有性质相同或相近的学生社团，没有必要成立的。

发起人受过校规校纪处分的。

在申请筹备成立时弄虚作假的。

筹备期限已满，参加社团的人数未超过 20 人的。

属于校外团体的分支或附属机构的。

2．学生社团运行和管理。学生社团为了筹措开展活动所需经费，可在入会期向成员收取会费 15 元 / 人。除收取会费外，不得再向成员收取其他费用。学生社团的财务由校团委监督，社团联合会主席团管理资金，按文件要求合理合法支出。社团举办活动须遵守学校相关规章制度，并按照相应审批程序进行，不得在学生中散布违背宪法、法律、法规和党的路线方针政策的错误观点和言论，不得开展与其宗旨不符的活动，不得开展纯商业性活动。所有社团活动应采取必要措施确保活动安全有序进行。校团委负责对学生社团行使下列监督管理工作。

学生社团的登记注册、变更注销工作及档案管理工作。

对学生社团拟聘请的业务指导单位和业务指导教师进行资格审查。

协同业务指导单位对学生社团开展的除内部活动以外的开放性活动进行审批。

定期召开社团负责人工作会议，并听取社团负责人的工作和活动情况汇报。

学生社团的财务检查。

3．学生社团的变更和注销　学生社团的备案事项需要变更的，应在一周内向校团委申请变更登记。学生社团有下列情形之一的，应向校团委申请注销登记：

完成社团章程规定的宗旨的。

成员大会决定解散的。

分立、合并的。

因其他原因需终止的。

四、学生干部的培养与管理

学生组织具有双重角色，在一定程度上代表校方，同时又是学生的代表，因此在“学校—学生组织—学生”三方互动的过程中，学生组织必须做好自身的定位。学生组织是由广大同学选举产生，受命于广大同学，因而应努力为广大同学服务，注意克服高高在上、无视同学的错误思想。凡事以是否有利于同学的学习、生活和进步为出发点，才能在同学中树立良好的形象，打下坚实的基础，才能使同学们感觉可亲、可近和可信，才能充分发挥学生组织在师生之间的桥梁与纽带作用。学生组织成员在班级中既要服从班级管理又要积极主动地协助班委会开展好班级的工作，树立学生干部的良好形象，这样才能在促进和谐校园建设中起到先锋模范作用。

（一）学生干部的培养程序

1．干事。在每年新生入校期间进行全院范围内的招新，通过者可成为干事。干事应认真完成部长分配的任务，并协助其他部门开展工作，促进部门之间的交流和合作。

2．部长、副部长。干事经过一学期以上的锻炼培养，优秀者可在学生干部中期调整时选拔为部长、副部长。部长须协助主席团开展工作，副部长须协助部长做好本部门工作，对本部工作提出合理化建议，并配合其他部门做好整体工作。

3．常委、主席团。部门负责人经过一年的培养考察，优秀者可在换届时，经学生代表大会或团员代表大会或常代会选举，当选常委或主席团成员。常委及主席团成员须协助党委学工部、院团委落实学生事务，指导各部门按照工作职责积极开展工作。

（二）学生干部的培养方式

1．学生组织培养。每年定期开展各种形式的理论学习、专题讲座、专题培训、心理辅导、实践调研等活动，对学生干部进行综合素质培养，帮助学生干部成长成才。各学生组织主要成员候选人必须取得校级培训班合格证书。

2．学生积极锻炼。在活动中争得较大荣誉的学生干事，由各部部长提名，常代会复议，党委学工部、院团委审核，可授予院级“优秀学生干部”或“四自管理先进个人”荣誉称号。

3．学生组织推荐。根据学生干部的工作态度、工作效果和学习成绩，可择优推荐其参加各类奖学金评选和院级以上的评优评先，并根据学生党员发展标准，积极向各二级学院党总支推荐入党积极分子、党员发展对象或担任学生组织负责人职务。

（三）学生干部辞职、停职、离职、解职规定

1．辞职。学生干事及以上干部须由本人向主席团递交书面辞呈，经党委学工部、院团委研究同意后方可辞职。在辞职未获批准前，当事人要继续履行职责，完成任务。

2．停职。学生干部在学期末考试出现两门考试课不及格者，暂停其职务，离开岗位一学期，专心学习。一学期后视个人表现及学习成绩情况决定其是否复职。

3．离职。学生干部不按要求参加各种活动和会议，连续无故缺席 3 次以上者，视为自动离职。一学期累计缺席 5 次者，视为自动离职。

4．解职。学生干部因工作失职造成较严重后果者，可以解职。报党委学工部、院团委核准。

五、团员管理与服务

（一）团员发展与离团

1．发展新团员。团支部会对本支部团外适龄青年做好思想教育工作，组织他们学习团的基础知识，鼓励他们向团组织靠拢，并适当吸收他们参加团的一些活动。当团外青年向团组织提出入团申请时，要指定团员做好培养工作，当他们具备入团条件时，要及时发展其入团。

知识拓展

团员发展手续

入团的青年应向支部委员会提出申请，申请书内容包括本人对团组织的认识和入团动机；本人经历、优缺点；家庭情况及主要社会关系等。

申请入团的青年应有两名团员做介绍人，介绍人可由申请人自请，也可由团支部指定，介绍人应负责向申请人说明团章，向团组织说明申请人的经历、思想状况及日常表现，以及家庭和主要社会关系的情况。

发展对象由团小组推荐，在广泛听取单位团内外意见后，由支委会讨论决定。

填写入团志愿书。

团支部大会讨论，会议必须有支部内半数以上团员出席才能举行。表决时，必须是到会团员（有表决权的）半数以上通过，方为有效。

团支部召开委员会全体会议审批，报校团委批准，新团员的团龄从支部大会通过之日算起。

2．超龄团员的离团。团员年满28岁，除个别团干因工作需要仍保留团籍及其在团内的选举权和被选举权外，一般都要办理离团手续。

（二）团员档案和管理制度

1．转入和转出。新生团员的档案应该在入学报到后两个月内转入，收齐后由团支组织部统一交到校团委。团员档案随学生毕业转入工作单位。团总支在转出和接受组织关系时，应先在团员证上注册；“组织关系接转”栏内填写转出和接受组织关系时间，注明和掌握团费收缴情况，由校团委盖公章。一般转入组织关系时间在每年的9月（“转入时间”填9月20日），转出时间为每年6月份（“转出时间”一般填6月20日）。

2．建档。团员（团干）在校期间表现，何时何故受奖励（或处罚）的情况，如评选优秀团干、团员的有关资料（自我鉴定、总结等）都要写进团员档案。团干要加注担任何职务。

3．团员证的颁发（补发）。实行团员证制度后，团员证就是组织关系的凭证。新团员入团后，在入团仪式中颁发团员证。团员证遗失后，确认无法找回时，要本人提出申请，经团支部同意、团总支审核后，报校团委，由校团委补发团员证。办理（颁发、补发）团员证需要交免冠正面相片一张，并按校团委组织部有关规定收取团员证工本费。

第二节 校园活动

校园活动，顾名思义，就是在校园里，由学校或组织举办的面向全校师生涉及文化、娱乐、体育、户外素质的拓展活动及其他相关活动。校园活动的组织者可以是各级校组织、社团、企业等等，但特点必须是面向全校师生，并在全校产生一定的影响，是最能体现校园文化本质内容、校园风气和校园精神的。

一、“三节一讲台一学堂一服务”校园文化育人体系

我院校园活动经过不停地总结与探索，打造了以“三节一讲台一学堂一服务”为品牌的校园文化育人体系，即：“学习节”“技能节”“文化艺术节”“石鼓文化大讲台”“孔子学堂”“生态志愿服务”。目前，“三节一讲台一学堂一服务”已成为我院参与人数最多、影响力最大、辐射面最广的校园文化育人体系。从2008年开始实施，边研究、边实践、边应用、边推广、边总结，2010年正式实施并辐射到学院30个专业，有近50000名学生受益，并带动了学院办学理念、学生活动设施、社会效益等全方位、高层次、立体化发展，收效明显。

（一）学习节

学习节旨在高职学生的传统文化理论教育，重点解决高职学生“重专业轻综合，重智育轻德育”的突出问题。依托各级各类学习竞赛、日常习惯养成、学习型班团组织建设等阵地，倡导“四自”学习模式，培养高职学生的自主学习能力，提高自主学习的主动性，让体验式学习成为习惯。学习节在每年四月启动，为期一月。目前已成功举办8届，学习节中最有影响的品牌为中华诗词大会和大学生青年马克思主义者学习社（简称青马社），常规项目中的“中华诗词大会”“湘环朗读者”“汉字听写大赛”“校级辩论赛（图7-2）”“主题征文比赛”“主题演讲大赛”“知识抢答赛”“自强之星评选”“书香校园”等，培养了大批热爱学习、勤于钻研的学习之星，并成为带动学风建设的排头兵和生力军。

图 7-2　学习节（辩论赛现场）

（二）技能节

技能节旨在高职学生的传统文化实践教育，重点解决高职学生“重技能轻理论，重实际轻研究”的突出问题（图 7-3）。我校依托校内外的优质技能操作实验实训中心，每年 11 月定期举行大学生技能节，为学院在“树木树人　济世济民”校训下培养“知识型能工巧匠”的目标提供宽广的舞台，举办专业技能、社团技能、公共技能三个层面的各类竞赛，发动各二级学院针对专业特色和市场需求开展一系列寓教于乐的技能竞赛，涵盖护理技能竞赛、中药传统技术大赛、花艺技能大赛、园林技能大赛、动物外科手术大赛、点钞、珠算技能大赛专业技能展示，书画、旅游讲解、羽毛球赛、美妆礼仪、声乐、器乐、舞蹈、魔术、动漫、传统文化、手工艺社团技能专场展示，以及论文写作大赛、组织协调能力竞赛等 3 大类，38 个项目，在提高大学生的动手能力和技能水平的同时，重点加强培养学生的理论创新和研究能力。“三下乡”社会实践服务团遍布三湘大地，广泛开展农林科技推广、医疗卫生、法律援助、文化扶贫、社会调查等多种形式的社会实践活动，让青年学生在社会实践中增长技能、拓展视野、关注民生、感悟民意，将科研论文写在希望的田野上。

图 7-3　技能节

（三）大学生文化艺术节

大学生文化艺术节旨在高职学生的传统文化审美教育，重点解决高职学生“重智商轻情商，重眼前轻长远”的突出问题（图 7-4）。依托文化艺术的高雅阵地，我校大学生文化艺术节每年金秋十月开幕，持续两个月。目前已成功举办 19 年，每一年都有不同的活动主题。2018 年，学校首次引进教育部“高雅艺术进校园”品牌活动，大学生文化艺术节传统活动有“十佳歌手大赛”“校园舞蹈大赛”“十佳主持人大赛”“K 歌之王”“新生秀”“时装设计大赛”“合唱比赛”“青春诗会”等精品赛事，吸引了大批同学参加，不断提升高职学生审美修养和身心素质，从文化艺术节中脱颖而出的同学走出校园，在省市相关竞赛中获奖的喜讯也纷至沓来，湖南省林业厅艺术人才库也落户我院，以文化艺术塑造人的方式已发挥巨大的作用。

图 7-4　大学生文化艺术节

（四）石鼓文化大讲台

石鼓文化大讲台旨在高职学生的传统文化素养教育，重点解决高职学生“重做事轻做人，重就业轻事业”的突出问题（图 7-5）。为推进学校大学生思想政治教育工作，学院以内涵建设和推行校园精神文明建设为主题，依托专题讲座、对话访谈、专家学者“面对面”等形式，将中华优秀传统文化、生态文化、志愿文化、公益文化、科技文化巧妙融合在学生的养成教育中，以“榜样人物评选”“技能之星”“自强之星”“孝老爱亲之星”“志愿服务之星”“创新创业之星”等为激励措施，学会成长、学会做人，不断提高高职学生的思想道德素质，以团委官方网站、微信、微博等形式开阔高职学生的文化视野。近 10 年来，已经陆续邀请国内外知名学术专家 67 人到校开讲，形成超过 80 余万字的学术报告汇编。榜样的力量，前瞻的视野，使同学们明白做事与做人、就业与事业的奋斗路径。

（五）孔子学堂

孔子学堂是我院中国优秀传统文化的传播基地，以社会主义核心价值体系为引领，鼓舞斗志、引领风尚、凝聚力量、提升素质，将中国传统道德与个人成长成才紧密结合，在同学们习惯养成上有着锦上添花的显著作用，是传播先进教育理念的“讲堂”，服务学生全面发展的“论坛”，接受国学经典教育的“课堂”，展示学生个性风采的“阵地”（图 7-6）。成立了大学生茶艺队（图 7-7），参加每年在南岳举行的南岳“中华茶祖节”，并多次代表学校参加各类展演活动；每年孔子诞辰日，我校都开展纪念孔子诞辰活动，通过“释菜礼”“学生心中最美教师评选”“中华经典诗文诵读”等活动倡导“尊师重教”理念，此外，我校孔子学堂走出校园，走进石鼓书院，与石鼓书院建立了中华传统文化实践基地，每年分不同节点开展独具特色的中华传统文化展示活动。

图 7-5　石鼓文化大讲台

图 7-6　孔子学堂

图 7-7 大学生茶艺队

（六）生态志愿服务活动

生态志愿服务活动依托学院全国生态文明教育基地，中国绿色碳汇基金会志愿者服务站（图 7-8），湖南省生态文明研究基地等平台，深度运作，大力实施“走出去”战略，包括“志愿服务活动走出去，专业技能走出去，文化活动走出去”，采用“学院 + 县市区”“团委 + 企事业单位”“团总支、团支部 + 社区、街道”模式，实行互动共建志愿服务活动基地，突出生态特色与服务功能，打造了一系列具有生态特色的志愿活动。近年来，形成了“团委 + 洞口团县委”“团委 + 石鼓书院”“医学院团总支 + 青山街社区”“医药技术学院团总支 + 石鼓区敬老院”“园林学院团总支 + 蒸湘区园林所”“生态宜居学院团总支 + 大元头社区、演武坪社区”“商学院团总支 + 太平一社区”“生物工程学院团总支 + 西渡镇演陂镇东方农庄”的定点共建生态志愿服务基地，累计开展传承中华传统文化、关爱老人儿童、城市绿化建设、科技扶

图 7-8 中国绿色碳汇基金会志愿者服务站

贫资助等活动 100 余次，10000 余人次走出校外参与志愿服务活动，通过活动让广大青年学生积极参与社会实践，践行社会主义核心价值观，牢固树立社会主义生态文明观，积极参与地方生态建设，推动和参与人与自然和谐发展，为保护生态环境贡献力量，将具有生态特色的志愿服务活动打造成我院精神文明建设的一面旗帜。

二、其他校园活动

（一）团校培训

团校培训每年 10 ～ 12 月举行，分“团干培训”和“团员培训”两个层面同时进行，每年约 3000 名团员参加，团干培训达 20 学时、团员培训达 16 学时（均包含 4 学时的实践课程）（图 7-9）。同时，每年选拔 500 人参加湖南省大学生青年马克思主义者骨干网络培训。团校培训以习近平新时代中国特色社会主义思想、团的十八大精神、中国共青团团章和团务知识、青年马克思主义者培训等为主要内容，集中对广大青年团员开展精神解读、政策宣讲、信仰教育、形势政策、传统文化教育、自主探究和志愿服务等理论学习、业务培训和社会实践，以提高我院青年团员的团学素养与文化自信，促进青年团员争做新时代青年马克思主义者，培养了一支政治坚定、学习刻苦、工作勤奋、作风扎实、品德高尚的青年团员队伍。

图 7-9　2018 年团校培训开班典礼

（二）社团活动

以社团常规活动和定期举办的社团活动月为载体，每年开展各类活动 100 余次（图 7-10）。汉文化社、音乐协会、动漫社等多个社团举办了社团专场展示会，依托社团技能节，逐步形成了“英语角”“传统文化会”“书画大赛”“校园杯”羽毛球赛、“素人改造”“校园好声音”“爱心支教”等多个社团品牌活动。组织社团代表参与了南岳“中华茶祖节”“石鼓书院传承中国传统文化”等活动，推动了社团管理制度化，社团培训专业化、对外交流常态化。全年新增社团 7 个，合并社团 2 个，新增社团会员 2400 余人。

（三）大学生“三下乡”社会实践

“三下乡”即：文化、科技、卫生下乡。我校每年 7 ～ 8 月集中组织开展，分校级、院级组建实践团队，“三下乡”社会实践活动涉及面广，内容丰富，与农村实际需要相结合，同学们将自己在校所学的先进科学的生活观念在广大农村传播，紧密结合所学专业技术知识，在农村开展多种形式的先进科技文化知识和生活观念的宣讲活动（图 7-11）。大学生参与新农村建设的进程，为大学生了解中国国情开启了一扇窗口，密切了高等教育与新农村建设的关系，这有益于高教体系建立针对性和切合实际的促进新农村建设的策略和途径，同学们可通过“三下乡”活动丰富自己的人生经历，还可以提升自身素质。

图 7-10 社团活动

图 7-11 “三下乡”活动

（四）国旗下的名师朝话

国旗下的名师朝话分为：名师朝话、名师朗读会和名师话信仰。名师朝话每周一次，清晨7：00(升旗仪式结束后）开始。每期邀请一位校内或校外知名专家给学生作一次专题讲话（图7-12)。讲话主题要紧紧围绕习近平新时代中国特色社会主义思想、社会主义核心价值观，内容可涉及理想信念追求、爱国主义教育、意志品质锻炼、行为习惯养成、学习方法改进、社会热点问题、学术文化研究等诸多方面，具体题目由朝话名师自行确定。名师朗读会、名师话信仰（图7-13)：每两周邀请一位教师、校友或优秀学生到现场给学生进行一次朗读鉴赏会。朗

图 7-12　党委委员、副校长屈中正主讲“国旗下的名师朝话”

图 7-13　团委办公室主任肖明主讲“名师朗读会”

读者选用精美的文字，结合自己的个人成长、情感体验、背景故事，用最平实的情感朗读出文字背后的价值。活动旨在实现以文化人以文育人的作用，通过有血有肉的真实人物情感、人生故事呈现出生命之美、文学之美和情感之美。朗读的文学作品需有益于学生的身心健康、积极正面、符合社会主义核心价值观。

（五）"迎新杯"篮球赛

"迎新杯"篮球赛在每年 10 ~ 11 月间举行，旨在进一步丰富我院学生的课余生活，提高我院学生的综合素质，激发培养学生的团结合作精神，促进学生身心健康发展，帮助新生尽快融入新的环境，促进班级之间的交流，展现我院学子积极向上的精神风貌（图 7-14）。赛事以二级学院为单位参赛，设初赛、淘汰赛、半决赛、决赛四个阶段，分男子组、女子组进行，分别设冠军、亚军、季军各 1 个及优秀组织奖 3 个、道德风尚奖 1 个。

图 7-14　2018 年"迎新杯"篮球赛

（六）"校友杯"排球赛

"校友杯"排球赛在每年 5 ~ 6 月间举行，旨在引导青年学生自觉践行社会主义核心价值观，进一步丰富我院同学们的课余生活，提高我院广大青年学生的团体意识，增强身体素质和竞技水平（图 7-15）。赛事以二级学院为单位参赛，设小组赛、半决赛、决赛三个阶段，分男子组、女子组进行，设冠军、亚军和季军各 1 个；设道德风尚奖 1 个；评选最佳球员 2 名。

（七）"读者服务推广月"活动

"读者服务推广月"活动每年 10 ~ 11 月举行，举办经典诵读竞赛、新生入馆教育、数字资源及服务平台推广、"十佳读者"评选、"服务之星"评选等活动（图 7-16）。旨在深化以读者为中心的服务理念，强化主动服务意识，不断提升图书馆的服务水平和服务质量，让广大师生更好地了解、利用图书馆的资源与服务，助推优良学风建设。

图 7-15　2015 年“校友杯”排球赛

7-16　“读者服务推广月”活动

第三节　荣誉与争优创新

一、荣誉评选与授予

根据《湖南环境生物职业技术学院学生评优评先管理办法》（湘环院字〔2018〕59 号文件）精神，全院全日制在籍学生和班集体均可参评，奖励类型分为：先进班集体、五四红旗团支部、三好学生、优秀学生干部、优秀毕业生、优秀共青团干部、优秀共青团员。所奖励的集体和个人均为院级先进集体和个人。

（一）先进班集体

1．评选比例。先进班集体评选比例为参评班集体的 5%。

2．评选条件：

先进班集体评选条件

（1）开展思想政治教育和班级活动好。根据学院安排，有计划、有组织地学习习近平新时代中国特色社会主义思想，培育社会主义核心价值观，理解掌握党和国家的政策。

（2）党团建设成效好。做好班级的团支部建设、推优、入党积极分子培养和学生党员发展等工作。入党积极分子和学生党员能发挥先锋模范作用。

（3）班委会的“四自管理”作用好。班委会组织健全，凝聚力强，学生干部以身作则、团结协作，积极开展各项工作。

（4）学习气氛浓厚，班风学风好。全班同学学习勤奋，学习态度端正，学风严谨，学业成绩优良率达 75% 及以上；积极参加各种知识技能类国家级考证考级（鉴定），通过率高。班级学习氛围良好，班级日常量化考核达到优秀等级。

（5）班级日常管理规范，凝聚力强。学生自觉遵守《高等学校学生行为准则》，遵守国家法律和学院各项规章制度。无违法行为，无重大违纪事件。课室、宿舍保持清洁，在评比中名列前茅，文明宿舍率超过 40%；班级组织机构健全，助人为乐氛围浓厚，同学之间团结友爱、和谐融洽；诚信评价考核优秀率 90% 以上。

（6）积极参加校园文化、科技、体育活动。学生积极参加各类学生活动，文体活动开展好，校内外获奖比例高；学生体质健康测试成绩及格率 90% 以上。

（7）凡有下列情况之一者，不能参加评选或取消其资格：一是发生过较大的不安全、不稳定事件；二是在学院的各项教学检查和其他检查中被点名通报批评的班级；三是班级诚信评价等级为 D 级超过 10%；四是有过打架现象的班级或有成员受到学院纪律处分且尚在处分期内者；五是凡参评材料弄虚作假者，一经发现，取消其评选资格，并不得参加下一年度的评选。

（二）五四红旗团支部

1．评选比例。五四红旗团支部评选比例为参评团支部的 20%。

2．评选条件：

五四红旗团支部评选条件

（1）政治理论学习和思想教育效果显著，主题教育扎实有效，支部成员遵纪守法，无违纪。

（2）团支部班子健全，分工明确，团结协作，凝聚力强。

（3）坚持“三会两制一课”制度，团费收缴及时，团员教育评议和推优工作民主、规范。

（4）支部学习风气好，两学期不及格率均低于所在学院平均不及格率。

（5）支部活动丰富多彩，主题团日活动扎实有效，每学年开展主题团日活动不少于 4 次。

（三）三好学生

1．评选比例。三好学生评选比例为参评人数的 20%。

2．评选条件：

三好学生评选条件

（1）在校学习满一学年及以上学生。

（2）遵守国家法律法规和校纪校规，自觉履行大学生在校期间应尽的义务，带头遵守大学生行为准则。

（3）通情达理，懂得感恩，尊敬师长，团结同学，文明礼貌，品行端正，勤俭节约，生活简朴，表率作用强。

（4）学习态度端正，勤于思考，善于钻研，勇于创新，年度综合素质测评成绩班级排名 30% 以内。

（5）积极参加集体活动和社会实践活动，有良好的卫生习惯及健康的心理素质，体育达到国家有关大学生体育锻炼标准。

（6）德、智、体、美、劳全面发展，积极参加学院志愿者活动，学年内各学期学生诚信评价等级为 A 等级。

（四）优秀学生干部

1．评选比例。优秀学生干部评选比例为参评人数的 20%。

2．评选条件：

优秀学生干部评选条件

（1）具有过硬的思想政治素质和良好的道德修养，热爱社会主义祖国，拥护中国共产党的领导，模范执行党的各项方针政策，自觉维护社会和学院的安定团结。

（2）遵守国家法律法规和校纪校规，自觉履行大学生在校期间应尽的义务；诚实守信，敢于担当，通情达理，品行端正，勤俭节约，以身作则，表率作用强。

（3）热爱集体，顾全大局，坚持原则，乐于奉献，方法得当，组织协调能力强，大胆创新，有显著成绩。

（4）能正确处理好学习与工作的关系，评选年度内学习成绩单科无不及格现象。

（5）担任学生干部时间满一年以上，当年学生干部工作考评为优秀。

（6）学年内各学期学生诚信评价等级为 A 等级。

（7）学院及二级学院学生组织主要成员可直接推荐参评。

（五）优秀毕业生

1．评选比例。优秀毕业生评选比例为参评人数的 20%。

2．评选条件：

优秀毕业生评选条件

（1）品学兼优，平均学年综合测评成绩名列班级前 30%。

（2）曾获“三好学生”或“优秀学生干部”称号。

（3）实习表现突出，深受用人单位好评，实习成绩优秀。

（4）在各类竞赛活动中成绩突出。

（5）学年内各学期学生诚信评价等级为 A 等级。

（六）优秀共青团干部

1．评选比例。优秀共青团干部评选比例为全院团支部干部总数的 10%。

2．评选条件：

优秀共青团干部评选条件

（1）参加各级青年马克思主义者培养工程、团校培训并结业。

（2）政治立场坚定，积极学习党的基本理论，具有较高的思想政治觉悟，年内无不及格现象。

（3）在共青团干部中工作成绩突出，能完成院团委、团总支交给的各项任务，并起到较好的引领示范作用。

（4）带头并引导同学关注团委官方微信公众账号、微博并组织同学积极参与希望工程“一元捐”、志愿者注册、志愿服务等相关活动。

（5）在符合优秀团员评选标准基础上，热心共青团工作，坚持原则，以身作则，在团员青年中具有影响力、号召力，担任团干时间一学期以上。所在支部被评为五四红旗团支部的可优先考虑。

（6）学院及二级学院团组织主要成员可直接推荐参评。

（七）优秀共青团员

1．评选比例。优秀共青团员评选比例为参评团员总数的 3%。

2．评选条件：

优秀共青团员评选条件

（1）参加各级青年马克思主义者培养工程、团校培训并结业。

（2）政治立场坚定，积极学习、宣传党的基本路线、方针、政策，思想觉悟高。

（3）在青年团员中表现突出，起到示范作用，学习成绩合格，具备较强的团员先进意识。

（4）积极参加团内各种活动，按时交纳团费，关注团委官方微信公众账号、微博并积极参与希望工程“一元捐”、志愿者注册、志愿服务等相关活动。

（5）学院及二级学院团组织主要成员可直接推荐参评。

各种荣誉称号将根据学生学年度德智体美劳综合素质测评的结果及学生所在班级（团支部）、二级学院（团总支）的推荐意见，按规定比例报送学生工作部（处）、团委审核，学院统一审批。评优表彰的时间为每年 10 月（五四红旗团支部、优秀共青团干部、优秀共青团员表彰时间为每年 5 月，优秀毕业生表彰时间为每年 6 月）。

三好学生、优秀学生干部、优秀共青团干部、优秀共青团员是我院年度优秀学生中的楷模，各专业按照学院要求应对三好学生、优秀学生干部、优秀共青团干部、优秀共青团员实施继续培养，加强管理，激励优秀学生更好地发挥模范表率作用。

已获荣誉称号的集体或个人，在校期间如因违反国家法律、校纪校规而受到警告及以上处分，或被查实有明显违背先锋模范带头作用的行为，学院有权撤销其荣誉称号。

二、创新创业大赛

（一）挑战杯

挑战杯是“挑战杯”全国大学生系列科技学术竞赛的简称，每年 5 月启动，是由共青团中央、中国科协、教育部和全国学联、地方省级人民政府共同主办的全国性的大学生课外学术科技创业类竞赛，承办高校为国内著名大学（图 7-17）。“挑战杯”竞赛在中国共有两个并列项目，一个是“挑战杯”全国大学生课外学术科技作品竞赛（大挑）；另一个则是“挑战杯”中国大学生创业计划竞赛（小挑）。这两个项目的全国竞赛交叉轮流开展，每个项目每两年举办一届。“挑战杯”系列竞赛被誉为中国大学生科技创新创业的“奥林匹克”盛会，是目前国内大学生最关注最热门的全国性竞赛，也是全国最具代表性、权威性、示范性、导向性的大学生竞赛。

图 7-17　我院学生参加湖南省“挑战杯”

“挑战杯”中国大学生创业计划竞赛（小挑），又称商业计划竞赛，是借用风险投资的运作模式，要求参赛者组成优势互补的竞赛小组，提出一项具有市场前景的技术、产品或者服务，并围绕这一技术、产品或服务，以获得风险投资为目的，完成一份完整、具体、深入的创业计划。“挑战杯”中国大学生创业计划竞赛采取学校、省（自治区、直辖市）和全国三级赛制，分预赛、复赛、决赛三个赛段进行。大力实施“科教兴国”战略，努力培养广大青年的创新、创业意识，造就一代符合未来挑战要求的高素质人才，已经成为实现中华民族伟大复兴的时代要求。作为学生科技活动的新载体，“挑战杯”中国大学生创业计划竞赛在培养复合型、创新型人才，促进高校产学研结合，推动国内风险投资体系建立方面发挥出越来越积极的作用。

“挑战杯”大学生课外学术科技作品竞赛，参赛作品一般分为三大类：自然科学类学术论文、社会科学类社会调查报告和学术论文、科技发明制作，凡在举办竞赛终审决赛的当年 7 月 1 日前正式注册的全日制非成人教育的各类高等院校的在校中国籍本专科生和硕士研究生、博士研究生（均不含在职研究生）都可申报参赛。每个学校选送参加竞赛的作品总数不得超过 6 件（每人只限报一件作品）、作品中研究生的作品不得超过 3 件，其中博士研究生作品不得超过 1 件。各类作品先经过省级选拔或发起院校直接报送至组委会，再由全国评审委员会对其进行预审，并最终评选出 80% 左右的参赛作品进入终审，终审的结果是，参赛的三类作品各有特等奖、一等奖、二等奖、三等奖且分别约占该类作品总数的 3%、8%、24% 和 65%。

（二）湖南黄炎培职业教育奖创业规划大赛

湖南黄炎培职业教育奖创业规划大赛由湖南省教育厅主办，每年 4 月启动。考查参赛作品的可行性、创新性和创业团队的创新意识、创业理念、协作精神等。大赛以申报评审书为比赛主要载体，相关附件和实物产品为支撑，辅以创业实践、现场答辩等其他多种比赛形式（图 7-18）。分中职组和高职组两个组别，中职组参赛作品为一个创业点，高职组参赛作品可以是一个已经实施的创业项目，也可以是一个创业规划。参赛作品的选题、核心部分的构思设计、申报评审书的撰写均应由学生完成；参赛作品必须按照要求向大赛组委会提交全部资料，相关细节应作详细说明；参赛作品使用别人已经注册的知识产权内容，申报时应注明出处。

图 7-18 湖南黄炎培职业教育奖创业规划大赛校内选拔赛

竞赛分竞赛奖、优秀教师奖、竞赛组织奖三大类。

1．竞赛奖。高职设一、二、三等奖和优胜奖，其中一等奖 4 名，二等奖 8 名，三等奖若干名。对特别优秀的作品可颁发特等奖。所有参加省大赛的作品，经大赛评审委员会审查合格都可以获得优胜奖。获得一等奖的作品，将择优推荐参加 2018 年中华职业教育创新创业大赛。

2．指导教师奖。对获奖作品的指导教师颁发同等级的指导教师奖。

3．竞赛组织奖 10 名。对在大赛组织工作中表现突出的参赛单位进行表彰。主要依据参赛的组织规模、送审作品的质量、申报材料报送是否及时、申报材料是否规范及参赛单位获奖等情况评定。高职组组织奖评奖对象主要为高职高专学院。

（三）中国“互联网＋”大学生创新创业大赛

中国“互联网＋”大学生创新创业大赛由教育部主办，每年3月启动，参赛项目能够将移动互联网、云计算、大数据、人工智能、物联网等新一代信息技术与经济社会各领域紧密结合，培育新产品、新服务、新业态、新模式；发挥互联网在促进产业升级以及信息化和工业化深度融合中的作用，促进制造业、农业、能源、环保等产业转型升级；发挥互联网在社会服务中的作用，创新网络化服务模式，促进互联网与教育、医疗、交通、金融、消费生活等领域深度融合（图7-19）。

图7-19　中国“互联网＋”大学生创新创业大赛

大赛分为创意组、初创组、成长组、师生共创组。

1．创意组。参赛项目具有较好的创意和较为成型的产品原型或服务模式，在当年5月31日（以下时间均包含当日）前尚未完成工商登记注册。参赛申报人须为团队负责人，须为我院在校生。

2．初创组。参赛项目工商登记注册未满3年，且获机构或个人股权投资不超过1轮次。参赛申报人须为初创企业法人代表，须为我院在校生，或毕业5年以内的毕业生。企业法人在大赛通知发布之日后进行变更的不予认可。

3．成长组。参赛项目工商登记注册3年以上；或工商登记注册未满3年，且获机构或个人股权投资2轮次以上（含2轮次）。参赛申报人须为企业法人代表，须为我院在校生，或毕业5年以内的毕业生。企业法人在大赛通知发布之日后进行变更的不予认可。

4．师生共创组。参赛项目中高校教师持股比例大于学生持股比例的只能参加师生共创组，并符合以下条件：①参赛项目必须注册成立公司，且公司注册年限不超过5年，师生均可为公司法人代表。参赛项目中的教师须为高校在编教师。参赛项目的股权结构中，师生股权合并计算不低于51%，且学生参赛成员合计股份不低于10%。②参赛申报人须为我院在校专科生或毕业5年以内的毕业生。

该赛事采用校级初赛、省级复赛、全国总决赛三级赛制。校级初赛由各高校负责组织，省级复赛由各省（区、市）负责组织，全国总决赛由各省（区、市）按照大赛组委会确定的配额择优遴选推荐项目。大赛组委会将综合考虑各省（区、市）报名团队数、参赛高校数和创新创业教育工作情况等因素分配全国总决赛名额。

（四）衡阳市大学生科技创新大赛

衡阳市大学生科技创新大赛是中共衡阳市委、市政府主办，市科协承办，各驻衡高校协同参与的一项科技创新竞赛活动，是驻衡高校大学生学术科技创新盛会（图 7-20），每年 12 月启动。

图 7-20 衡阳市大学生科技创新大赛

参赛类别分实用技术类、理论研究类两大类。

1．实用技术类。在城市建设、工农业生产、医药卫生等方面，通过对工艺流程、材料设备、操作方法等提出的适于实用的新的技术方案或构想，实现提高效率、扩展功能的效果，具有一定可预见的经济、社会效益，便于使用或投入生产的创新发明项目。作品必须有原理构造说明材料及图表资料。

2．理论研究类。在自然科学领域或交叉学科领域的探索研究中取得的创新性的成果，或在解决科学技术问题中提出具有创新的思想与方法，为实现技术创新或系统集成提供理论基础的各类论文。或综合地运用决策理论、系统方法和计算技术等知识和手段，从经济、科学、技术、管理、教育等各个社会环节之间的内在联系入手，研究其规律性，为有关的发展战略、方针政策、规划设计和组织管理等提供科学决策依据的项目。

大赛固定奖项为：实用技术类设一等奖 2 个，二等奖 4 个，三等奖 8 个；理论研究类设一等奖 2 个，二等奖 4 个，三等奖 8 个。获得一等奖的项目每个奖励 10000 元，二等奖 5000 元，三等奖 3000 元。视情况设鼓励奖，奖金每个 1000 元。大赛可产生特等奖，即对于在应用研究中或在科学理论上有重大创新和突破，能够解决衡阳经济发展中关键技术问题或重要学术理论的项目，经大赛评委会一致认定，可破格评为特等奖。

第八章　新的模式：管理与服务

习近平总书记指出，高校党委要按照政治要强、情怀要深、思维要新、视野要广、自律要严、人格要正的要求，着力加强思政课教师队伍建设。配强配精思政课教师，大胆采用多种形式和手段，认真组织所有思政课教师及时学习党的重大理论，读懂弄通习近平新时代中国特色社会主义思想，引导督促思政课教师正确发声、大胆发声，努力实现用高尚的人格感染学生，用真理的力量感召学生，以深厚的理论功底赢得学生，抓住“拔节孕穗期”，上好思想政治课，引导学生“扣好人生第一粒扣子”。

这既是对高校思政课老师的要求，也是对全体高校管理岗位、教师岗位和服务岗位人员的要求。

第一节　学生管理

一、学生的权利与义务

基本的法理知识表明，任何人有权利肯定有义务，不可能存在只享受权利不履行义务的人，也不可能只让你履行义务而不给你权利（受到剥夺权利法律制裁的除外）。

（一）权利

根据国家法律法规以及教育部文件要求，学生在校期间依法享有下列权利：

1．参加学院教育教学计划安排的各项活动，使用学院提供的教育教学资源。

2．参加社会实践、志愿服务、勤工助学、文娱体育及科技文化创新等活动，获得就业创业指导和服务。

3．申请奖学金、助学金、助学贷款。

4．在思想品德、学业成绩等方面获得科学、公正评价，完成学院规定学业后获得相应的学历证书。

5．在校内组织、参加学生团体，以适当方式参与学院管理，对学院与学生权益相关事务享有知情权、参与权、表达权和监督权。

6．对学院给予的处理或者处分有异议，可以向学生申诉委员会、教育行政部门提出申诉，对学院或教职员工侵犯其人身权、财产权等合法权益的行为，可以向学院关心下一代工作委员会提出申诉或者依法提起诉讼。

7．法律、法规及学院章程规定的其他权利。

（二）义务

学生在校期间依法履行下列义务：

1．遵守宪法和法律、法规。

2．遵守学院章程和规章制度。

3．恪守学术道德，完成规定学业。

4．按规定缴纳学费及有关费用，履行获得贷学金及助学金的相应义务。

5．遵守学生行为规范，尊敬师长，养成良好的思想品德和行为习惯。

6．法律、法规及学院章程规定的其他义务。

二、有关行为规范

（一）住宿行为规范

1．在校学生应按指定寝室和床位住宿，不得擅自占用、出租、借宿、留宿、调整学生寝室及床位，未经批准不得进入异性寝室。如有特殊情况需调换寝室或床位者，需经学生工作部批准，到学生公寓管理科办理手续后方可进行。寒暑假期间学生原则上不留校住宿，确有特殊原因需留校住宿者，需按照学院有关规定办理登记手续。学校因公寓维修、改造、建设、功能区划改变等需对寝室安排进行调整的，住宿学生应予积极配合，服从统一安排。

2．学生不得私自调换寝室门锁或加装门锁，不得将钥匙借予非本寝室成员使用。私自调换或加装的，学院有权拆除，并追究其相关责任。

3．学生因休学、退学、赴国（境）内外高校交流交换学习、肄业、毕业等原因离校，应凭学校相关部门开具的证明到学生公寓管理科办理退宿手续，并在规定时间内搬离寝室。延长学制学生需要继续住宿者，需向学院提出申请并办理延长住宿手续。

4．学生自觉遵守请假制度和作息制度。除学院、二级学院统一安排的集体活动外，学生因回家等原因，不能返校就寝者（包括双休日和节假日），事先应向二级学院办理请假手续，获准后方可离校。晚上学生必须在22：30以前回寝室就寝，不得夜不归宿。因特殊原因迟归晚出者，须凭本人证件向公寓管理员说明情况，进行登记后方可进出公寓。

5．学生不得擅自校外租房或回家住宿。如确有特殊原因，必须填写《湖南环境生物职业技术学院校外住宿申请审批表》和签订《校外住宿安全责任状》，经家长同意签字，所在二级学院批准，方可在校外居住。学生必须承诺在校外住宿期间遵守相应的法律、法规及学院规章制度，对自己的行为负责，同时加强个人人身及财产安全的自我保护，主动加强与二级学院的联系。二级学院辅导员及班主任应当掌握在外居住学生的有效信息和通讯方式，定期了解校外住宿学生的情况。

6．学院按物价主管部门批准的收费标准进行收费，住宿学生应及时缴纳住宿费及水电费等。寝室实行一室一电表、一水表制，住宿学生每月每人由学院补贴5度电、3吨水，超过额度的费用由寝室成员分担，逾期未交付的，智能化管理系统将自动断水断电。

7．学生提前毕业、经批准转学，因病休学、退学等，所缴住宿费按学生实际在校时间计算退还。学生如因退宿或寝室调整需要退还住宿费的，须凭学院开具的相关证明或相关审批单到学院学生公寓管理科办理退宿手续。

（二）公共秩序规范

1．学生须遵守公共秩序，不得在学生公寓区域内吵闹、影响他人正常学习生活。不得有赌博、酗酒、吸烟、吸毒、结伙滋事、打架斗殴及其他危及他人人身安全的违法、违规、违纪活动，不得扰乱公寓管理秩序。

2．学生不得损坏和拆卸学生公寓内的公共设施和公共财物，不得擅自在墙壁和家具上刻写涂画，损坏者须照价赔偿。学生应爱护公寓区的绿化环境，不得损毁花草树木，不得损坏绿化设施。

3．学生应自觉维护公寓区的环境秩序，未经公寓管理部门批准，不得张贴各类宣传品。保持学生公寓楼道畅通，不得在公寓楼道内堆放杂物，不得在公寓内停放自行车、电瓶车等交通工具。

4．学院提倡并支持学生在公寓内开展经批准的，有益于身心健康的学术科技、文化体育等活动，营造和谐、有序、健康、向上的学生集体生活氛围，但不得影响他人的正常学习和生活。

5．除在学生公寓管理科备案的参观、检查人员外，所有来访人员须在公寓值班室进行登记，出示有关证件，在门厅等候、会客。特殊情况须经公寓管理人员同意并交押证件后，方可进入被访学生寝室。

（三）安全行为规范

1．不得从事非法集会、游行，不得观看、下载、传播非法信息等破坏安定团结、危害国家安全的行为；不得利用网络从事攻击、入侵、窃密等网络违法犯罪行为；不得在公寓内进行宗教活动，严禁宗教行为、宗教言论、宗教服饰等进公寓。

2．学生应遵守治安法律、法规，维护学生公寓的安全。学生应提高警惕，外出随手关好寝室门窗，抵制上门推销，提高网络转账等防骗意识，自觉做好防盗、防骗、防火、防破坏、防自然灾害等工作，发现安全隐患和违法犯罪行为，及时向有关部门报告。

3．学生应自觉维护自身和他人人身财产安全。不得翻越公寓围墙、攀爬阳台、栏杆；不得在公寓内燃放烟花爆竹、焚烧物品和烧煮食物；不得饲养猫狗兔鼠蛇等宠物；不得携带危险刀具、易燃、易爆、各种有毒危险物品或其他违规物品进入公寓；不得有其他危及他人人身安全或有可能引发公共卫生事件的行为。

4．不得损坏、挪用或者擅自拆除、停用消防设施、器材；不得埋压、圈占、遮挡消火栓；不得占用、堵塞、封闭疏散通道、安全出口；不得擅自拆除、迁移、自增公寓内的供电线路及设施；不得在寝室内外私拉乱接电线，不得使用未带断电保护按钮的电源延长线（接线板）；人员离开寝室时应及时关闭电源延长线（接线板）的电源开关，不得将手机、电脑、空调、电风扇、排气扇等电器的电源线或充电器处于运作状态。公寓发生供电线路故障时，须及时报告总务部门。

5．学生寝室内允许使用的电器有：电蚊香、暖手（脚）宝、台灯、充电器、收放机、电脑、打印机、扫描仪、电吹风、电风扇、电水壶，其中电水壶的功率须为1000瓦以下且具备防干烧及自动断电功能，其他电器的功率须为800瓦以下。以上电器均应从正规渠道购买且为通过3C认证、质量过硬的合格产品，不得使用“三无”（无中文标志、无厂名、无厂址）电器产品。上述学院规定允许使用的电器中，功率大于300瓦的，须以寝室为单位，于每学期开学后2周内或新购置电器后1周内到公寓管理办公室签署《学生寝室电器安全使用承诺书》，并领取、张贴安全用电标志。

6．不得在寝室存放或使用“热得快”、电热杯、电饭煲、电热毯、烘鞋器、取暖器、电磁炉、紫砂锅、豆浆机、咖啡机、直板夹、卷发棒、电炉、电火锅、微波炉、煮蛋器、加湿器等违规电器和禁用的大功率电器。因煎药等特殊原因可持医院证明到片区公寓管理科办公室办理使用手续。对未在规定内的新兴电器，不论功率大小，一律严格按照要求在规定期间内进行审批，审批同意方可使用，未经审批或审批未通过一律不能使用并不得存放在寝室。学生如有违反上述第二十五条、第二十六条相关规定，未造成不良后果的，发现1次给予通报批评，累计2次给予严重警告处分；造成不良后果的，视后果程度，给予记过至留校察看处分；后果特别严重的，给予开除学籍处分。违章物品由片区公寓管理办公室予以代管。

7．不得在阳台、走廊护栏用重物压晒衣物，不得在无防盗网的阳台、走廊摆放花盆或容易下坠伤人的重物，不得向窗外和阳台外抛砸垃圾、泼倒茶水等。

（四）卫生行为规范

宿舍成员自觉做好宿舍日常内务和外部环境卫生清扫，寝室长负责安排和督促值日工作，宿舍成员有义务保持自己物品的整齐和卫生。严禁“白色垃圾”进宿舍，严禁宿舍门口堆放垃圾，自觉把垃圾倒放到指定地点；操作规范符合《湖南环境生物职业技术学院“生态文明宿舍”建设考评细则》规定。

第二节 学籍管理

一、学籍的取得

（一）入学注册

1．按国家招生规定录取的新生，持录取通知书，按《湖南环境生物职业技术学院学籍管理办法》到校办理入学手续。因故不能按期入学的，应当向学院请假。未请假或者请假逾期的，除因不可抗力等正当事由以外，视为放弃入学资格。

2．学院在报到时对新生入学资格进行初步审查，审查合格的办理入学手续，予以注册学籍；审查发现新生的录取通知、考生信息等证明材料，与本人实际情况不符，或者有其他违反国家招生考试规定情形的，取消入学资格。

3．学生入学后，学院在3个月内按照国家招生规定及《湖南环境生物职业技术学院学籍管理办法》进行复查。

知识拓展

复查的主要内容

①录取手续及程序等是否合乎国家招生规定。

②所获得的录取资格是否真实、合乎相关规定。

③本人及身份证明与录取通知、考生档案等是否一致。

④身心健康状况是否符合报考专业或者专业类别体检要求，能否保证在校正常学习、生活。

⑤艺术、体育等特殊类型录取学生的专业水平是否符合录取要求。

复查中发现学生存在弄虚作假、徇私舞弊等情形的，确定为复查不合格，取消学籍；情节严重的，学院将移交有关部门调查处理。复查中发现学生身心状况不适宜在校学习，经学院指定的二级甲等以上医院诊断，需要在家休养的，可以申请保留入学资格。

（二）保留学籍

新生可以申请保留入学资格。保留入学资格期间不具有学籍。保留入学资格的条件指新生在健康复查中，发现有某种疾病，经医疗单位诊断在短期内可以治疗，或新生创业等其他原因，经学院批准，保留入学资格。根据现行规定，保留入学资格以2年为限。新生和在校学生应征参加中国人民解放军，提供《应征入伍普通高等学院录取新生保留入学资格申请表》原件和入伍通知书彩印件，学院可保留其入学资格或者学籍至退役后2年，应征入伍保留学籍的最长期限为8年，期满后如本人未办理复学手续，作退学处理；学生参加学院组织的跨校联合培养项目，在联合培养学校学习期间，学院同时为其保留学籍。学生保留学籍期间，与其实际所在的部队、学院等组织建立有效管理关系。

新生保留入学资格期满前应向学院申请入学，经学院审查合格后，办理入学手续，保留入学资格的学生不享受在校生待遇。审查不合格的，取消入学资格；逾期不办理入学手续且未有因不可抗力延迟等正当理由的，视为放弃入学资格。

（三）中期注册

每学期开学时，学生应当按《湖南环境生物职业技术学院学籍管理办法》办理注册手续。

不能如期注册的，应当履行暂缓注册手续。未按学院规定缴纳学费或者有其他不符合注册条件的，不予注册。

家庭经济困难的学生可以申请助学贷款或者其他形式资助，办理有关手续后注册。学院按照国家有关规定为家庭经济困难学生提供教育救助，完善学生资助体系，保证学生不因家庭经济困难而放弃学业。

（四）毕业注册

符合毕业条件的，由招生就业处学籍科统一到省教育厅办理注册，办理注册后，才能将学生毕业证的有关信息上传学信网。

二、转专业与转学

（一）转专业

1．学生入校取得学籍后，三年制大专在第二学期初，因特殊情况（疾病、致残等）或对其他专业有兴趣和专长的，可以申请一次转专业，其他学制、年级或其他情况一律不允许调整专业；以特殊招生形式录取的学生，国家有相关规定或者录取前与学院有明确约定的，不得转专业。学院根据社会对人才需求情况的发展变化，需要适当调整专业的，可允许在读学生转到其他相关专业就读。

2．可以提出转专业申请和不得转专业的情形。

符合转专业的条件

①遵守学院规章制度，没有违反校纪校规的行为，且第一学期单科文化课成绩均在75分以上者。

②学生入学后发现某种疾病或生理缺陷，经学院指定的三甲以上医院诊断证明，不能在其原专业学习，但尚能在学院其他专业学习者。

③经二级教学院部认可，提供相应证明材料，学生确有某种特殊原因，无法继续在本专业学习者。

④休学创业或退役后复学的学生，因自身情况需要转专业的，学院优先考虑。

以下情形原则上不能转专业

①文科类专业转理科类专业（文理兼招除外）。

②单独招生录取、提前批录取的学生。

③非医卫类专业转入医卫类专业。

④职高对口类跨大类转专业的学生。

⑤降分录取的特殊类型专业学生转入非降分录取专业。

⑥以特殊招生形式录取的学生，国家有相关规定或者录取前与学院有明确约定的学生。

⑦其他无正当理由者。

转专业手续受理时间：三年制大专只能在第二学期开学第三周前办理完相关手续。

3．转专业办理的流程见图8-1。

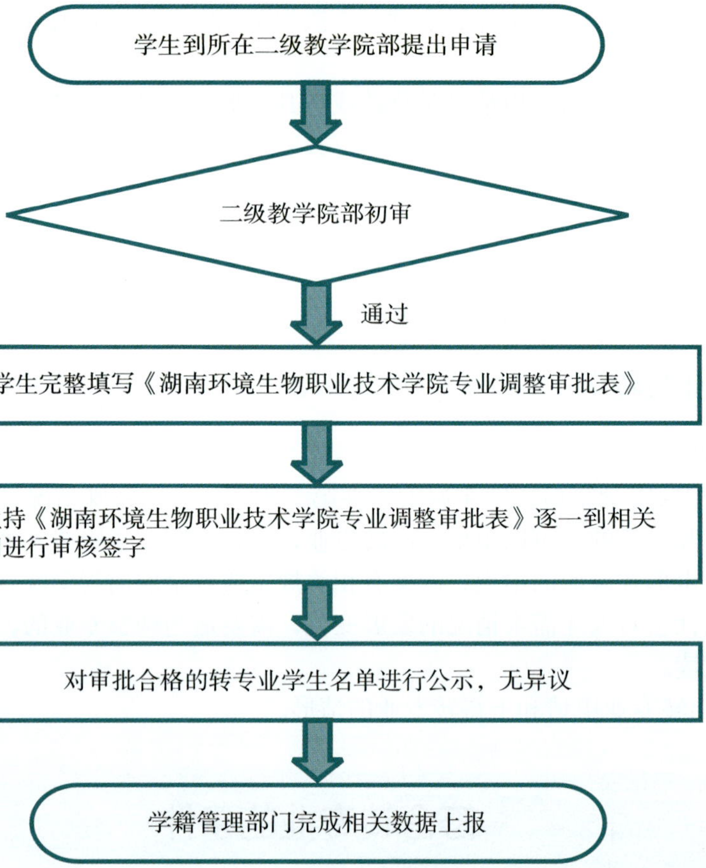

图 8-1　转专业办理流程图

（二）转学

学生一般在学院完成学业。因患病或者有特殊困难、特别需要，无法继续在学院学习或者不适应学院学习要求的，可以申请转学。学生转学由学生本人提出申请，说明理由，经所在学校和拟转入学校同意，由转入学校负责审核转学条件及相关证明，认为符合学校培养要求且学校有培养能力的，经学院院长专题办公会或者专题会议研究决定，可以转入。

跨省转学的，由转出地省级教育行政部门转入地省级教育行政部门，按转学条件确认后办理转学手续。须转户口的由转入地省级教育行政部门将有关文件抄送转入学校所在地的公安机关。

学院按照国家有关规定，对转学情况及时进行公示，并在转学完成后 3 个月内，由转入学校报所在地省级教育行政部门备案。

知识拓展

有下列情形之一的不得转学

①入学未满一学期或者毕业前一年的。

②高考成绩低于拟转入学校相关专业同一生源地相应年份录取成绩的。

③由低学历层次转为高学历层次的。

④以定向就业招生录取的。

⑤无正当转学理由的。

三、休学与复学

（一）休学

学生可以分阶段完成学业，除另有规定外，学生的最长学习年限（含休学和保留学籍）为学生学制年限再加 2 年，休学创业的学生最长学习年限 6 年。学生必须在规定的最长学习年限内完成学业。学生申请休学或者学院认为应当休学的，经学生申请或学院批准，可以休学。休学次数为 1 次，期限最长 2 年。

知识拓展

学生有下列情形可以休学

①因伤、病经三级甲等以上医院确诊，应停课治疗、休养时间占一学期总学时三分之一以上。

②一学期请假超过该学期总学时三分之一。

③因特殊原因（创业、工作实践、厌学等），本人申请或学院认为应当休学。

休学学生应向所在二级教学院部提出休学申请，领取《湖南环境生物职业技术学院休学审批表》，办理手续离校。学生休学期间，学院为其保留学籍，但不享受在校学习学生待遇。因病休学学生的医疗费按国家及当地的有关规定处理。

学生应在休学期满前 15 个工作日内向学生所在二级教学院部提出复学申请，领取《湖南环境生物职业技术学院复学审批表》，并将表格填写完整，经学院相关部门复查合格，方可复学；因伤、病休学者，申请复学时还应当持三级甲等以上医院开具的康复证明。

（二）复学

学生复学按下列规定流程办理：

1. 复学手续办理时间为复学期限内的每周的工作日，其他时间一律不办理。
2. 复学学生本人到二级学院领取《湖南环境生物职业技术学院复学审批表》填写。因病休学者复学，应当提交医院体检合格意见。
3. 审批表分别由教学院部、学生处、招生就业处、财务处、分管院领导审批。
4. 招生就业处学籍管理科将审批表以 OA 的形式下文，由党政办公室发文。
5. 招生就业处学籍管理科将该同学做学籍异动信息上报学信网备案。

四、退学

学生本人申请退学的，经学院审核同意后，办理退学手续。学生每学年所修课程经补考后仍有 6 门及以上未及格者，应当退学。但值同学们警惕的是，学院 2018 年在全国打响“严进严出”第一枪，对补考后成绩依然不及格的，学校退学 22 人，彻底废除“清考（等到毕业时一次性补考的俗称）”（图 8-2）。

知识拓展

学院可予退学处理的情形

①学业成绩未达到学院要求或者在学院规定的学习年限内未完成学业的。

②休学、保留学籍期满，在学院规定期限内未提出复学申请或者申请复学经复查不

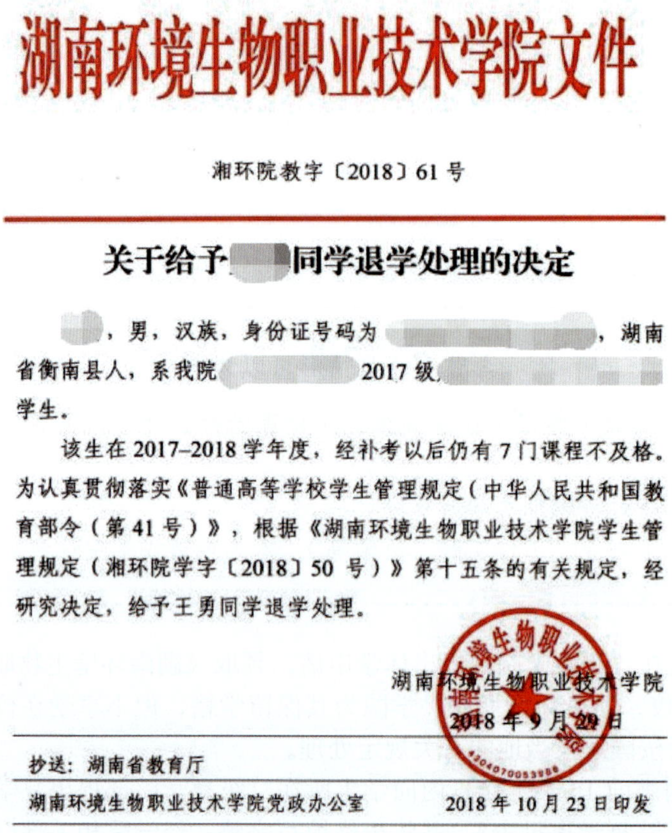

湖南环境生物职业技术学院文件

湘环院教字〔2018〕61号

关于给予[redacted]同学退学处理的决定

[redacted]，男，汉族，身份证号码为[redacted]，湖南省衡南县人，系我院[redacted]2017级[redacted]学生。

该生在2017–2018学年度，经补考以后仍有7门课程不及格。为认真贯彻落实《普通高等学校学生管理规定（中华人民共和国教育部令（第41号）》，根据《湖南环境生物职业技术学院学生管理规定（湘环院学字〔2018〕50号）》第十五条的有关规定，经研究决定，给予王勇同学退学处理。

湖南环境生物职业技术学院

2018年9月29日

抄送：湖南省教育厅

湖南环境生物职业技术学院党政办公室　　2018年10月23日印发

图8-2　学院2018年给予某同学的退学文件

合格的。

③根据学院指定医院诊断，患有疾病或者意外伤残不能继续在校学习的。

④未经批准连续两周未参加学院规定的教学活动的。

⑤超过学院规定期限未注册而又未履行暂缓注册手续的。

⑥学院规定的不能完成学业、应予退学的其他情形。

退学学生，应当按《湖南环境生物职业技术学院学籍管理办法》规定期限办理退学手续离校。退学学生的档案由学院退回其家庭所在地，户口按照国家相关规定迁回原户籍地或者家庭户籍所在地，退学办理流程见图8-3。

五、留级

学生每学年所修课程经补考后仍有有4～5门未及格者，应当留级。2018年，学院留级44人（图8-4）。

六、毕业与结业

（一）毕业生

学生在学院规定学习年限内，修完教育教学计划规定内容，成绩合格，达到学院毕业要求

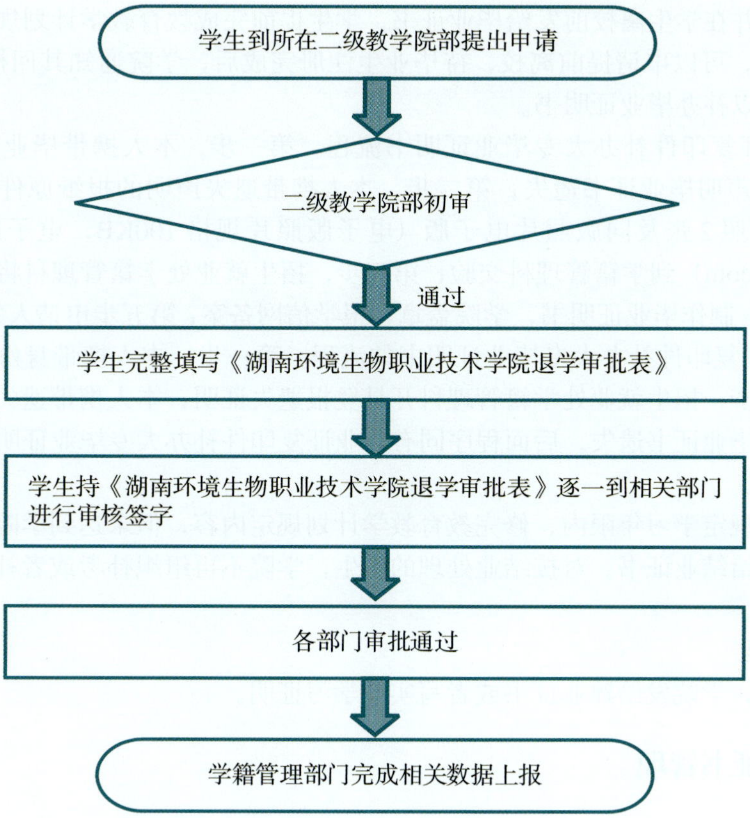

图 8-3　退学办理流程图

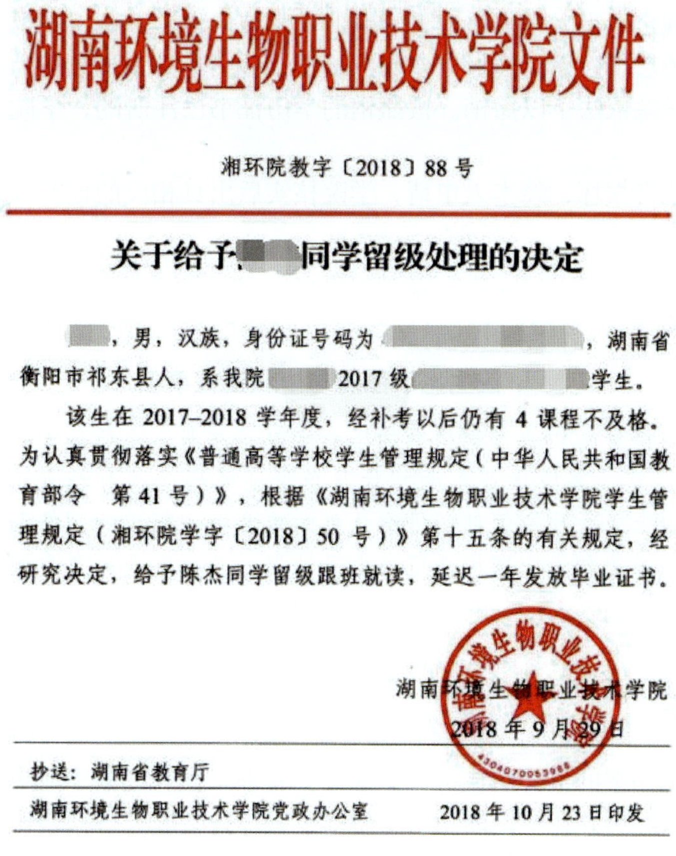

湖南环境生物职业技术学院文件

湘环院教字〔2018〕88 号

关于给予[illegible]同学留级处理的决定

[illegible]，男，汉族，身份证号码为[illegible]，湖南省衡阳市祁东县人，系我院[illegible]2017 级[illegible]学生。

该生在 2017–2018 学年度，经补考以后仍有 4 课程不及格。为认真贯彻落实《普通高等学校学生管理规定（中华人民共和国教育部令　第 41 号）》，根据《湖南环境生物职业技术学院学生管理规定（湘环院学字〔2018〕50 号）》第十五条的有关规定，经研究决定，给予陈杰同学留级跟班就读，延迟一年发放毕业证书。

湖南环境生物职业技术学院

2018 年 9 月 29 日

抄送：湖南省教育厅

湖南环境生物职业技术学院党政办公室　　2018 年 10 月 23 日印发

图 8-4　学院 2018 年给予某同学的留级文件

的，准予毕业，并在学生离校前发给毕业证书。学生提前完成教育教学计划规定内容，获得毕业所要求的学分，可以申请提前离校，待毕业生注册完成后，学院通知其回校领取毕业证书。毕业证遗失的可以补办毕业证明书。

1．有毕业证复印件补办大专毕业证明书流程。第一步，本人携带毕业证复印件到市级以上报社，登报声明毕业证书遗失；第二步，本人携带遗失声明的报纸原件、身份证原件及蓝底2寸免冠近照2张及同版照片电子版（电子版照片规格100KB，电子版照片请发邮箱1440787466@qq.com）到学籍管理科交验；第三步，招生就业处学籍管理科将材料上报省教育厅审核；第四步，制作毕业证明书，学院盖章，报学信网备案；第五步申请人领取毕业证明书。

2．无毕业证复印件补办大专毕业证明书的流程。第一步，本人携带身份证原件到学籍管理科交验；第二步，招生就业处学籍管理科开具登报遗失证明；本人携带遗失证明到市级以上报社，登报声明毕业证书遗失。后面程序同有毕业证复印件补办大专毕业证明书流程。

（二）结业证

学生在学院规定学习年限内，修完教育教学计划规定内容，但未达到学院毕业要求的，学院准予结业，发给结业证书。对按结业处理的学生，学院不再组织补考或者补作毕业设计，不再颁发毕业证书。

（三）肄业证

对退学学生，学院发给肄业证书或者写实性学习证明。

七、学业证书管理

学院严格按照招生时确定的办学类型和学习形式，以及学生招生录取时填报的个人信息，填写、颁发学历证书及其他学业证书。学生在校期间变更姓名、出生日期等证书需填写的个人信息的，要有合理、充分的理由，并提供有法定效力的相应证明文件。

违反国家招生规定取得入学资格或者学籍的，学院取消其学籍，不得发给学历证书；已发的学历证书，学院依法予以撤销。对以作弊、剽窃、抄袭等学术不端行为或者其他不正当手段获得学历证书的，学院依法予以撤销。被撤销的学历证书已注册的，学院予以注销并报教育行政部门宣布无效。

学历证书遗失或者损坏，经本人申请，学院核实后出具相应的证明书。证明书与原证书具有同等效力。

知识拓展

毕业生电子注册与毕业证书事项

①所有毕业生信息必须通过学信网的毕业生电子注册，注册后方可发放毕业证书。

②按教育部规定，高校毕业生的相片及身份证号码必须和毕业证书一起电子注册，毕业生必须参加由上级行政主管部门批准认可的单位统一组织的图像采集。

③毕业生图像采集和大中职毕业证书电子注册由招生就业处负责组织。

八、学生档案

学生档案是人事档案的重要组成部分，是学生管理工作和选派毕业生的重要依据。学生档案主要包括学生个人经历和在校期间学习、生活、参加社会服务（社会实践）等各方面的表现以及具有重要保存价值的图文和影视材料，是学院和社会全面了解、考察学生情况以及国家和社会选拔人才、使用人才的重要依据。

（一）学生档案管理

1．在校学生档案管理。新生入校后一个月内将本人高中档案移交各二级院部保管；学生在校期间，档案由学生工作部统筹各二级院部进行管理。学生毕业前，各二级院部负责指导学生填写并完善档案相关材料，查验确保档案资料齐全、完整、准确。

2．中途离校学生档案管理。对于中途由于某种原因不能继续在学院学习完成学业的学生，学籍管理科负责如实记录，以备查验。

3．毕业生档案管理。毕业生的档案整理工作应在学生毕业当年暑期前全部整理完毕，确保学生档案资料真实、齐全、完备；毕业生档案由学生工作部负责封口并盖好骑缝章。大专学生档案原则上不允许自带，如急需调取档案，可等档案整理完毕后由毕业生本人凭调档函及身份证原件到招生就业处办理；三年制中专毕业生档案由毕业生本人凭调档函及身份证原件到学生工作部档案室办理。

（二）学生档案材料

放入学生档案袋的材料

①各类登记表：高等学校毕业生登记表、实习鉴定表。
②学习成绩表。
③团组织材料：入团相关材料或可供组织参考的其他材料。
④奖励材料：含三好学生、优秀团员、奖学金和优秀干部等。
⑤处分类材料：院级处分决定或接触处分的意见材料等。
⑥大学生综合素质测评表。
⑦毕业生体检表。
⑧其他材料：高中档案、录取简明登记表等。

九、保险理赔

（一）理赔需提供的单证

1．通用单证。身份证和银行账号复印件、院部事故证明、联系方式。

2．门诊案件。包括门诊发票（必须为电脑打印发票，手工发票无法索赔）；门诊或急诊病历本；检查报告单。

3．住院案件。包括住院发票（必须为电脑打印发票，手工发票无法索赔）；如已在农合或医保报销的，须提供农合或医保的结算清单（必须要有农合或医保的红色印章）；诊断证明书；复印住院病案首页、入院记录、出院记录、手术记录（未手术不提供）、影像学检查（含X线、CT、MRI、B超等）报告单；打印住院费用总清单。

4．死亡案件。包括户籍注销证明、医学死亡证明、尸检报告、火化证明（四项中必须提供两项）；第一继承人（父母、配偶、子女）关系证明（如果都在一个户籍下可以提供户口本复印件、如果不在一个户籍下须提供当地派出所证明）；授权委托书（领取保险金的直系亲属，需要其他第一继承人授权委托）。

（二）理赔程序

学生出险后，辅导员老师第一时间联系学生工作部管理保险的老师报案（二级学院提供证明材料）

↓

学生进行治疗后将保险理赔材料交到学生工作部（体育馆404）

↓

学生工作部联系保险公司进行保险理赔

↓

保险公司理赔后学生工作部对学生进行回访

第三节　违纪处分

对有违反法律法规、本院规定以及学院纪律行为的学生，学院依据《湖南环境生物职业技术学院学生违纪处理办法》给予批评教育，并可视情节轻重，给予如下纪律处分。

一、处理形式

学生违纪处理分为赔偿、停发奖学金、批评（包括公开批评和通报批评）、处分（包括警告、严重警告、记过、留校察看、开除学籍五个等级）共四种。违纪造成他人人身、财产损害或公私财物损失，在给予相应处分的同时，责令赔偿。

知识拓展

可酌情从轻或减轻处分的情形

①在履行学生活动过程中，因过失或其他特殊原因违纪。
②主动终止违纪行为。
③主动承认错误。
④积极主动配合学院调查处理。
⑤有立功表现。

知识拓展

从重处分的情形

①违纪事件的组织者、策划者和主要负责人。
②后果严重，影响恶劣。
③屡教不改，重犯同类错误。

④态度恶劣，侮辱打骂教师和管理人员。
⑤违反多项纪律或违纪待处理期间有新的违纪行为。
⑥打击报复批评人或检举揭发者。
⑦在涉外、校外以及学校举行重大活动中违纪。

毕业班的学生受留校察看处分者，不准予毕业，只发给结业证书，待其工作满一年后经本人申请，所在工作单位证明确已改正错误，且表现很好，可补发毕业证书。

二、处分规定

（一）赔偿与停发奖学金

1．违章或违纪造成公私财物损失或人身伤害者，赔偿全部直接经济损失。如受伤需做法医鉴定者，须有关部门法定程序进行；需要就医或特殊检查的，须经学院医务室或相关职能部门同意。

2．因违纪导致自身财物损失或人身伤害者，责任自负。

3．经学生工作管理委员会研究，做出停发奖学金处理的决定后，即暂停奖助学金发放。

（二）违反政治法律

1．不尊重不同民族的风俗习惯，损害民族团结者，给予严重警告处分。

2．未经批准成立学院内或跨院各种团体（组织），创办面向校内、外的各种刊物、举办各种不健康的沙龙、演讲，邀请校外人员到学校进行政治活动，对主要责任者给予通报批评；如造成不良后果，酌情给予警告或警告以上处分。

3．观看、传播、编辑、复制有淫秽、封建迷信、邪教等内容的音、影、像制作及其他非法出版刊物者；建立、进入非法网站，制作传播计算机病毒者，除收缴黄色制品、计算机等工具外，酌情给予严重警告或严重警告以上处分。

4．书写、张贴、印发诬蔑或诽谤组织和个人的大小字报者，酌情给予严重警告或严重警告以上处分。

5．参加各种非法组织或非法游行、集会、静坐、示威，冲击学校广播室、档案室和各部门办公室，酌情给予记过或记过以上处分。

6．散布反对四项基本原则的反动言论，挑起政治事端；组织煽动罢课、罢考、扰乱社会秩序、破坏安定团结坚持不改者，酌情给予留校察看或开除学籍处分。

（三）违反学习纪律

1．一学期内旷课（实践性教学每天计 6 学时）10 学时以内，给予通报批评；旷课 11 ～ 20 学时，给予警告处分；旷课 21 ～ 30 学时，给予严重警告处分；旷课 31 ～ 40 学时，给予记过处分；旷课 41 ～ 50 学时，给予留校察看处分（图 8-5）；旷课 51 学时以上，给予开除学籍处分。

2．自学时间在校内外看录像、玩电游、打桌球、打扑克、打麻将、下象棋、跳舞、看电影或从事其他娱乐活动，经教育不改者，酌情给予警告或警告以上处分。

3．未经批准从事维修、加工、推销等经营活动，影响他人学习和休息，经教育不改者，酌情给予警告或警告以上处分。

4．在日常教学过程中违反课堂纪律，破坏教学秩序，代替他人或者让他人代替自己参加教学活动者，给予记过或记过以上处分。

（四）违反考试（考查）纪律

1．院内考试考查中确认有夹带、传递、抄袭、咨询等舞弊行为（包括协同舞弊）者，酌

湖南环境生物职业技术学院文件

湘环院学字〔2019〕20号

关于给予[redacted]同学留校察看处分的决定

各处室（部、办、所）、二级学院：

[redacted]，女，汉族，身份证号码为[redacted]，湖南省郴州市北湖区人，系我院[redacted]2017级[redacted]学生。

该生无视校纪校规，自2019年上学期以来，累计旷课达42学时，在同学中造成了不良影响，为教育及警示其他同学，根据《湖南环境生物职业技术学院学生违纪处理办法》第三章第十条第一款有关规定，经研究决定，给予赵迁同学留校察看处分，期限为12个月。

对此决定如有异议，请在接到此处分决定书之日起10个工作日内向学院学生申诉处理委员会提出书面申诉，逾期未提出书面申诉则视为自动放弃申诉。

湖南环境生物职业技术学院

2019年5月9日

湖南环境生物职业技术学院党政办公室 2019年5月14日印发

图 8-5 学院给予累计旷课达 42 节的某学生留校察看处分的决定

情给予记过或留校察看处分（图 8-6）；

2．在全省性、全国性考试中违反考试纪律，代替他人或者让他人代替自己参加考试、组织作弊、使用通讯设备或其他器材作弊、向他人出售考试试题或答案牟取利益，以及其他严重作弊或扰乱考试秩序行为的，给予开除学籍处分。

（五）违反安全保卫制度

1．在发生严重违纪事件现场，不制止、不报告者，给予通报批评；在学院或公安机关调查违纪违法事件中，故意扭曲事实真相，给工作或组织调查造成阻力或损失者，酌情给予严重警告或严重警告以上处分。

2．违反《保密法》，视情节轻重，给予警告至留校察看处分。

3．窝赃、销赃尚未构成犯罪者，酌情给予记过或记过以上处分。

4．无特殊情况多次晚归者，给予警告处分，导致不良后果或经教育批评仍不改正者，酌情给予严重警告或严重警告以上处分。

5．擅自留宿外人或无正当理由夜不归宿者，酌情给予严重警告或严重警告以上处分。

6．擅自自炊、租房外宿者，给予严重警告或严重警告以上处分。

7．在宿舍日常检查中，代替他人或者让他人代替自己接受检查，酌情给予严重警告或严重警告以上处分。

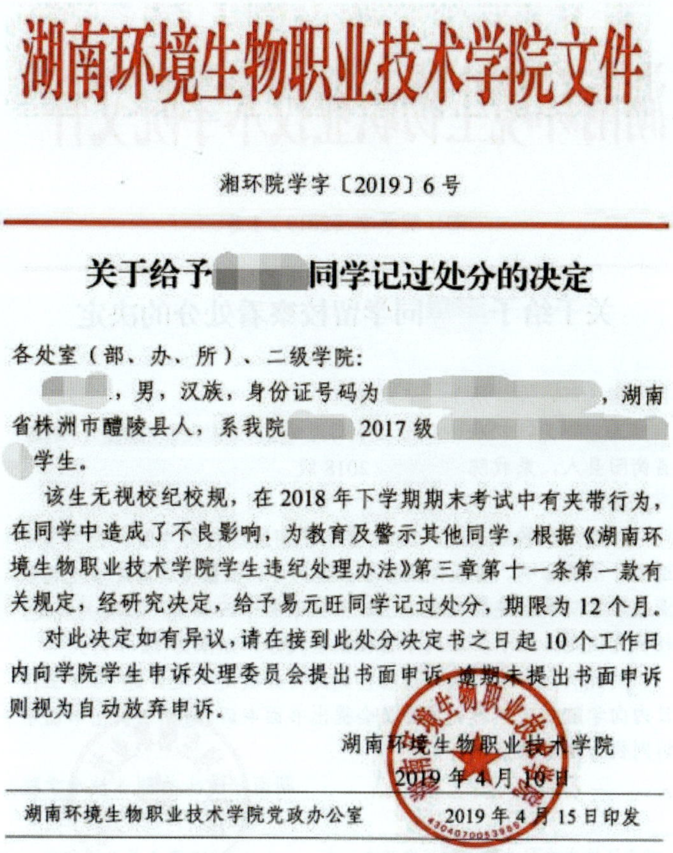

湖南环境生物职业技术学院文件

湘环院学字〔2019〕6号

关于给予[redacted]同学记过处分的决定

各处室（部、办、所）、二级学院：

[redacted]，男，汉族，身份证号码为[redacted]，湖南省株洲市醴陵县人，系我院[redacted] 2017级[redacted]学生。

该生无视校纪校规，在2018年下学期期末考试中有夹带行为，在同学中造成了不良影响，为教育及警示其他同学，根据《湖南环境生物职业技术学院学生违纪处理办法》第三章第十一条第一款有关规定，经研究决定，给予易元旺同学记过处分，期限为12个月。

对此决定如有异议，请在接到此处分决定书之日起10个工作日内向学院学生申诉处理委员会提出书面申诉，逾期未提出书面申诉则视为自动放弃申诉。

湖南环境生物职业技术学院

2019年4月10日

湖南环境生物职业技术学院党政办公室　2019年4月15日印发

图8-6　学院给予考试夹带的某学生记过处分的决定

8．凡违反宿舍管理规定者，酌情给予警告以上处分。

9．擅自到江、河、塘、水库等地游泳，捕捉蛇虫等危险性动物及其他违反安全管理有关规定者，给予记过或记过以上处分。

10．未经批准到校外参加活动或组织校内外人员到校内开展活动，造成不良后果者，酌情给予警告以上处分。

11．违反学院《网络安全管理规定》，酌情给予记过或记过以上处分。

（六）损坏公私财物

1．过失损坏公私财物，导致较大经济损失者，除照价赔偿外，酌情给予警告或警告以上处分。

2．污损墙壁、课桌、图书等公共设施、用具（品）者，给予通报批评；有意损坏门、窗及其他公私财物，擅自移动或损坏消防、通讯和宣传设施者，除承担经济赔偿外，酌情给予警告或警告以上处分。

3．丢弃公共财物或化公为私者，酌情给予警告或警告以上处分。

4．未经宿管科同意，擅自拆卸寝室内用品或将公物搬出宿舍，造成不良后果者，酌情给予严重警告或严重警告以上处分。

（七）打架斗殴

1．打架斗殴未造成严重后果者，给予警告处分，先动手打人者加重一级处分；造成严重后果者，酌情给予记过以上处分（图 8-7）。

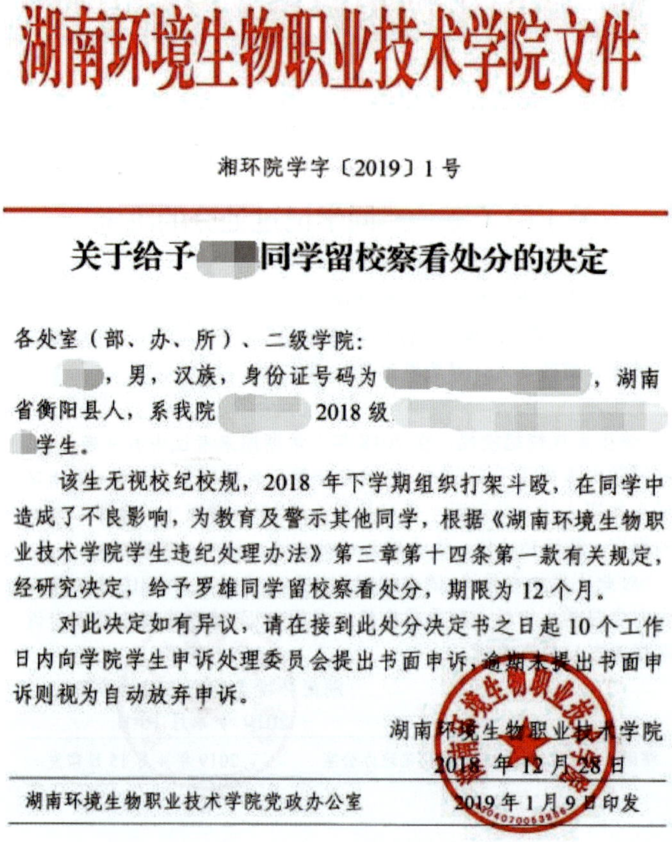

湖南环境生物职业技术学院文件

湘环院学字〔2019〕1 号

关于给予[illegible]同学留校察看处分的决定

各处室（部、办、所）、二级学院：

[illegible]，男，汉族，身份证号码为[illegible]，湖南省衡阳县人，系我院[illegible]2018 级[illegible]学生。

该生无视校纪校规，2018 年下学期组织打架斗殴，在同学中造成了不良影响，为教育及警示其他同学，根据《湖南环境生物职业技术学院学生违纪处理办法》第三章第十四条第一款有关规定，经研究决定，给予罗雄同学留校察看处分，期限为 12 个月。

对此决定如有异议，请在接到此处分决定书之日起 10 个工作日内向学院学生申诉处理委员会提出书面申诉，逾期未提出书面申诉则视为自动放弃申诉。

湖南环境生物职业技术学院

2018 年 12 月 28 日

湖南环境生物职业技术学院党政办公室 2019 年 1 月 9 日印发

图 8-7 学院给予打架斗殴的某学生留校察看处分的决定

2．在打架斗殴中策划、煽动、提供器械、打黑拳或以劝架为名拉偏架造成不良后果者，给予严重警告处分或严重警告以上处分。

3．纠集校外人员及本校子弟与学生打架或有预谋聚众斗殴构成事实者，酌情给予记过或记过以上处分。

4．参与社会纠纷造成不良后果者，酌情给予严重警告或严重警告以上处分。

（八）扰乱校园秩序

1．在公共场所扰乱秩序、拥挤推拉、排队夹插或语言不文明导致不良后果者，给予通报批评。

2．在校园内随意张贴、涂画、焚烧物品，擅自涂改或撕毁学院文告，造成不良后果者，给予警告处分。

3．上课、自习、午休时间或晚上熄灯后在学生宿舍区、教学楼、图书馆等教学、工作和生活场所大声喧哗、追赶打闹，或未经批准开展文体活动，影响教学、工作和生活；穿背心、拖鞋、运动短裤进入教学场所，不听劝止或造成不良后果者，酌情给予警告或警告以上处分。

4．不听劝告，无理取闹，影响教学和工作秩序，造成严重后果者，给予严重警告或严重警告以上处分。

5．在教师、管理人员、学生干部行使管理职能或执行公务过程中抵制、拒绝接受管理，妨碍公务造成不良后果者，酌情给予严重警告或严重警告以上处分。

6．因成绩、上课、毕业、实习等原因，对教师或领导寻衅闹事的，酌情给予严重警告或严重警告以上处分。

（九）其他

1．在评优评奖或其他活动中，行贿拉票造成不良后果者，给予警告处分。

2．在校内外酗酒、闹事，故意在公共场所砸酒瓶以及故意污秽他人衣物用品者，给予警告处分。

3．侮辱、诽谤、谩骂他人造成不良后果者，酌情给予警告或警告以上处分。

4．小偷小摸，给予警告或警告以上处分；破坏他人劳动成果，盗取农林果蔬、养殖动物，除照价赔偿外，给予记过或记过以上处分；扒窃、诈骗、勒索、哄抢，情节较轻者，给予严重警告处分，经公安机关或保卫部门确认爬墙越窗、撬锁或砸门盗窃者，给予记过处分；有上述行为且屡教不改或情节严重者，给予开除学籍处分。

5．参与赌博者，给予严重警告处分；态度恶劣、屡教不改，影响极坏者，酌情给予留校察看或开除学籍处分。

6．因男女交往不当，且造成较坏影响者，给予严重警告处分。发生不正当性行为，如未造成严重后果，认错态度诚恳者，给予留校察看处分；情节严重，给予开除学籍处分。与未成年人发生性行为、嫖娼、卖淫、吸毒者，酌情给予留校察看或开除学籍的处分；学生在校期间违法生育的，按照其户口所在地人口与计划生育法规规定处理，视其情节轻重给予处分；是党员的，按照中国共产党纪律处分条例的规定处理。

7．弄虚作假或伪造、涂改证件、票据、擅刻他人印鉴或仿签他人姓名，欲为图利和骗取财物未遂者，给予严重警告处分；造成事实，但情节较轻者，给予记过处分；情节严重者，酌情给予留校察看或开除学籍的处分。

8．剽窃、抄袭他人研究成果，给予记过处分；情节严重，影响恶劣者，给予留校察看或开除学籍的处分。

9．被司法机关处罚者，给予下列处分：被治安处罚者，酌情给予警告或警告以上处分；被治安拘留者，给予留校察看或开除学籍处分；触犯刑律被判刑者，给予开除学籍处分。

10．留校察看期间有新的违纪行为，给予开除学籍处分。

三、处分决定

学院对学生作出处分，将出具处分决定书（图 8-8）。

知识拓展

处分决定书的内容

①学生的基本信息。
②作出处分的事实和证据。
③处分的种类、依据、期限。
④申诉的途径和期限。
⑤其他必要内容。

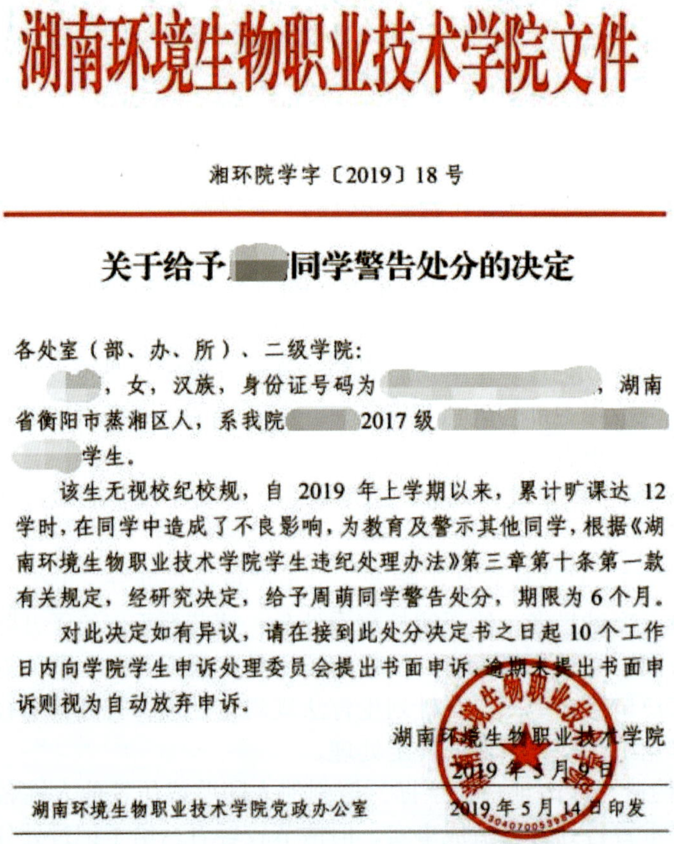

湖南环境生物职业技术学院文件

湘环院学字〔2019〕18号

关于给予[redacted]同学警告处分的决定

各处室（部、办、所）、二级学院：

[redacted]，女，汉族，身份证号码为[redacted]，湖南省衡阳市蒸湘区人，系我院[redacted]2017级[redacted]学生。

该生无视校纪校规，自2019年上学期以来，累计旷课达12学时，在同学中造成了不良影响，为教育及警示其他同学，根据《湖南环境生物职业技术学院学生违纪处理办法》第三章第十条第一款有关规定，经研究决定，给予周萌同学警告处分，期限为6个月。

对此决定如有异议，请在接到此处分决定书之日起10个工作日内向学院学生申诉处理委员会提出书面申诉，逾期未提出书面申诉则视为自动放弃申诉。

湖南环境生物职业技术学院

2019年5月9日

湖南环境生物职业技术学院党政办公室　　2019年5月14日印发

图8-8　学院给予累计旷课12节的某学生警告处分的决定

学院给予学生处分，坚持教育与惩戒相结合，与学生违法、违纪行为的性质和过错的严重程度相适应。学院对学生的处分，需做到证据充分、依据明确、定性准确、程序正当、处分适当。在对学生作出处分决定之前，学院将告知学生作出决定的事实、理由及依据，并告知学生享有陈述和申辩的权利，听取学生的陈述和申辩。对学生作出取消入学资格、取消学籍、退学、开除学籍或者其他涉及学生重大利益的处理或者处分决定的，需提交学校层面相关会议研究决定，并事先进行合法性审查。处理、处分决定以及处分告知书等，应当直接送达学生本人，学生拒绝签收的，以留置方式送达；已离校的，由二级教学院部采取邮寄方式送达；难于联系的，通过学院网站、新闻媒体等以公告方式送达。

四、学生申诉

（一）申诉处理委员会的组成

学院成立了学生申诉处理委员会，负责受理学生对处理或者处分决定不服提起的申诉。学院学生申诉处理委员会由分管学生管理工作的副校级领导，学院法制校院长，学生工作处、教务处、院团委、保卫处等职能部门负责人，教师代表，学生代表组成。

学院学生申诉处理委员会在受理学生申诉后，按照《湖南环境生物职业技术学院学生违纪处理办法》相应申诉流程履行职责。

（二）申诉时效及受理

1．学生对学院的处理或者处分决定有异议的，可以在接到学院处理或者处分决定书之日起 10 日内，向学院学生申诉处理委员会提出书面申诉。

2．学生申诉处理委员会对学生提出的申诉进行复查，并在接到书面申诉之日起 15 日内作出复查结论并告知申诉人。情况复杂不能在规定限期内作出结论的，经学院负责人批准，可延长 15 日。学生申诉处理委员会经复查，认为作出处理或者处分的事实、依据、程序等存在不当，可以作出建议撤销或变更的复查意见，要求相关职能部门予以研究，重新提交会议作出决定。

3．学生对复查决定有异议的，在接到学院复查决定书之日起 15 日内，可以向学院所在地省级教育行政部门提出书面申诉。

4．自处理、处分或者复查决定书送达之日起，学生在申诉期内未提出申诉的视为放弃申诉，学院或者省级教育行政部门不再受理其提出的申诉。

5．处理、处分或者复查决定书未告知学生申诉期限的，申诉期限自学生知道或者应当知道处理或者处分决定之日起计算，但最长不得超过 6 个月。

学生处分及申诉流程见图 8-9、图 8-10。

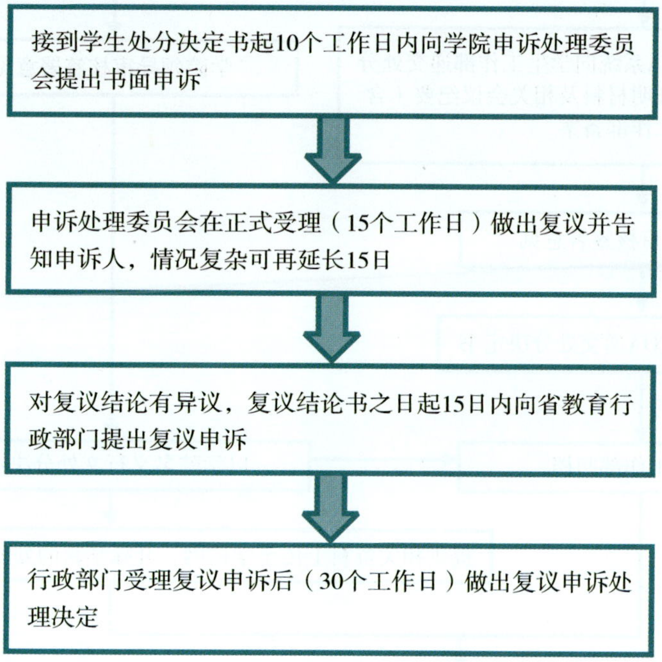

图 8-9　学生处分申诉工作流程图

五、请假制度

（一）请假范围

凡因事、因病、因公或其他特殊原因不能按期入学、报到注册，不能参加早操、上课、晚自习等日常考勤者，应事先办理请假手续。涉及晚自习的校内活动（四自管理除外）请假，原则上无特殊情况每周周日不予请假。办理请假手续原则上不得事后补假，不得与正常教学秩序冲突。请假理由必须真实，如发现有欺骗行为者，依据《学生违纪处理办法》进行处理。顶岗实习等教学活动期间的请假由教务处另行规定。

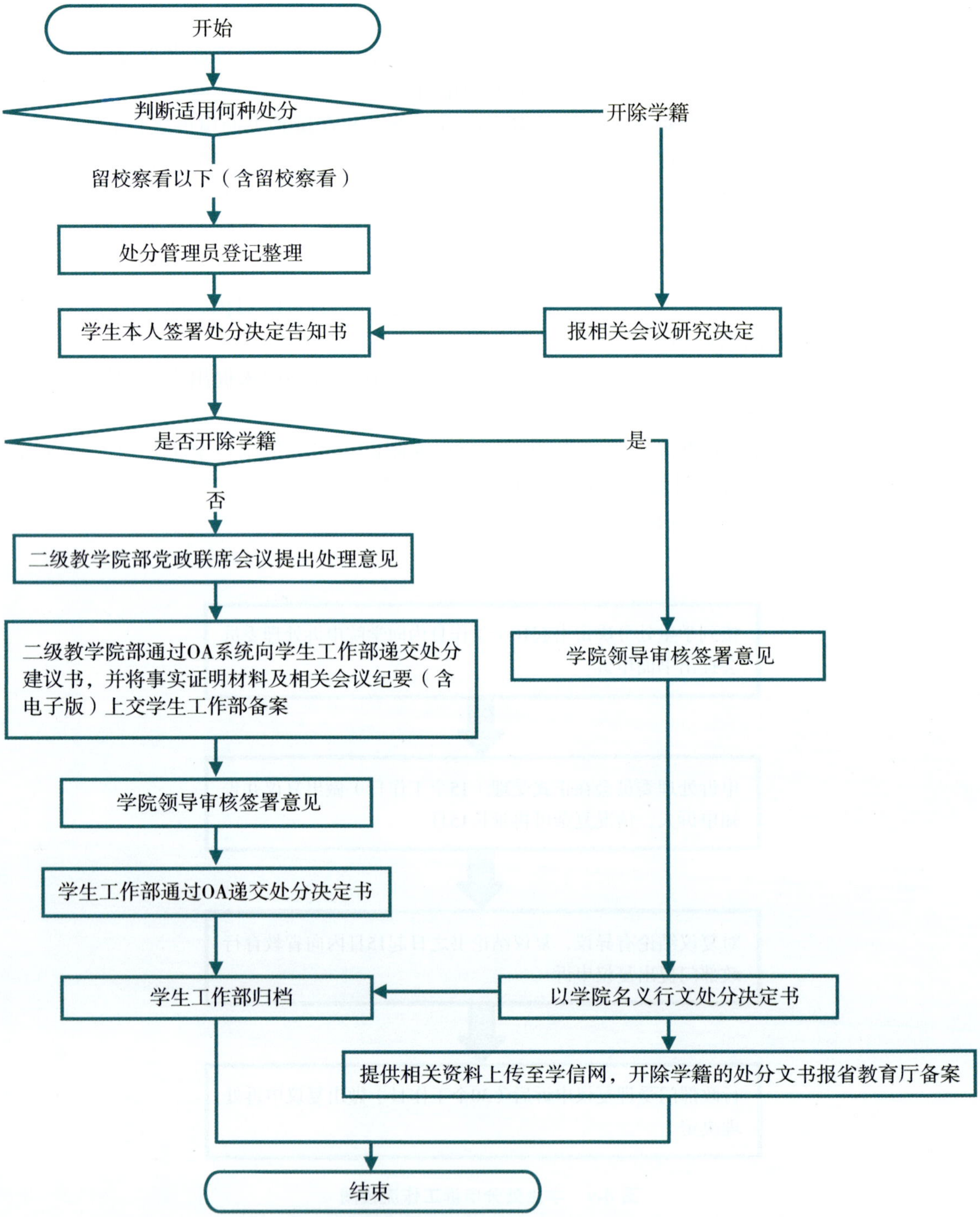

图 8-10　学生处分工作流程图

（二）请假类别

包括病假、事假、公假三种。病假：学生因病不能参加考勤者，可请病假；事假：学生因个人原因不能参加考勤者，可请事假；公假：学生因组织或参加学院相关活动不能参加考勤者，可请公假。

（三）批报权限

学生请假需逐级批准，群体离校活动必须经学生工作部审核，分管院领导批准；个人请假在半天以内由班主任批准，请假在 1 天以内由辅导员（专职班主任）批准，请假在 3 天以内由学工办批准，请假 7 天以内须经二级学院党总支副书记批准，请假 30 天以内须经二级学院党总支书记批准，请假 30 天以上须经学生工作部及分管院领导批准。

（四）请假程序

请假需由学生本人（如委托他人请假需出具委托书）至二级学院辅导员（专职班主任）处详细填写请假单并附上有关证明，涉及日常教学的请假需二级学院教务部门签署意见，再按有关规定办理手续，经批准后，方能生效。具体如下：

1．病假。需持学院医务室或县级以上医院证明办理病假手续，若因急病不能及时出具病假证明时，必须在请假结束后补办请假手续并提交给辅导员（专职班主任）。

2．事假。原则上学生在校学习期间，事假应从严掌握，确实遇到特殊情况方可准假。学生在填写请假单前，特别是需要离校时，须由学生家长与辅导员（专职班主任）说明情况，并明确告之返校时间，辅导员（专职班主任）需在请假单上注明与家长联系情况。

3．公假。须持相关活动负责人开具的证明完成相关请假手续。

（五）补请假规定

因故不能事先请假者，应持有关证明补假。假期已满不能归校时，应在假满以前联系辅导员（专职班主任）说明理由并提供有关证明，申请续假，由辅导员（专职班主任）向家长核实情况。学生于假期满之后，需立即到辅导员（专职班主任）处补办请假单，否则视同未请假。假满返校后，要及时向辅导员（专职班主任）销假。否则，自请假终止之日起计为旷课。

第四节　助 学 助 困

2018 年 5 月 8 日，党委书记苏立在在“手拉手、心连心”湖南步步赢装饰工程有限公司爱心助学捐助（60 万）仪式上指出：“新一届党委成立以来的这一年，是我院贫困学生获得帮助最多、资助成果最丰硕的一年，除国家省市政策资金外，党委不断挖掘资源，社会助学金额和资助人数不断刷新。‘绝不允许学生因为贫困而辍学，绝不允许学生因为贫困在学校挨饿受冻，绝不允许学生因为贫困在学校受到歧视’是我们这一届党委的庄严承诺！确保每一名贫困学生能够安心学业、正常毕业、顺利就业，从而实现‘上学一人、就业一个、脱贫一家’的宏伟目标，助力贫困学生摆脱贫困的代际传递，是我们这一届党委义不容辞的责任！同学们！学院是所有学生追寻理想和实现抱负的坚强后盾，我们绝不允许任何一个学生因为贫困而丢失追寻梦想的机会！”

贫困并不可恨，可恨的是你没有勇气去改变，加油！

一、国家奖学金

（一）认识国家奖学金

国家奖学金由中央政府出资设立，用于奖励在德、智、体、美等方面全面发展、综合素质特别优秀的学生。奖励标准为本科、专科每生每年 8000 元，硕士生每年 2 万元，博士生每年 3 万元，作为大学生能获得国家奖学金是一项莫大的荣誉。

（二）申请国家奖学金的基本条件及具体要求

国家奖学金不是每个人都可以申请的，申请的条件非常苛刻，近乎万里挑一，可谓优中选优。

申请国家奖学金的基本条件

①在校在籍的全日制二年级以上（含二年级）专科学生（含五年制大专五年级学生）。

②热爱祖国，拥护中国共产党的领导，具有良好的政治素质和道德修养。

③学习成绩优异，社会实践、创新能力、综合素质等方面特别突出，学年内无不及格科目。

④遵纪守法，维护社会公德，自觉遵守学院各项规章制度，当学年无违法、违纪记录，有较强的集体荣誉感，在校期间无任何不良信用记录。

⑤积极参加体育锻炼，身体健康。

⑥自觉维护公共环境卫生，个人卫生习惯良好，宿舍卫生合格。

申请国家奖学金的具体要求

①上一年学年成绩排名在专业年级与综合测评班级排名均位于前5%。在学科竞赛和科研创新中取得优异成绩或主持完成科研等项目的优秀学生可优先推荐。

②上一年学年成绩排名在专业年级或综合测评班级排名未进入前5%，但均位于前10%，必须在道德风尚、学术研究、学科竞赛、创新发明、社会实践、社会工作、体育竞赛、文艺比赛等某一方面有突出表现。

③突出表现是指学生在道德风尚、学术研究、学科竞赛、创新发明、社会实践、社会工作、体育竞赛、文艺比赛等某一方面表现特别优秀。具体标准如下：

在社会主义精神文明建设中表现突出，具有见义勇为、助人为乐、奉献爱心、服务社会、自立自强的实际行动，在本校、本地区产生重大影响，在全国产生较大影响，有助于树立良好的社会风尚。

在学术研究上取得显著成绩，以第一作者发表的论文被SCI、EI、ISTP、SSCI、CSSCI全文收录，以第一、二作者出版学术专著（须通过专家鉴定）。

在学科竞赛方面取得显著成绩，在国际或全国性专业学科竞赛、技能比赛、课外学术科技竞赛等竞赛中获一等奖（或金奖）及以上奖励。

在创新发明方面取得显著成绩，科研成果获省、部级以上奖励或获得国家发明专利。

在体育竞赛中取得显著成绩。非体育专业学生参加省级以上体育比赛获得个人项目第一名，集体项目前两名；参加国际或全国性体育比赛获得个人项目前三名、集体项目前两名。集体项目应为主力队员。

在重要文艺比赛中取得显著成绩，参加国际或全国性比赛获得前三名，参加省级比赛获得第一名。集体项目应为主要演员。

获全国三好学生、全国优秀学生干部、全国社会实践先进个人、全国十大杰出青年、中国青年五四奖章等全国性荣誉称号。

除上述方面之外，如在其他方面有特别优秀表现，在国家奖学金评审过程中也可作为突出表现提交相关材料。

（三）国家奖学金申请与审核

学院学生资助管理中心下达《关于评选我院 XX 年度国家奖学金的通知》，公布本学年国家奖学金的指标分配情况及评选要求。

学生本人填写《（XX-XX 学年）国家奖学金申请审批表》并向辅导员提交相关证明材料。

辅导员组织开展班级评议会，对拟申请的学生进行民主评议，确定推荐名单。

各二级院部召开学生资助工作会议，对各班推荐的学生进行评议，审定并公示 3 天，公示结束后报送至学院学生资助管理中心。

学生资助工作领导小组召开会议集体审议，有异议者退回，允许申诉；无异议者，审核通过后公示 5 天。

学院公示结束后确定本学年受奖人员名单，相关材料报省资助管理中心审核、备案。

省资助管理中心将本学年国家奖学金推荐学生名单报送至教育部，待国家教育部审核通过后资助资金由学校一次性发放至受奖学生本人银行卡。

二、国家励志奖学金

（一）认识国家励志奖学金

为了帮助更多学习优异的贫困生完成学业，2007 年，我国首次设立国家励志奖学金。国家励志奖学金由中央和地方共同设立，奖励对象为普通本科高校和高等职业学校本专科在校生中品学兼优的家庭经济困难的学生，资助金额为每人每年 5000 元。

（二）申请国家励志奖学金的基本条件及具体要求

国家励志奖学金资助覆盖面达到全国高校在校生的 3%，可见也不是随便可以申请的，而是优中选贫。

申请国家励志奖学金的基本条件

①在校在籍的全日制二年级以上（含二年级）专科学生（含五年制大专五年级学生）。

②热爱祖国，拥护中国共产党的领导，具有良好的政治素质和道德修养。

③学习成绩优异，当学年无不及格课程。

④遵纪守法，维护社会公德，自觉遵守学校各项规章制度，当学年无违法、违纪记录，无校纪处分（通报批评以上处分），有较强的集体荣誉感，在校期间无任何不良信用记录。

⑤积极参加体育锻炼，身体健康。

⑥自觉维护公共环境卫生，个人卫生习惯良好，宿舍卫生合格。

⑦本学年学院认定的家庭经济困难学生，生活俭朴，自立自强，积极参加勤工俭学，积极缴纳学费，无恶意欠费等现象。

具体要求是：上一年学年成绩排名在专业年级前 20%，且综合测评班级排名前 20%。

（三）如何申请国家励志奖学金

学院学生资助管理中心下达《关于评选我院 XX 年度国家励志奖学金的通知》，公布本学年国家励志奖学金的指标分配情况及评选要求。

学生本人填写《国家励志奖学金申请审批表（XX-XX 学年）》并向辅导员提交相关证明材料。

辅导员组织开展班级评议会，对拟申请的学生进行民主评议，确定推荐名单。

各二级院部召开学生资助工作会议，对各班推荐的学生进行评议，审定并公示 3 天，公示结束后报送至学院学生资助管理中心。

学生资助工作领导小组召开会议集体审议，有异议者退回，允许申诉；无异议者，审核通过后公示 5 天。

学院公示结束后确定本学年受奖人员名单，相关材料报省资助管理中心审核、备案。

湖南省学生资助管理中心组织人员审核本学年国家励志奖学金推荐学生名单，推荐学生名单通过后资助资金由学校一次性发放至受奖学生本人银行卡。

三、国家助学金

（一）认识国家助学金

国家助学金由中央政府出资设立，用于资助家庭经济困难的学生。资助标准为每生每年一等 4000 元、二等 3000 元、三等 2000 元。

（二）申请国家助学金的基本条件

国家助学金的申请条件相对低一些，目的是助困，但毕竟是国家的扶贫资金，用于帮助在校学生顺利毕业。因为条件相对低，申请的人较多，因此就只能贫中选优。

申请国家助学金的基本条件

在校在籍的全日制专科学生（含五年制大专四年级以上）。

热爱社会主义祖国，拥护中国共产党领导。

遵守宪法和法律，遵守学校规章制度，学年无校纪处分（通报批评以上处分）。

诚实守信，道德品质优良，在校期间无任何不良信用记录。

勤奋学习，积极上进，本学年原则上无不及格课程。

自觉维护公共环境卫生，个人卫生习惯良好，宿舍卫生合格。

家庭经济困难，生活俭朴，在本学年被认定为家庭经济困难学生，积极参加勤工俭学，积极缴纳学费，无恶意欠费等现象。

（三）如何申请国家助学金

学院学生资助管理中心下达《关于评选我院 XX 年度国家助学金的通知》，公布本学年国家励志奖学金的指标分配情况及评选要求。

学生本人填写《国家助学金申请审批表（XX-XX 学年）》并向辅导员提交相关证明材料。

辅导员组织开展班级评议会，对拟申请的学生进行民主评议，确定推荐名单。

各二级院部召开学生资助工作会议，对各班推荐的学生进行评议，审定并公示 3 天，公示结束后报送至学院学生资助管理中心。

学生资助工作领导小组召开会议集体审议，有异议者退回，允许申诉；无异议者，审核通过后公示 5 天。

学院公示结束后确定本学年受奖人员名单，相关材料报省资助管理中心审核、备案。

湖南省学生资助管理中心组织人员审核本学年国家助学金推荐学生名单，推荐学生名单通过后资助资金由学校分两个学期发放至受助学生本人银行卡。

四、企业（个人）助学金

（一）认识企业（个人）助学金

企业（个人）助学金是社会各界爱心企业（人士）主动承担社会责任、情牵教育事业的善举；是在精准扶贫路上，党和政府、社会各界相互携手对贫困学生的默默帮助与关怀，是我院第三届党委成立以来的自选项目。

（二）第三届党委成立以来的企业（个人）捐助实录

第三节党委会议以来，苏立书记高度重视贫困学生，多次调研走访贫困学生，提出绝不允许学生因为贫困而辍学，绝不允许学生因为贫困在学校挨饿受冻，绝不允许学生因为贫困在学校受到歧视的助学助困理念，取得丰硕成果。

第十八届校园文化艺术节闭幕式商学院带来朗诵《精准扶贫，资助育人》讲述了学院领导对贫困学生的帮助与关怀，表达了我院学生对学院及领导、老师们的感恩之情，更展现了资助育人的学院形象。大屏幕上出现了苏立书记的特写（图 8-11），听到来自贫困学生诉说着自身的改变和对学校的感恩，他百感交集、眼眶泛红，现场响起了经久不息的掌声，得到全体师生的强烈共鸣。

图 8-11　第十八届校园文化艺术节闭幕式苏立书记眼神坚定、拳头紧握

学院高度重视对贫困学生的资助，在用好有限的国家专项资助和学院贫困助学资金的同时，大力整合学校资源、充分挖掘社会资源，深入推进资助育人工作实施。2017 年起，学院广泛挖掘社会资源初见成效，先后争取到省林业调查规划设计院（图 8-12）、双峰县人民政府、湖南步步赢装饰工程有限公司（图 8-13）、湖南移动衡阳分公司、湖南联通衡阳分公司、湖南电信衡阳分公司、广东电白二建集团股份有限公司湖南分公司、湘潭市温欣家纺有限公司、屈世富先生、刘春意先生、原衡阳卫校妇幼 2 班全体师生、李晓红先生等社会各界爱心企业及个人、集体的爱心捐助达 199 万元。这些钱，每一分每一厘都捐助给了贫困学生。

图 8-12 省林业调查规划设计院（第一批）爱心捐助我院贫困学子 30 人每人 3000 元

图 8-13 省林业调查规划设计院（第二批）爱心捐助我院贫困学子 30 人每人 3000 元

2018 年 5 月 8 日，湖南环境生物职业技术学院举行“手拉手 · 心连心”湖南步步赢装饰工程爱心助学捐赠仪式（图 8-14）。学院首批 100 名贫困学子每人获得 3000 元的爱心助学捐赠。这是该院有史以来企业对学院贫困学子捐赠的最大一笔助学专项资金，也是该院融合资源，坚持“精准扶贫、资助育人”原则的又一重大收获。

2018 年 11 月 7 日，学院举行“手拉手 · 心连心”爱心企业（爱心人士）助学捐仪式（图 8-15）。湖南步步赢装饰工程公司等爱心企业和个人捐助我院贫困学子 482 人共计 148 万元，每人 2000 ~ 4000 元不等。本次捐助再次刷新纪录（5 月 8 日的记录），是我院有史以来捐助人数最多、捐助金额最大的一次捐助活动。

图 8-14　湖南步步赢装饰工程有限公司首批捐助我院贫困学子 100 人每人 3000 元

图 8-15　湖南步步赢装饰工程公司等爱心企业和个人捐助我院贫困学子 482 人共计 148 万元

下面是当时党委书记苏立的讲话，一是让同学们感受学校党委扶贫的决心，二是让历史记住这些爱心人士和爱心企业，三是希望同学们牢记党的恩情立志回报祖国。

在学院“手拉手·心连心”爱心企业（人士）助学捐助仪式上的讲话

党委书记 苏立

（2018 年 11 月 7 日）

尊敬的各位领导、嘉宾，老师们、同学们：

大家晚上好！

今天，是一个非常不寻常的日子，是我们收获满满的幸福和感动的日子。在全国上下全面贯彻落实党的十九大精神、深入推进全面建成小康社会、聚焦精准扶贫之际，我们在此隆重集会，举行湖南环境生物职业技术学院“手拉手·心连心”爱心企业（爱心人士）助学捐助仪式。本次捐助活动没有动用学校一分钱，都是这些爱心企业和爱心人士捐赠的，其中，湖南步步赢装饰工程有限公司捐款 30 万元、湖南移动衡阳分公司捐款 20 万元、湖南联通衡阳分公司捐款 20 万元、湖南电信衡阳分公司捐款 20 万元、广东电白二建集团股份有限公司湖南分公司总经理蒋祥除先生捐款 20 万元、湘潭市温欣家纺有限公司捐款 15 万元、屈世富先生捐款 15 万元、刘春意先生捐款 5 万、原衡阳卫校妇幼 2 班全体师生捐款 2 万，李晓红先生捐款 1 万，本次捐助总共募集 148 万元，捐助 482 名学生。这 148 万元，是我院有史以来企业和社会爱心人士对我院贫困学生捐助最大的一批助学专项资金！全院师生无比感动！在此，我代表学院党委、行政，以及全院 18000 余名师生员工向参与本次捐助的爱心企业和爱心人士表示衷心感谢和诚挚敬意！谢谢你们！

同志们！同学们！是什么促成了这一次的捐助？是学院党委的主动作为，是爱心企业和爱心人士的善举，更是我们一起对全面建成小康社会这一时代责任的主动担当！我院新一届党委班子成立以来，在精准扶贫工作中探索良多、感触良多、收获良多，为此，我讲三点感触：

一、精准扶贫，我们从来不空谈

置身全面建成小康社会的伟大征程，我们责任重大，使命光荣。精准扶贫、主动作为、勇担重任，我们是认真的！当前，我院师生当中仍然还存在着一批家庭经济困难人群，表现在学生当中尤为明显，这是我们扶贫攻坚战中的“硬骨头”，更是时代赋予我们的历史使命。

“绝不允许学生因为贫困而辍学，绝不允许学生因为贫困在学校挨饿受冻，绝不允许学生因为贫困在学校受到歧视”是我们这一届党委的庄严承诺！确保每一名贫困学生能够安心学业、正常毕业、顺利就业，进而实现“上学一人、就业一个、脱贫一家”的宏伟目标，助力贫困学生摆脱贫困的代际传递，是我们这一届党委义不容辞的责任！我们是这样想的，也是这样做的！

我院还选举产生了新一届教育基金会理事会，教育基金会当前的主体作用就定位为围绕学生资助工作做大做强，在奖、助、减、免、贷等方面齐头并进、积极作为。精准扶贫，我们不空谈，我们有方法、有理念、有作为、有成效！2017 年 8 月新一届党委成立以来，是我院贫困学生获得帮助最多、资助成果最丰硕的时期，除国家省市政策资金外，党委不断挖掘资源，社会助学金额和资助人数不断刷新，在此之前，累计资助贫困学生 51 万元 151 人次，学生个人最高获得资助 3 万元，切实解决了部分贫困学生的后顾之忧。

二、精准扶贫，我们一直不孤单

全面建成小康社，是我党确定的“两个一百年”奋斗目标的第一个百年奋斗目标，这是政治任务，更是时代责任！我们非常高兴的是，在全面建成小康社会的道路上，党和政府、社会各界相互携手、一路前行，有许许多多像在座的湖南步步赢装饰工程有限公司、广东电白二建集团股份有限公司衡阳分公司、湖南移动衡阳分公司、湖南联通衡阳分公司、湖南电信衡阳分公司、湘潭市温欣家纺有限公司、屈世富先生、刘春意先生、李晓红先生、妇幼二班全体师生一样的爱心企业和人士在默默地关心帮助贫困学生，我们并不孤单！我们集体行动！

联系到我们自身的行动和作为，让我更加觉得，今天，我们接受的不仅仅是捐助和帮助，更是一股精神力量！这也让我们更加坚定了“精准扶贫、资助育人”的资助原则。

同时，我要再次对在座的爱心企业和人士的责任担当表示由衷钦佩和崇高敬意！这不仅仅是对我院贫困学生的关心关爱，对我院教育事业的大力支持，更让我们看到了你们在我国全面建成小康社会伟大征程中的责任担当与时代光辉。受助学生会记住你们！学校会记住你们！时代会记住你们！谢谢你们！有你们一路相随，我们倍感温暖！我们倍加感恩！

三、精准扶贫，我们永远不止步

这种“不止步”，包含两层意思：

一是对我院精准扶贫。虽然我国将在2020年消除绝对贫困，但相对贫困还将在很长时间内存在。我们将在公平公义、精准扶贫上持续发力，雪中送炭的同时，我们也争取锦上添花。不仅仅是爱心助学，还包括科技扶贫、教育扶贫、产业扶贫等一系列相统筹衔接的工作，我们会一直做下去，一直做到“共同富裕”！

二是对学生而言。既要通过努力奋斗打好基础，为今后脱贫做好准备，更要给自己扶“精神上的贫”，增加“精神上的财富”。借此机会，我对今天受到资助的482位同学，并通过你们向全院学生提三点希望：

一要奋发图强，不做精神流浪汉。贫穷不是罪过，贫穷也不可怕，它只是暂时的。可怕的是人穷志短，自卑自怜、自暴自弃，自己看不起自己、自己放弃自己。物质可以暂时贫穷，但精神不能匮乏、意志不能消沉。我们要把暂时的贫穷当作生活对我们的磨炼，变成前进的动力。“梅花香自苦寒来”。其实，对坚强的人，苦难是人生最好的学校，大家一定要始终保持积极向上、乐观进取的精神状态，有信心、有勇气去面对贫困和人生道路上的一切困难，通过不懈努力改变人生命运，不做心灵的贫穷者、不做精神的流浪汉。

二要心怀感恩，从受惠者变为施惠者。同学们手中的助学金，凝结着捐助单位和爱心人士，以及学院的爱心关怀与殷切期望。“滴水之恩当涌泉相报”，我们要感恩这些困难的时候帮助我们的人，我们要对得起手上的这份深情厚爱。常怀感恩之心，更要感恩于行！无论身在何处，都要以满腔的热忱来回报社会，将爱心接力棒传递下去，并将之发扬光大，从受惠者变为施惠者。

三要勇担责任，心存强国。每个时代都有每个时代的责任。这次捐助活动，让我们看到了这些爱心企业和人士的时代担当。希望你们以后也要有这样的时代担当、也有这样的捐助实力和爱心！因为只有这样，才能“青年强则国强”！奋斗完第一个百年目标，还有第二个百年目标，同学们，那是你们的责任！肩负起来，中华民族伟大复兴的中国梦才能在一代代青年的接力奋斗中变为现实。

今天在座的还有不是捐助对象的同学，我想对你们说，你们生在一个好时代，生在一个好家庭。学校不要求你们对身边的贫困学生给予物质上的帮助，但希望你们给予学习上的关心、给予语言上的温暖和鼓励，更希望你们倍加珍惜你们父辈创造的富足生活，倍加感恩你们父辈的辛劳付出。

同志们、同学们！赠人玫瑰，手有余香；积善成德，积智成朗。让我们以热烈的掌声再一次向湖南步步赢装饰工程有限公司、广东电白二建集团股份有限公司衡阳分公司、湖南移动衡阳分公司、湖南联通衡阳分公司、湖南电信衡阳分公司、湘潭市温欣家纺有限公司、屈世富先生、刘春意先生、李晓红先生、妇幼二班全体师生等爱心企业和人士表示衷心感谢！

祝各位领导、嘉宾、老师身体健康，心想事成！祝同学们学习进步，健康成长！

谢谢大家！

在本次捐助仪式上，我院2011级校友广东电白二建集团股份有限公司湖南分公司总经理蒋祥除先生捐款20万元并代表爱心企业和爱心人士发言（图8-16），蒋祥除先生说“我是广州电白二建集团湖南分公司的蒋祥除。其实，我更喜欢的称呼是：湖南环境生物职业技术学院校友！我是2011年来校、2014年毕业的……我是在一个偶然的机会，听苏立书记讲起母校“三个决不允许”的助学理念和第三届党委成立以来的助学行动，记得当时讲到学生的贫困时，我明显感觉到苏立书记的激动和真诚，说实话，是苏立书记的爱心和行动感染了我、感动了我。在此，我建议大家为苏立书记鼓掌感谢！”

图8-16 2011级校友、广东电白二建集团股份有限公司湖南分公司总经理蒋祥除先生发言

五、精准资助

（一）认识精准扶贫

为了深入学习贯彻落实党的十九大精神和习近平总书记扶贫开发重要战略思想，全面贯彻落实党中央、省委关于深度贫困地区脱贫攻坚的总体部署，发挥我院特色专业群优势，对症我省11个深度贫困县（邵阳市城步县，怀化市麻阳县、通道县，张家界市桑植县，湘西自治州泸溪县、凤凰县、古丈县、花垣县、保靖县、永顺县、龙山县）致贫原因，我院采取创新举措，切实为深度贫困县群众解决实际困难。

（二）学院实施的精准资助措施

①免学费。按照专业免除学费（均不含杂费）。对已经认定的符合免学费对象条件的在校生，秋季开学不再向学生收取学费。新生开学时凭建档立卡相关资料由二级院部签字审核，再由资助中心审核，分管财务院领导签字，财务处做好免学费工作。秋季开学后一个月内，由就读二级院部将《湖南环境生物职业技术学院免学费告知书》告知家长（或其他监护人）。

②免餐费。资助标准：20 元 / 人 / 天。所有认定对象均先进行指纹录取，食堂提供专门窗口进行刷指纹就餐。

③优先安排勤工俭学岗位。根据岗位不同工资不同（150 ~ 300 元 / 生 / 月）。学生提出申请，用工部门优先录用。

④国家助学金。4000 元 / 生 / 学年（一等助学金）。每年秋季开学后一个月内，各二级院部收取学生资料并审核后将学生详细名单及资料报学生资助管理中心，资助中心汇总后再次审核，资助中心将认定结果上报学院审定。资助资金分学期通过银行卡发放，春季学期 5 月份完成发放，秋季学期 12 月份完成发放；资金发放后一周内，由就读院部告知学生家长（或监护人）。

⑤新生资助。提供新生入学爱心大礼包 300 元（包含床上用品、学习用品）。新生录取书里面加寄资助宣传资料、家庭经济情况调查表、建档立卡贫困户子女证明、入学须知（包含贫困生证明资料），新生入学当场发放。

（三）申请学院精准资助的基本条件及程序

1．基本条件。在校在籍的全日制学生，籍贯为湖南省 11 个深度贫困县的建档立卡贫困户。

2．申请学院精准资助的流程。①每年 9 月，学生本人向辅导员提出申请，提交精准资助申请书和相关证明材料。②辅导员组织开展班级评议会，对拟申请的学生进行民主评议，确定推荐名单。③各二级院部召开学生资助工作会议，对各班推荐的学生进行评议，审定并公示 3 天，公示结束后报送至学院学生资助管理中心。④学生资助工作领导小组召开会议集体审议，有异议者退回，允许申诉；无异议者，审核通过后公示 5 天。⑤学院公示结束后确定本次受助人员名单，申请材料退回各二级院部存档备查。

六、勤工助学

（一）认识勤工助学

近年来，我院建立了较完善的资助政策体系，加大了对家庭经济困难学生的资助力度，提高了家庭经济困难学生受助比例。勤工助学活动作为高校学生资助工作的重要组成部分，是“助困育人”的重要途径之一。

准确把握勤工助学的内涵，对高校勤工助学管理者和参加勤工助学学生都具有重要的现实意义。“勤工助学”一词，是复旦大学科技咨询开发中心在 1984 年最先提出的。其重要内涵是学生将所从事的活动与专业知识、能力培养、自立素质和个人的全面发展紧密结合。简而言之，“勤工助学”活动是指在校大学生利用课余时间，通过劳动取得合法报酬，用于改善学习和生活条件的社会实践活动。

（二）申请勤工助学的基本条件

我校在籍学生中遵纪守法、品德优良，学习勤奋、吃苦耐劳，经济困难、生活俭朴，身心健康、学有余力的学生均可申报，建档立卡贫困学生优先。

（三）如何申请勤工助学

1．提出需求。固定岗位的申报审批工作在每年的 9 月份进行。校内所需临时性勤工助学岗位，由设岗部门提前 5 个工作日提出申请。凡需聘用勤工助学学生的部门，通过填写《湖南环境生物职业技术学院勤工助学岗位设置申请表》，并提交勤工助学岗位申请至学生工作部资助中心。

2．公开招聘。学生工作部资助中心核定岗位设置，并公布相关信息，进行公开招聘。

3．学生申请。符合申请勤工助学条件的学生可以填写《湖南环境生物职业技术学院学生勤工助学审批表》，向学生工作部提出申请。

4．双向选择。用人单位与学生双向选择后，用人单位向学生工作部提交拟聘学生名单，经学生工作部备案。

5．签订协议。学生本人、学生工作部、用人单位分别在《湖南环境生物职业技术学院学生勤工助学审批表》签署同意意见后方可上岗。如有一方未签字同意，此用工无效。

6．岗前培训。用人部门对本部门勤工助学学生进行相关技术培训，进行安全知识教育。

报酬发放。临时岗位是用人结束后发放；固定岗位是按月发放。财务处依据各用人部门制作的《湖南环境生物职业技术学院勤工助学劳动报酬发放表》发放报酬，均发至学生本人银行卡账户。

第五节　考试与毕业

一、考试

（一）课程考试

1．范围。人才培养方案中规定开设的全部课程，包括必修课、选修课、实习、实训、专业技能、毕业设计等。

2．考试方式。考试主要有考试与考查两种形式，可以采取集中与非集中两种方式进行。除特殊情况或课程特点经批准可以采取提前考试的课程外，考试课程原则上采取集中方式，安排在学期末考试周进行。考查课程一般在课程结束时采取非集中方式进行。提倡多种考核方式的有机结合，实行过程考核与结果考核相结合。考试可以采用开卷或闭卷，也可以采用答辩、技能操作、提交作品、论文、撰写专题报告、调研报告等形式。同一学期，不同专业班级开设的课时、教材相同的课程，要求采用统一的考试方式，同一试卷在同一时间段内进行考试。

3．成绩的计算。学生的课程总成绩可以由平时成绩、实验成绩和试卷卷面成绩等环节组成。各环节在课程成绩中的具体构成比例，由各教研室决定，同一课程的评定标准要求保持一致。平时成绩、期末考成绩、综合成绩均由任课教师记入成绩登记册相应栏内，如因缓考、缺考、舞弊等原因没有期末考成绩而无法评定总成绩时，则在期末考成绩栏和综合成绩栏内分别填写“缓考”“缺考”“舞弊”等字样注明原因。凡参加补考的学生，补考合格的，其成绩均按60分计，缓考学生的成绩按实际得分计入成绩。

4．考试注意事项。学生应提前15分钟到达考场，由监考教师核查考试学生身份及有效证件，安排或调整学生座位，正式开考前5分钟发放试卷。开考30分钟后学生方可离开考场。凡在考试中违纪、舞弊的学生（含在全国大学英语应用能力考试、全国计算机等级考试中舞弊学生），该门课程成绩计0分。

5．成绩查询与错误处理。考试结束10天后，学生可凭学号和密码登录学院教务管理系统查询本人各科的考核成绩；每学期开学后，由各二级院（部）教学秘书从教务管理系统中导出各班学生成绩并向学生公布。学生如发现有课程成绩漏录或者课程计分明显错误，可联系各二级院（部）或任课教师，申请核查试卷，核实确有错误的，可由任课教师提供试卷或作业以及勘误申请，于下一学期开学后一周内交学生所在二级院（部），经学生所在二级院（部）审核汇总并签章送教务处进行补录或更正。

6．成绩单的使用。学生临时因评先评优或应聘等合理需求需学校提供成绩单时，由学生所属二级院（部）负责成绩单打印，经二级院（部）盖章、教务处盖章后方可使用；学生毕业时，各二级院（部）教学秘书需按班打印各学生的成绩档案表，一式两份，盖二级院（部）公章后加盖教务处考试成绩专用章，一份装入学生档案，另一份交学校档案室存档。

（二）计算机等级考试

全国计算机等级考试（national computer rank examination，简称 NCRE），是经原国家教育委员会（现教育部）批准，由教育部考试中心主办，面向社会，用于考查应试人员计算机应用知识与技能的全国性计算机水平考试体系。

1．报名条件。报考人员不论职业、年龄、学历、在职与否，均可根据自身学习和使用计算机的实际情况报考。考生报名时，应提供有效身份证件，并履行相关手续。有效身份证件指身份证、台湾居民往来大陆通行证、港澳居民身份证和护照。

2．考试科目及考试时长（2018 版考试大纲）。开考 1 ~ 4 级所有科目（考生一次考试最多可报考 3 门不同科目，禁止异地重复报考、禁止一次考试重复报考同一科目，否则湖南省教育考试院将通知考生所在学校或单位，依据教育部考试中心的规定按违规处理。（表 8-1）

表8-1　计算机等级考试

级别	科目名称	科目代码	考试方式	考试时长
一级	计算机基础及 WPS Office 应用	14	无纸化	90 分钟
	计算机基础及 MS Office 应用	15		
	计算机基础及 Photoshop 应用	16		
	网络安全素质教育	17		
二级	C 语言程序设计	24	无纸化	120 分钟
	VB 语言程序设计	26		
	VFP 数据库程序设计	停考		
	Java 语言程序设计	28	无纸化	120 分钟
	Access 数据库程序设计	29		
	C++ 语言程序设计	61		
	MySQL 数据库程序设计	63		
	Web 程序设计	64		
	MS Office 高级应用	65		
	Python 语言程序设计	66		
三级	网络技术	35	无纸化	120 分钟
	数据库技术	36		
	软件测试技术	暂停		
	信息安全技术	38		
	嵌入式系统开发技术	39		
四级	网络工程师	41	无纸化	90 分钟
	数据库工程师	42		
	软件测试工程师	暂停		
	信息安全工程师	44		
	嵌入式系统开发工程师	45		

3．报考时间。湖南省网报时间段由湖南省教育考试院安排确定。考点具体报名时间可在此时间段内根据工作安排进行调整，我院会通知到各个班级。

4．报名办法。我院设有考点，我院考生在校内报名。考生报名时，须提供本人的有效身份证件（身份证、台湾居民往来大陆通行证、港澳居民身份证和护照）。考生报名时，必须保证其所提交的数据信息内容真实、准确；进行现场图像信息采集的考生，其图像信息的采集标准按 NCRE 信息采集标准规定执行，没提供照片信息的考生不得参加考试。（注：图像信息适用于准考证、合格证书）如考生不按要求或提供错误信息，后果由考生自己负责；考生报名时如发现因学籍原因或其他信息有误导致无法按本人意愿报考时，请在湖南省教育考试院规定的报名时间段内及时与教务处联系。

5．收费。按《湖南省发展与改革委员会、湖南省财政厅关于发布全省教育系统行政事业性收费项目和标准的通知》（湘发改价费〔2018〕531 号）文件缴纳报名考试费（一级、二级、三级 95 元 / 科次，四级 145 元 / 科次）。

（三）高等学校英语应用能力考试

高等学校英语应用能力考试（简称 PRETCO）是由教育部批准成立的高等学校英语应用能力考试委员会设计、供高职高专院校和成人高专院校学生自愿参加的标准化考试。本门考试主要考核考生实际应用英语进行日常和业务涉外交际的能力，旨在促进高职高专英语教学向培养高等应用技术型人才的方向进行改革；同时为用人单位提供对高职高专毕业生英语水平的评价标准，以提高其进入人才市场的竞争力。

1．报名资格。

（1）高职高专和成人高专院校修完英语课程《基本要求》A 级或 B 级规定内容的学生均可自愿报名。

（2）考生可根据本校规定报考 A 级或 B 级。

（3）毕业生离校后不能再参加考试。

（4）凡已取得 A 级或 B 级考试合格证书者，不得再报名参加同一级考试。

2．考试方式。笔试，测试语言知识和读、听、译、写四种实用技能。

3．考试时间：每年举行两次，即 6 月和 12 月 /1 月，学院每年会发通知。

（四）普通话等级测试

普通话水平测试（PSC：PUTONGHUA SHUIPING CESHI）是对应试人运用普通话的规范程度的口语考试。全部测试内容均以口头方式进行。普通话水平等级分为三级六等，即一、二、三级，每个级别再分出甲乙两个等次；一级甲等为最高，三级乙等为最低。普通话水平测试不是口才的评定，而是对应试人掌握和运用普通话所达到的规范程度的测查和评定，是应试人的汉语标准语测试。应试人在运用普通话口语进行表达过程中所表现的语音、词汇、语法规范程度，是评定其所达到的水平等级的重要依据。

1．报名对象。我院全日制在校学生。

2．等级要求。与口语表达有关的专业（英语、新闻、文秘、法律、管理、旅游等专业）的学生，其普通话必须达到二级乙等（80 分）以上。报考教师资格证必须达到二级乙等及以上。其他专业的学生，其普通话水平应达到三级甲等（70 分）。

3．网上报名时间：由上级主管部门确实，学院每年会发通知。

4．报名方式。报名采取由学生本人网上报名，报名网址：http：//10.10.10.37/（外网是 http：//59.51.81.77/，手机请上外网）。学号是注册学号，初始密码是学号，如网络报名不成功请各班学习委员到教务处咨询。

（1）登录报名网址，输入学号和初始密码（初始密码为学号）。

（2）进入学生成绩—等级考试报名，系统会提示完善个人信息。

(3) 进入学生学籍—学籍档案—增改基本信息，添加个人的身份证号等信息（注意身份证号请认真填写，错误将无法修改）。

(4) 再次进入学生成绩—等级考试报名，进行报名。状态显示已受理为报名成功。

二、综合测评

综合测评是大学生素质综合测评（以下简称综合测评），是把对学生德、智、体、美等方面的要求分解成具体指标体系，分项考核，综合评定，对学生做出全面的评价。

（一）综合测评的作用

综合测评成绩是全面考核学生素质，评选三好学生、优秀学生干部、评定奖学金、推荐毕业生就业和推荐专升本等工作的重要依据，是体现学生综合素质的主要参数，学生综合测评表归入学生个人档案，其毕业综合测评等级列为毕业生推荐表项目。

（二）综合测评组织机构

综合测评工作由学生工作处组织，各二级院（部）负责实施。各二级院（部）成立测评工作领导小组，由主管学生工作的党总支书记（副）、学工办主任（副）、辅导员、学生分会主席等组成。在班主任的指导下成立由班长、团支部书记、学习委员、学生代表组成的测评小组。

（三）综合测评内容和计分标准

德育（含美育）30 分，智育 60 分，体育 10 分，总分 100 分，按比例计入，现场综合测评基础分。

（四）综合测评中德育的加分和减分

1．加分。获得国家级表彰者加 4 分，获得省部级表彰者加 3 分，获得市级以上表彰者酌情加 2 分；荣获院级荣誉称号加 1.0 ~ 1.5 分，获院部荣誉称号加 0.5 ~ 1.0 分；受院级通报表扬一次加 0.5 分，受院（部）级通报表扬一次加 0.3 分；被评为“四自管理”示范班级，班级成员每人加 1.5 分；被评为院级文明宿舍，宿舍成员每人加 0.5 分，寝室长加 1.0 分；担任院学生会、国防教育教导队、院团委会等院级学生干部，酌情加 1.0 ~ 2.0 分；院（部）学生分会、院（部）团总支等院（部）级干部，酌情加 0.5 ~ 1.0 分；班委会、团支部等班干部，酌情加 0.1 ~ 0.5 分；测评学期内义务献血一次加 0.5 分；其他表现优秀者，酌情加 0.5 ~ 1.0 分。以上加分超过 10 分的以 10 分计，不足 10 分按实际分计。

2．减分。受留校察看及以下处分者，酌情减 1.0 ~ 5.0 分；传播或观看黄色书刊者减 0.5 分，观看黄色录像者减 1.0 分；不服从老师、管理人员或学生干部的管理，在学习、生活或其他公共场所起哄闹事者，按情节减 0.5 ~ 1.0 分。在禁烟区（寝室、教室、会议场所）吸烟者，每次减 1.0 分，在宿舍区放烟花鞭炮者每人次减 1.0 分，酗酒滋事者每人次减 1.0 分。在宿舍烧煤油炉、酒精炉、电炉、私拉乱接线路者，每次减 1.0 分；有外宿自炊现象者，除纪律处分外，每人次减 0.5 ~ 1.0 分；男女交往不得体，在公共场所有搂抱、勾肩搭背等现象者减 0.5 分；在学习或就寝时间内玩棋牌、玩游戏、放音响、吵闹等或不归寝者每人次减 0.5 分；卫生不合格宿舍成员视其情节每人次减 0.1 ~ 0.5 分；无故不参加学院举办的重大活动或义务劳动者每人次减 0.5 分；受院级通报批评者一次减 1.0 分；受院（部）通报批评者一次减 0.5 分；其他违规违纪行为造成不良影响者酌情减 0.5 ~ 1.0 分；学生干部、学生党员（含预备党员）有减分者按同等标准双倍减分。

（五）综合测评中智育的加分和减分

1．加分。学习能力方面，通过英语四、六级考试者分别加 2 分、4 分；通过非计算机专业计算机等级考试二级、三级分别加 1 分、2 分；获某一等级证书（如国家级裁判证、设计证、律师证、导游证、驾驶证、会计证、程序员、普通话等级证等）酌情加 2 ~ 4 分；可累计加分。各种实习和课程设计优秀者每科加 1 分。创新能力方面，在全国学科竞赛中获得奖励者，加 3 ～ 4 分；在省级学科竞赛中获得奖励者，加 2 ～ 3 分，在院级学科竞赛中获得奖励者，加 1 ～ 2 分。在国家正式刊物上发表论文或译文，按其刊物类别分别加 2 ～ 4 分或 1 ～ 3 分，其中第二作者按 80% 计算加分，第三作者及以后按 50% 计算加分；在国家正式报刊上发表的作品，根据报刊级别、视作品字数每篇加 0.5 ～ 2 分。参加全国举办的“挑战杯”等科技发明活动获得奖励者，加 3 ～ 4 分；在省级科技发明活动中获得奖励者，加 2 ～ 3 分；参加学院举办的科技创新活动获得奖励者，加 1 ～ 2 分。实践能力方面，参加社会实践根据情况加 1 ～ 2 分；参加全院职业生涯规划大赛、习惯养成知识抢答赛等由职能部门主办的竞赛获得奖励者，根据获奖名次，加 1 ～ 2 分。以上加分最多可加至智育项目满分，超过满分部分不计。

2．减分。无故旷课未受处分者每学时减 0.2 分，晚自习不到者每次减 0.2 分，每补考 1 门次减 1 分，经补考后仍不及格减 2 分。严重违反课堂纪律者，每次酌情减 0.1 ～ 1 分。该项减分超过 10 分以 10 分计，不足 10 分按实际分计。

（六）综合测评中体育的加分和减分

1．加分。参加国家级体育竞赛，根据获奖名次，加 3 ～ 4 分；参加省、部级的体育竞赛，根据获奖名次，加 2 ～ 3 分；参加院级体育竞赛，根据获奖名次，加 0.5 ～ 1 分。以上体育竞赛中，同一比赛项目加分就高不就低，不重复加分，最多加至体育项目满分。

2．减分。在各项体育活动中不服从管理人员指挥，违反有关竞赛纪律者每人次酌情减 0.5 ～ 2 分；无故不参加学院、院（部）、年级、班级组织的体育活动和义务劳动者，每次扣 0.5 分；无故不参加体育达标测试者，每次扣 1 分（体育教研室提供达标者名单）；每缺一次早操减 0.5 分，周一升国旗不到者每人次减 0.5 分。以上减分最多可减至体育项目 0 分。

三、顶岗实习

特指根据我院专业人才培养方案的要求和教学计划安排，由学院组织在校学生到企（事）业等用人单位的实际工作岗位进行的实习，不含教学计划安排的其他教学实习、实训。其目的在于为毕业生就业打下坚实基础。由学生所在二级教学院部按照育人为本、学以致用、专业对口、理论与实践相结合的原则组织顶岗实习。各二级教学院部与实习单位合作成立顶岗实习管理组织，共同制订顶岗实习计划，共同负责学生顶岗实习的组织和管理。实习计划包括：顶岗实习所要达到的总目标（目的）、各实习环节（或类型）、实习内容、形式、程序、时间分配、实习岗位、考核要求及方式方法等。

（一）顶岗实习单位和指导老师

原则上应选择具有独立法人资格、依法经营、管理规范、规模较大、技术先进、有较高社会信誉或具有较高资质等级，提供岗位与学生所学专业对口或相近的实习单位；存在安全隐患的场所和单位，不能确定为顶岗实习单位。二级教学院部应对学生顶岗实习的单位、岗位进行实地考察，考察内容包括：学生实习岗位工作性质、工作内容、工作时间、工作环境、生活环境及安全防护等方面，并报教务处、学生处备案。

各二级教学院部要与实习单位协商一致，要求实习单位指定专门人员负责学生顶岗实习工作，安排思想素质好、经验丰富、技术熟练的技术或管理人员担任实习指导教师。同时要安排校内专业教师作为顶岗实习学生的业务指导教师、辅导员（或班主任）作为顶岗实习学生的思想政治工作指导教师。

（二）顶岗实习安排

对学生实习单位的安排应采取以教学院部安排为主、学生个人自行联系为辅的原则；学生因个人原因要求自行联系实习单位的，必须由学生本人和家长共同提出申请，并提供实习单位同意接收该学生顶岗实习的公函及实习协议，经二级教学院部领导同意并与二级教学院部签订实习协议后方可进行实习。二级教学院部对自行联系实习单位的学生应定期进行实习过程检查。在检查过程中发现存在安全隐患或不能达到实习要求的，要果断中止、另行安排顶岗实习。

无论是学院安排还是学生自行联系实习单位，学生到实习单位顶岗实习前，二级教学院部、实习单位、学生必须签订三方顶岗实习协议，明确各自责任、权利和义务。实习协议应符合法律法规规定，学生顶岗实习日工作时间不得超过劳动法的有关规定。

（三）安全和收费

二级教学院部要与实习单位联合建立安全保障组织，加强顶岗实习学生安全意识教育、岗前安全生产教育和培训，保证顶岗实习学生具备必要的安全生产知识和自我保护能力，掌握本岗位的安全操作技能。未经安全生产教育和培训的实习学生，不得顶岗作业。

严禁对顶岗实习学生乱收费。除省、市物价部门规定的收费项目以外，学院任何部门、任何人，不得向学生收取实习押金和实习报酬提成，不得向实习学生收取其他任何费用。

（四）顶岗实习过程管理

学院、实习单位和学生家长定期信息通报制度。教务处要充分运用现代信息技术，构建信息化顶岗实习管理平台；二级教学院部要利用教务管理平台与实习单位共同加强顶岗实习过程管理；要建立和完善学生顶岗实习信息管理平台，充分利用大学城空间、QQ群、微信等平台，及时向社会发布学生顶岗实习信息；二级教学院部要及时向家长通报学生顶岗实习情况，要与实习单位共同做好顶岗实习期间的教育教学工作、思想政治工作和安全工作。

实习学生应当严格遵守学院和实习单位的规章制度，服从管理，积极参加学院和实习单位组织的文化教育及相关培训活动；未经实习单位和二级教学院部批准，不准擅自离开实习单位；违反顶岗实习纪律的学生，应按学院与实习单位的相关规定处理。学生顶岗实习期间，遇到问题或突发事件，应当及时向实习指导教师和实习单位及所在二级教学院部报告。

四、毕业设计

毕业设计是专业教学的基本内容，是各专业人才培养方案的重要实践教学环节，是衡量专业人才培养质量的重要依据。毕业设计是学生的必修课程之一。学院建立学生毕业设计考核制度，学生毕业设计成绩直接录入教务管理系统，记入学生档案；毕业设计成绩不合格的学生不予毕业。

无故不参加毕业设计的学生，取消当年毕业生注册；经个人申请后可参加下一年的毕业设计；不申请参加下一年毕业设计或设计不合格的学生，不得再参加毕业设计，作结业处理。校内毕业设计抽查考核不合格的学生，做结业处理。教务处公布无故不参加毕业设计的学生和校内毕业设计抽查考核不合格的学生名单，报招生就业处，招生就业处注销其当年毕业生资格。

五、应征入伍

应征入伍有助于适应新时期国防和军队现代化建设需要，进一步优化兵员结构，提高部队战斗力，加强基层指挥军官队伍建设。可以是高校新生，即通过当年单独招生考试和普通高等学校统一考试，已被我院录取但同年9月依法应征入伍未到我校报到入学的学生；可以是在校生，即已就读取得大专学籍的一年级学生和二年级学生；还可以是应届毕业生，即当年取得毕业资格的大学生。

（一）条件

1．政治条件。征集服现役的公民必须热爱中国共产党，热爱社会主义祖国，热爱人民军队，遵纪守法，品德优良，决心为抵抗侵略、保卫祖国、保卫人民的和平劳动而英勇奋斗。征兵政治审查的内容包括：应征公民的年龄、户籍、职业、政治面貌、宗教信仰、文化程度、现实表现以及家庭主要成员和主要社会关系成员的政治情况等。

2．身体条件。公民应征入伍要符合国防部颁布的《应征公民体格检查标准》和有关规定。身高要求男性 160 cm 以上，女性 158 cm 以上；体重要求男性不超过标准体重的 30%，不低于标准体重的 15%，女性不超过标准体重的 20%，不低于标准体重的 15%。视力也有要求，大学生右眼裸眼视力不低于 4.6，左眼裸眼视力不低于 4.5。屈光不正，准分子激光手术后半年以上，无并发症，视力达到相应标准的视为合格。同时，乙型肝炎表面抗原呈阴性，等等。

3．年龄要求。男性：普通高等学校在校生为 18 至 22 周岁，高职（专科）毕业生可放宽到 23 周岁，本科及以上学历毕业生可放宽到 24 周岁；女性：普通高等学校在校生为 18 ～ 20 周岁，应届毕业生放宽到 22 周岁。

（二）程序

1．网上报名预征：有应征意向的高校学生可在夏秋季征兵开始之前登录“大学生应征入伍网上报名平台”（网址为 http：//zbbm.chsi.com.cn 或 http：//zbbm.chsi.cn，）进行报名，填写、打印《应届毕业生预征对象登记表》和《高校毕业生应征入伍学费补偿国家助学贷款代偿申请表》（以下分别简称《登记表》《申请表》），交学院人民武装部。

2．初审、初检：针对高校学生应征入伍，所属地人民武装部对应征青年进行身体初检、政治初审，符合条件者确定为预征对象。

3．应征青年应征地为学校地址的，结合初审、初检工作再进行体格检查和政治审查，9 月初学校所在地区人民政府征兵办公室为其办理批准入伍手续。

4．学院人民武装部应为应征青年提供便捷，为从学校入伍的应征青年办理学籍保留、学费补偿、家庭优待金等。

（三）政策待遇

高校学生应征入伍服义务兵役，除享有优先报名应征、优先体检政审、优先审批定兵、优先安排使用“四个优先”政策以外，家庭按规定享受军属待遇，还享受优先选拔使用、学费补偿和国家助学贷款代偿、退役后考学升学优惠、就业服务等政策。

1．学费补偿、国家助学贷款代偿及学费减免标准，本专科生每人每年最高不超过 8000 元，研究生每人每年最高不超过 12000 元。

2．学费补偿或国家助学贷款代偿金额，按学生实际缴纳的学费或获得的国家助学贷款（国家助学贷款包括本金及其全部偿还之前产生的利息，下同）两者金额较高者执行，据实补偿或者代偿。退役复学后学费减免金额，按学校实际收取学费金额执行。超出标准部分不予补偿、代偿或减免。

3．获学费补偿学生在校期间获得国家助学贷款的，补偿资金必须首先用于偿还国家助学贷款。如补偿金额高于国家助学贷款金额，高出部分退还学生。

4．从 2015 年起，国家对直接招收为士官的高等学校学生施行国家资助，入伍时对其在校期间缴纳的学费实行一次性补偿或获得的国家助学贷款（包括校园地国家助学贷款和生源地信用助学贷款）实行代偿。

5．因本人思想原因、故意隐瞒病史或弄虚作假、违法犯罪等行为造成退兵的学生，学校取消其受助资格，并不得申请学费减免。被部队退回并被取消资助资格的学生，已补偿的学费或代偿的国家助学贷款资金由学生户籍所在地县级教育行政部门会同同级人民政府征兵办公室收回；如学生返回其原就读高校，已补偿的学费或代偿的国家助学贷款由学生原就读高校会同退役安置地县级人民政府征兵办公室收回。

第六节　学历提升

一、专升本

专升本是指我省普通高等教育应届专科毕业生通过特定的选拔程序，进入省内普通本科院校接受普通本科教育的一种形式。依据教育部、国家发展和改革委员会有关规定，除国防科技大学、中南大学、湖南大学、湖南师范大学和各独立学院不得举办“专升本”教育外，我省其他普通本科院校均可自愿选择举办“专升本”教育。有普通高等教育专科毕业生的高校按协商自愿的原则，联系接收高校，开展“专升本”工作。

（一）选拔范围及比例

推荐专科学生参加“专升本”选拔的本专科院校（以下简称“推荐院校”），只能推荐各专业平均成绩排名前 20% 的应届毕业生参加选拔。若前 20% 内有学生自动放弃“专升本”选拔资格的不得依次递补。因成绩不合格而降过级的应届毕业生不得推荐。

五年制高职是否纳入“专升本”选拔范围由接收专科学生就读普通本科的院校（以下简称“接收院校”）自主确定。“推荐院校”在计算专科专业推荐比例时按三年制专科和五年制高职专科专业分别计算。“接收院校”组织选拔考试后的录取比例，应控制在各本科接收专业实际参考人数的 50% 以内（缺考学生不计入录取基数）。

“接收院校”当年录取的“专升本”学生总数按一定比例占用该校当年本科招生计划。

（二）推荐条件

推荐参加“专升本”选拔的专科应届毕业生必须符合下列条件：

1．遵守宪法和法律、法规。

2．遵守学校章程和规章制度。

3．德、智、体、美等方面全面发展。

4．各课程平均成绩排名进入本专业应届毕业生总数的前 20%（以该课程初次考试或考核的成绩为准）。

（三）录取名单确定

“接收院校”根据各本科专业实际参考学生的考试成绩在规定比例范围内从高分到低分择优确定录取名单，公示无异议后在规定时间内报省教育厅审查注册备案。省教育厅将审查通过的注册备案名单反馈“接收院校”。“接收院校”据此向学生发放录取通知书。因学生自动放弃“专升本”或其他情况出现的缺额一律不办理补录。

（四）应征入伍退役学生“专升本”政策

1．在校生服兵役退役后“专升本”政策。高职高专在校生应征入伍退役后需按期复学并完成专科学业，在部队服役期间荣立三等功及以上荣誉的，可免试随同本校本专业学生进入对应的本科学校对应专业学习，不计入推荐和录取比例。学生本人须提交原所在部队下发的嘉奖令（通令）、个人记功登记（报告）表等的复印件（加盖与原件相符的公章）及其他相关佐证材料，报“接收院校”和省教育厅审查。

2．毕业生服兵役退役后“专升本”政策。根据中国人民解放军总参谋部、总政治部和教育部、财政部有关做好普通高等学校应届毕业生征集工作的要求及教育部办公厅《关于做好普通高职（专科）毕业生服义务兵役和“下基层”服务期满后接受本科教育招生工作的通知》（教学厅〔2009〕6 号）精神，并结合我省实际，我省高职（高专）毕业生服义务兵役退役后自愿接受普通本科教育的按以下要求办理：

（1）报名

报名条件：上一年度退役的湖南省属普通高等学校高职（高专）毕业生，服役期间没有受过处分。

报名提交的材料：本人身份证、专科毕业证书、户口证明、士兵退役证复印件。报名时所有材料均须提供原件审查。

报名时间：每年的 3 月 1 日 -20 日（公休日除外），逾期不接受报名。

报名地点：湖南省大中专学校学生信息咨询与就业指导中心，地点：长沙市雨花区新建西路 37 号，联系电话：0731-82816660。

（2）考试：省教育厅将根据退役专科毕业生报名的专业分布情况，指定 1 ～ 2 所本科院校接受退役士兵参加考试，每个专科专业限指定 1 所学校。凡自愿报名参考的到指定学校参加对应专业的“专升本”选拔统一考试，考试时间、考试科目及成绩要求由“接收院校”确定。

（3）录取：各专业按报名人数 50% 的比例确定录取人数，指定接收退役士兵的本科院校对参考的退役士兵按照从高分到低分的原则，单独划线录取 (计划单列)。统一录取后不办理补录，有关学籍管理及其他事项与当年普通“专升本”的学生相同。

（五）“专升本”学生的学籍管理

1．被录取的“专升本”学生应在“接收院校”规定时间内报到入学，由“接收院校”进行本科学籍注册，严格按照教育部和“接收院校”的有关规定进行管理。确因特殊原因不能按时报到的，必须联系“接收院校”办理相关手续。“接收院校”对“专升本”学生进行注册时必须严格审核专科学历注册信息，确保本科学籍注册信息与专科学历注册信息一致。

被录取的“专升本”学生，其个人档案由“推荐院校”按档案管理的有关规定整理后，统一移交“接收院校”。

2．“专升本”学生属于特定考试形式录取的学生，入校后不得转专业和转学，不得采取非普通全日制学习形式就读普通本科。

3．被录取的“专升本”学生由“推荐院校”及时发放专科毕业证书，并在中国高等教育学生信息网进行专科学历证书电子注册。“专升本”学生直接进入普通本科三年级学习，在普通本科院校学习两年（本科学制为五年的专业学习三年），修完本科教学计划规定的内容，达到毕业要求的，颁发本科毕业证书。本科毕业证书内容必须填写“在本校 ×× 专业专科起点本科学习”，学习时间按进入本科阶段学习的实际时间填写；达到学位授予要求的，按国务院学位委员会和教育部有关规定授予学士学位并颁发学士学位证书。

（六）“专升本”工作时间要求

1．协议签署时间。每年 2 月底前“推荐院校”和“接收院校”合作双方完成协议的签署，并由“接收院校”汇总报省教育厅备案。3 月 10 日前，由“推荐院校”根据签署的协议在“湖南省普通高等教育专升本信息管理平台”（网址为 http：//zsb.hnadl.cn/t）完成与本科学校合作专业的对应申请（学生网上报名的前提）。

2．网上报名时间。每年 3 月 15—25 日，符合推荐条件的学生须登录“湖南省普通高等教育专升本信息管理平台”（网址为 http：//zsb.hnadl.cn）注册并完成网上报名。每年 4 月 10 日前，“推荐院校”确认推荐名单并按要求完成公示，将公示无异议后的推荐名单报“接收院校”汇总，由“接收院校”提交省教育厅审查。每年 4 月 25 日前，省教育厅将审查名单反馈“接收院校”。

3．选拔考试时间。每年 5 月 25 日前，“接收院校”完成选拔考试。6 月 15 日前将公示无异议后确认的选拔录取名单上报省教育厅审查备案，省教育厅在每年 6 月 30 日前将通过审查的注册备案名单反馈“接收院校”。

4．学籍注册时间。各“接收院校”必须在每年 9 月 30 日前完成“专升本”学生的学籍注册工作，逾期不得再办理入学和注册手续。

二、高等教育自学考试

高等教育自学考试（self-taught higher education examinations），简称自学考试或自考，1981年经国务院批准创立，是对自学者进行的以学历考试为主的高等教育国家考试。是个人自学和国家考试相结合的高等教育形式，是我国社会主义高等教育体系的重要组成部分。与普通高考和成人高考在招生对象、考试时间及学制不同，自考是“宽进严出”。考生参加国家考试机构统一组织的单科考试，合格一门，发一门的合格证书，所有科目合格后，方可申请毕业。自考是一种过程，一种经历，只有亲身体验过，尤其是只有其中一少部分善于自主学习的考生才是自考的最终胜出者（毕业）。

经过系统学习后，通过毕业论文答辩、学位英语考核达到规定成绩，符合学位申请条件的，可申请授予学士学位，并可继续攻读硕士学位和博士学位。

（一）报考资格

必须是具有国家承认的国民教育序列专科以上学历方可报考高等教育自学考试本科段。

非国民教育序列的党校及干部函授大学专科毕业人员，不具备参加自考本科段考试的资格。

参加本科段考试的考生，应持专科毕业证书和本人身份证到当地该专业的报名点报名。报考与所学专科专业不同的本科，根据专业的不同需要加试相应的课程。

（二）考试时间

全国自学考试时间一般如下：自考每年开设4次（各省市开考的次数由省级考办决定），考试时间分别为1月、4月、7月和10月，自2015年起大部分地区已将考试次数调整为4月和10月两次，详细情况学校会发通知。

第七节　加入党组织的流程

一、个人自愿向党组织提出书面申请

《中国共产党章程》规定：年满18岁的中国工人、农民、军人、知识分子和其他社会阶层的先进分子，承认党的纲领和章程，愿意参加党的一个组织并在其中积极工作、执行党的决议和按期交纳党费的，可以申请加入中国共产党。

入党申请人应当向工作、学习所在单位党组织提出入党申请，没有工作、学习单位或工作、学习单位未建立党组织的，应当向居住地党组织提出入党申请。流动人员还可以向单位所在地党组织或单位主管部门党组织提出入党申请，也可以向流动党员党组织提出入党申请。

党组织收到入党申请书后，应当在一个月内派人同入党申请人谈话，对其入党要求给予肯定，介绍党的基本知识，说明入党的条件、要求、程序等，同时对其年龄、入党动机和其他情况进行了解，并建立入党申请人的档案。

按照党章规定，要求入党的同志，必须由本人亲自向党组织提出申请。申请分为口头申请和书面申请两种形式。除极个别情况，如病危、完全不会写字外，要求入党的人要向党组织递交书面入党申请书。如果不交申请书，党不可能吸收其为共产党员。这是因为：一个人真诚自愿地向党组织提出入党申请，说明他的思想觉悟已经达到一定的水平，意味着他从此崇尚党、追求党，愿意无条件、无保留地献身于革命，经受成功与失败、顺利与挫折等种种严峻的考验。所以，递交入党申请书，是申请人愿为共产主义事业奋斗终生的心迹表明。同时，也是为了向党组织表明自己的入党愿望，使党组织了解自己的信念和要求，便于党组织对自己进行考察、教育和培养。

一个要求入党的同志，只有自己书写、递交入党申请书，才能真实地表达自己的决心和愿望，并自愿接受党的纪律约束。这是争取入党的第一步。向党组织递交的入党申请书应该包括以下三个方面的内容：

第一，为什么要入党。主要写自己对党的认识，包括对党的性质、纲领和任务的认识，入党的动机和入党的态度。

第二，自己的基本情况。主要写自己的成长经历，政治历史问题，受奖励或处分情况，政治觉悟、思想意识、工作和作风表现情况。家庭主要成员和主要社会关系的职业、政治情况，与本人的关系等。

第三，怎样积极争取入党。主要写怎样正确对待入党问题以及今后如何以实际行动争取加入党组织和接受党组织的考验。

每一个向党组织递交了入党申请书的同志都应懂得，写了入党申请书只能说明已有了入党的要求，这并不能说明已经具备了党员的条件。向党组织递交了入党申请书后，个人应把申请作为入党的起点，在学习、工作等方面更加严格要求自己，努力按照党章规定的条件去做。写了申请就想马上入党或采取消极等待，都是不正确的。

那么怎样争取实现自己的入党愿望呢？对于要求入党的积极分子来说，争取入党最要紧的，就是按照党章规定的标准严格要求自己，在提高党性、增强党性上多下工夫。使自己先从思想上入党，具体来说，争取入党至少应注意做到以下几点：

一是找出差距，明确方向，努力赶上去。由于每个要求入党的积极分子的具体情况和觉悟程度不同，影响他们入党的因素也有差异，对照党员标准，找到自己的差距，并努力实践做到从思想上入党，这是实现在组织上入党的最重要的问题。

二是主动向党组织汇报学习、工作和思想情况，取得党组织和同志们的帮助。一个人的进步是不能离开组织的教育和帮助的。有时一个人对自己的缺点错误看不太清楚，而党组织和周围的同志却能比较客观地发现他的不足。注意征求党组织的意见，多听取党员联系人的帮助，能使自己进步得更快，同时也便于党组织对其了解和考察。

三是注意学习党建理论和党的基本知识，要提高对党的认识，端正入党动机，要从思想上弄清为什么要入党。这也是考察积极分子是否具备党员条件的基本内容之一。

总之，要求入党的积极分子，对党有了正确的认识，入党动机端正，树立了共产主义人生观、世界观、有为共产主义奋斗终生的觉悟，在学习、工作等方面走在前头，时刻不忘全心全意为人民服务的宗旨，以自己的模范行动证明已达到党员标准，是一定会实现自己的入党愿望的。

二、入党积极分子的确定和培养教育

认真做好入党积极分子的确定和培养教育工作，是搞好发展党员工作的重要环节，是保证新党员质量的基础。党组织抓好入党积极分子的确定和培养教育工作，对提高党员队伍的素质，保持党的先进性，具有十分重要的意义。

（一）入党积极分子的确定

入党申请人能否被确定为入党积极分子，不能由党委或党支部的个别负责人指定，《中国共产党发展党员工作细则》第八条规定：在入党申请人中确定入党积极分子，应当采取党员推荐、群团组织推优等方式产生人选，由支部委员会（不设支部委员会的由支部大会，下同）研究决定，并报上级党委备案。确定入党积极分子，一般有以下程序：

1．采取党员推荐、群团组织推优等方式，从入党申请人中推荐入党积极分子人选。

2．党支部认真听取有关方面意见。

3．支部委员会（不设支部委员会的由支部大会）充分讨论，研究决定入党积极分子。

4．党支部将入党积极分子有关情况报上级党委备案。

5．入党积极分子的培养教育和考察。

入党积极分子的培养教育，是发展党员的重要环节和重要工作，对保障新党员质量极其重要。党的各级组织要紧密结合入党积极分子的思想、工作实际，有组织、有计划、经常性、生动活泼地开展对他们的培养教育。

《中国共产党发展党员工作细则》第十条规定：党组织应当采取吸收入党积极分子听党课、参加党内有关活动，给他们分配一定的社会工作以及集中培训等方法，对入党积极分子进行马克思列宁主义、毛泽东思想、邓小平理论和习近平新时代中国特色社会主义思想教育，党的路线、方针、政策和党的基本知识教育，党的历史和优良传统、作风教育以及社会主义核心价值观教育，使他们懂得党的性质、纲领、宗旨、组织原则和纪律，懂得党员的义务和权利，帮助他们端正入党动机，确立为共产主义事业奋斗终生的信念。党支部每半年对入党积极分子进行一次考察。基层党委每年对入党积极分子队伍状况作一次分析。

入党申请人确定为入党积极分子后，党支部要指定一至两名正式党员作入党积极分子的培养联系人，向入党积极分子介绍党的基本知识，了解入党积极分子的政治觉悟、道德品质、现实表现和家庭情况等，做好培养教育，引导他们端正入党动机，切实解决好思想入党问题。

吸收入党积极分子听党课，当年或下一年参加党组织举办的入党积极分子培训班并取得入党积极分子培训合格证书。参加有教育意义的党组织活动，给他们分配一定的社会工作，为入党积极分子提供锻炼和考验的机会，在他们完成社会工作中及时给予帮助和指导。入党积极分子要经常向党支部汇报思想，一般以书面形式每季度汇报一次。培养联系人定期与入党积极分子进行谈话，形成书面考察意见，并填写《入党积极分子培养考察表》，党支部每半年对入党积极分子进行一次考察，及时肯定成绩，指出不足和努力方向。考察的主要内容有：政治立场，思想觉悟（主要看入党动机是否端正，是否坚信共产主义，是否树立了“四个意识”和全心全意为人民服务的思想等），学习工作表现，政治纪律观念，群众观念，本人的历史、家庭主要成员和与其关系密切的主要社会关系情况，形成书面意见，并填写《入党积极分子培养考察表》。

入党积极分子工作、学习所在单位（居住地）发生变动，应当及时报告原单位（居住地）党组织。原单位（居住地）党组织应当及时将培养教育等有关材料转交现单位（居住地）党组织。现单位（居住地）党组织应当对有关材料进行认真审查，并接续做好培养教育工作。培养教育时间可连续计算。

（二）入党积极分子培养考察步骤

1．确定培养人。入党申请人确定为入党积极分子后，党组织要迅速明确专人培养，与入党积极分子进行谈话，形成书面考察意见，并填写《入党积极分子培养考察表》。

2．参加党校学习。入党积极分子必须参加党校学习，进一步学习党的理论知识，提高思想政治素质。

3．党组织考察。入党积极分子每月要向党组织汇报思想、学习等情况，以便党组织跟踪培养。党支部每半年对入党积极分子进行一次考察，形成书面意见，并填写《入党积极分子培养考察表》。

4．确定为发展对象。一年培养考察期结束后，党支部要及时召开大会，条件基本成熟的及时转为发展对象。

三、党员发展对象的确定与考察

（一）党员发展对象的确定

对经过一年以上培养教育和考察、基本具备党员条件的入党积极分子，在听取培养联系人建议、党员和群众民主测评通过的基础上、公示无异议、支委会讨论同意并报上级党委预审通过后，可列为发展对象。民主推荐同意率低于 50% 的入党积极分子，不能确定为发展对象。

（二）政治审查

党组织必须对发展对象进行政治审查。政治审查的主要内容是：对党的理论和路线、方针、政策的态度；政治历史和在重大政治斗争中的表现；遵纪守法和遵守社会公德情况；直系亲属和与本人关系密切的主要社会关系的政治情况。

政治审查的基本方法是：同本人谈话、查阅有关档案材料、找有关单位和人员了解情况以及必要的函调或外调。在听取本人介绍和查阅有关材料后，情况清楚的可不函调或外调。对流动人员中的发展对象进行政治审查时，还应当征求其户籍所在地和居住地基层党组织的意见。

政治审查必须严肃认真、实事求是，注重本人的一贯表现。审查情况应当形成结论性材料。凡是未经政治审查或政治审查不合格的，不能发展入党。

（三）集中培训

基层党委或县级党委组织部门应当对发展对象进行短期集中培训。培训时间一般不少于三天（或不少于二十四个学时）。培训时主要学习党章、《关于党内政治生活的若干准则》等内容。未经培训的，除个别特殊情况外，不能发展入党。

（四）大学生党员发展对象的基本条件

1．政治上要求进步，坚定共产主义信念，入党动机端正。认真学习马列主义、毛泽东思想、邓小平理论和习近平新时代中国特色社会主义思想，坚持党的基本路线，在大是大非面前旗帜鲜明，坚定地同党中央保持一致。

2．自觉遵守国家的法律法规和学校的各种规章制度，在平时学习、工作、生活中严格要求自己，有良好的道德修养。

3．组织观念强，自觉接受党组织的教育和考验，完成党组织交给的各项工作。

4．学习目的明确，刻苦钻研专业知识，学习成绩优良。

5．树立全心全意为人民服务的思想，关心集体，团结同学，乐于助人，在群众中有较高威信。

6．确定为入党积极分子后的培养考察时间不少于一年。

7．学习成绩在专业内综合测评排名中等以上，且不能有不及格科目。

四、预备党员的接收

（一）确定入党介绍人

1．对入党介绍人的有关要求

（1）党章规定，发展党员必须有两名正式党员做介绍人。

（2）入党介绍人由发展对象自己约请或由党组织指定。由党组织指定的，也要经本人同意，不能硬性指派。

（3）介绍人应当是政治思想好，熟悉党的基本知识，党性较强，作风正派，能够发挥党员的先锋模范作用，有较强的责任心，在党员和群众中有一定的威信，对发展对象过去和现在的情况比较了解，并能向党组织作负责介绍的正式党员。一般来说，可由入党积极分子的培养联系人担任，因培养联系人了解发展对象的思想和工作情况，由培养联系人担任入党介绍人，有利于党组织在发展对象被接收为预备党员后，进一步对其进行教育和考察。预备党员和受留党察看处分尚未恢复党员权利的党员，以及民主评议中不合格的党员或尚在缓期登记期间的党员不能做入党介绍人。发展对象的直系亲属一般不宜做其入党介绍人。

2．入党介绍人的主要任务

（1）入党介绍人应通过同被介绍人一起工作、学习、进行家访、谈心以及向周围群众调查等途径，认真了解被介绍人对党的认识、入党动机、政治觉悟、思想品质、现实表现、个人经历及家庭成员和主要社会关系等方面的情况，并如实地向党组织汇报。

（2）向被介绍人解释党的纲领、章程，说明党员的条件、权利和义务，对其进行党章和党的基本知识教育，提高其对党的认识，端正入党动机。

（3）指导被介绍人填写《入党志愿书》，并认真填写自己的意见。向党支部大会负责地介绍被介绍人的情况。在接收预备党员的党支部大会上，在对自己所介绍的人表决时，入党介绍人不能投弃权票也不能投不赞成票。如认为被介绍人尚不具备党员条件或因某种原因认为自己不适合当入党介绍人，可事先向党组织提出。

（4）被介绍人被批准为预备党员后，有责任继续对其进行教育和帮助。

（二）填写《中国共产党入党志愿书》

《中国共产党入党志愿书》（简称《入党志愿书》）是发展对象向党组织报告自己的自然情况、对党的认识以及向党表明自己入党心愿的书面材料，是党组织对发展对象进行审查的主要依据。它记载着发展对象的主要情况和党组织对其进行审查的全部过程。因此，党组织和发展对象都必须严肃认真地对待填写《入党志愿书》这项工作。

1．填写《入党志愿书》的要求　《入党志愿书》要逐项用蓝黑墨水、碳素墨水钢笔或毛笔填写，内容要真实，字迹要清楚。

一般要求是：

（1）“姓名”中的“曾用名”应按在户口上登记过的使用顺序填写；“出生年月”应填写公历时间；“贴照片处”要贴本人近期一寸免冠照片（黑白或彩照均可）；“籍贯”是指本人祖居的地方，按现在的行政区划填写。如祖居地变动较多，一般应填写父亲的出生地；现居住地学生可填 xxx 学生公寓。

（2）“文化程度”是指现有文化程度。应按现有文化程度或技术专业水平填写。在校大学生应填大一、大二、大三。“现任职务”是指一个人实际担任的职务。在校学生填写“学生”。

（3）填写“入党志愿”时，首先要将自己对党的认识写清楚。对党的认识主要包括对党的性质、指导思想、宗旨、最终奋斗目标、纲领、路线、方针的认识和理解。还要写清为什么要加入中国共产党，准备怎样做一名合格的党员等内容。在填写时要联系自己的思想实际，不要单纯抄党章或其他材料。在“入党志愿”填写格式上，应开章明义、直写正文，不应像写申请书那样开头用称谓，也不用结尾署名和注明日期或写上“此致、敬礼”等。

（4）“本人经历”包括个人的学习经历，参加劳动和工作的经历。本人经历一般应从 7 周岁或上小学一年级开始写起。在时间上月份要衔接，不能间隔。同时，要填上所任职务和对本人这段经历最熟悉的证明人。

（5）“奖励或处分”。“奖励”一项，没有特别的规定，一般是经过一个单位或上级领导机关批准表彰和奖励的（不含口头表扬），均可填入。为了说明表彰、奖励的规模和级别，填写时应该把何时何地因何原因受过何种奖励等写清楚。“处分”是指有批准权限的领导机关，根据一个人所犯错误的事实和性质，按照党纪、团纪、政纪和国法所作的组织处理或刑事判决。受口头批评教育的，不算处分。

（6）“家庭主要成员的职业和政治情况”。其中“家庭主要成员”是指和自己有血缘关系或婚姻关系的直系亲属。如父母、爱人和子女，以及和本人长期在一起生活的曾受其抚养或本人供养的其他亲属。如本人的祖父母、未成年或已成年仍在一起居住的兄弟姐妹等。“职业和政治情况”是指上述成员现在何地何部门做何工作或担任何职务，参加了什么党派或群众团体，有无重大政治和历史问题。“主要社会关系的职业和政治情况”。其中“主要社会关系”是指本人的旁系亲属（爱人的父母、分居的兄弟姐妹、伯叔姑姨舅、甥侄等）和与本人关系较密切或本人受其影响较大的朋友、同志、同学等。“职业和政治情况”，与上述填法相同。

（7）“对党还有哪些需要说明的问题”。这一项没有特别要求，凡是申请入党人认为表格中各项没有包括进去或没有完全表达清楚的问题，又需要向党组织说明的，都可以填写（不含本人对党组织的要求和自己今后的决心。）

（8）“备注”。这一栏由党组织填写，主要填写表中其他项目中没有包括而又应说明的问题。例如，曾自动退党、脱党、劝退或被组织上除名的情况及组织上的结论、意见等。

2．填写《入党志愿书》应注意的事项

（1）事先必须征得上级党组织同意。填写《入党志愿书》是一件十分严肃的事，为了避免出现填写了《入党志愿书》却因条件不成熟或有些情况不清楚未被上级党组织批准等情况，党支部在发展对象填写《入党志愿书》前，必须征得上级党组织同意，否则，发展对象不能填写《入党志愿书》。当然，这些并不意味着填写了《入党志愿书》就完事大吉，如在这一期间发现问题，上级党组织仍然可以否决。

（2）在填写《入党志愿书》前，党支部负责人和入党介绍人应对发展对象进行党的基本知识和对党忠诚的教育，并就填写《入党志愿书》的目的和意义、填写的内容和要求等问题作详细说明，指导其填好《入党志愿书》。

（3）发展对象应根据要求逐项认真填写，不得有任何隐瞒或伪造。如果某些项目没有内容可填写时，应注明“无”。由党组织、入党介绍人填写的项目，在按规定填写后，应签名盖章并注明日期。必须用蓝黑墨水、碳素墨水钢笔或毛笔填写，字迹要清楚。

（4）如果发展对象文化水平较低或有其他原因，填写确有困难，可由党支部指定党员按照发展对象口述的内容填写，填写的内容要准确地表达本人的意愿，不得任意发挥或添枝加叶。请人代笔填写的《入党志愿书》，除本人签名盖章外，代笔党员也要签名盖章，并应说明本人不能亲笔填写的原因。

（5）要注意入党申请书与《入党志愿书》的区别。入党申请书在写法上比较灵活，内容上也可有所侧重。而《入党志愿书》则须根据本人的成长及思想变化过程，着重写清本人对党的认识，为什么要入党以及今后的打算和决心等，内容上要比入党申请书深刻、全面。

（三）党支部召开接收预备党员的党员大会

召开支部大会讨论接收预备党员之前，支委会要对发展对象进行严格审查。通过召开座谈会、个别谈话等形式，广泛听取党内外群众对发展对象的意见；由党支部书记或组织委员同发展对象谈话，进一步了解其对党的认识、入党动机以及其他需要了解的情况；召开支委会，集体讨论，确认发展对象入党材料齐全，手续完备，符合入党条件后，作出提交支部大会进行讨论的决定。

（四）党支部填写“党支部决议”并报党委

填写支部决议应注明应到和实到正式党员、预备党员数，同意和不同意的人数，通过决议的日期，并由支部书记签名盖章，报党委。

（五）党委指派专人与发展对象谈话

谈话前要认真审阅《入党志愿书》及有关资料，谈话中要着重了解申请人对党的认识、入党动机和现实表现；谈话后认真负责地填写谈话情况和谈话人的意见。

（六）党委召开党委会审批

党委对党支部上报的接收预备党员的决议，应在3个月内审批，如遇特殊情况可以适当延长审批时间，但不得超过6个月。

（七）党委组织部门填写审批意见

对接收为预备党员的，应注明预备期起止的具体时间（从支部大会通过之日算起），并交党委书记签名加盖党委印章。

（八）党支部负责人与预备党员谈话

1．向预备党员介绍支部情况，提出要求。

2．编入党小组参加组织生活。

（九）党组织主持预备党员入党宣誓仪式

根据实际情况，选择时机和范围举行。

五、预备党员的教育、考察和转正

《中国共产党发展党员工作细则》第五章规定，党组织应当及时将上级党委批准的预备党员编入党支部和党小组，对预备党员继续进行教育和考察。预备党员必须面向党旗进行入党宣誓。党组织应当通过党的组织生活、听取本人汇报、个别谈心、集中培训、实践锻炼等方式，对预备党员进行教育和考察。

预备党员的预备期为一年。预备党员预备期满，党支部应当及时讨论其能否转为正式党员。认真履行党员义务、具备党员条件的，应当按期转为正式党员。预备党员转正的手续是：本人向党支部提出书面转正申请，党小组提出意见，党支部征求党员和群众的意见，支部委员会审查，支部大会讨论、表决通过，报上级党委审批。党委对党支部上报的预备党员转正的决议，应当在3个月内审批。预备党员转正后，党支部应当及时将其《中国共产党入党志愿书》、入党申请书、政治审查材料、转正申请书和培养教育考察材料，交党委存入本人人事档案。无人事档案的，建立党员档案，由所在党委或县级党委组织部门保存。

（一）对预备党员进行管理、培养、教育、考察的主要内容

1．进行党的基本知识教育。

2．进行党的路线、方针、政策教育。

3．进行共产主义理想教育。

4．分配一定的工作任务，在实践中锻炼。

5．针对性地进行教育。

6．预备党员执行党的决议，参加党的组织生活，履行党员义务，行使党员权利的情况。

7．听取党内外群众意见。

8．预备党员每月汇报一次思想。

9．每季度对预备党员进行一次考察写实。

（二）预备党员的转正

1．预备党员提出转正申请：预备期届满后，预备党员主动向党组织提出转正申请。着重写清在预备期的表现以及今后的努力方向。

2．讨论审查并提出意见：党支部责成预备党员所在党小组组织党员对其在预备期的表现认真进行讨论，并提出能否按期转正的意见。党支部根据本人的申请和考察情况，提出能否转正的意见，提交支部大会进行讨论。

3．讨论预备党员转正问题：

主要议程是：主持人宣布议程，报告出席会议党员人数；预备党员提出转正申请；党小组介绍情况，发表意见；支部委员报告情况，发表意见；与会党员讨论；党员表决，作出决议；上报审批。

4．审查审批。审批内容有：进一步审查预备党员对党是否忠诚，材料是否齐全，入党手续是否完备，入党程序是否符合党章规定；进一步征求党内外群众的意见；党委要严格审查预备党员的全部材料，听取组织和党内外群众的意见，召开会议集体讨论审批。

5．预备党员转正批复。党委讨论预备党员转正后，党委书记要认真填写批复意见，并注明党龄起始时间和延长预备期的起止时间。

6．与新党员谈话。党支部接到上级党委的审批结果后，党支部书记要与本人谈话。教育其充分发挥共产党员的先锋模范作用。

7．入党材料归档。预备党员转正后，应将其《入党志愿书》、入党和转正申请书、政审材料、教育考察的有关材料归入党员档案，是干部的按干部管理权限归入人事档案。党员档案由县级组织部管理。

（三）预备党员转正应注意的问题

1．要按期讨论预备党员的转正问题，不能无故拖延。对预备期满尚不具备党员条件的同志，也不能用推迟讨论的办法来代替延长预备期。对预备期满，已经具备正式党员条件，但由于组织上的原因，没有按期讨论其转正问题的，应当以按期转正处理。

2．要严格党员标准，不能迁就照顾。党章规定的共产党员必须履行的各项义务，就是共产党员的具体标准，也是衡量一个同志是否具备党员条件的具体尺度。党的各级组织在办理预备党员转正时，必须用这个尺度去全面衡量，不能认为已经入党了，差不多转正就行了，降低党员标准。这样做的结果，不但会影响党的战斗力，还会降低党在群众中的威信，甚至败坏党的声誉。

3．要注意倾听群众意见，确保转正党员质量。广泛听取党内外群众意见，是做好预备党员转正工作，保证新党员质量的重要手段。预备党员工作生活在群众之中，他们的一举一动、一言一行都在群众的监督之下。因此，各级党组织在预备党员转正之前，要深入到群众之中，倾听群众意见。不能凭主观印象，盲目办理转正手续。

4．尚不具备党员条件，需要继续考察和教育的，可以延长预备期，但不能超过一年；经过一年的考察，确实还不具备党员条件的，应当取消预备党员资格。延长预备期或取消预备党员资格，要经支部党员大会讨论做出决议，并将其填入《入党志愿书》，然后报上级党组织批准。

5．在一般情况下，预备党员不能提前转正。

6．支部党员大会讨论预备党员转正问题时，预备党员本人必须参加，如果本人因故不能出席，应延期讨论。预备党员的入党介绍人因故不能出席会议，支部党员大会可以照常讨论其转正问题，并做出决议。一般情况下应尽可能让其参加会议。

附录：部分优秀校友就业创业经历和感悟

75 级校友、奉献达人：贺绪松

贺绪松，男，中共党员，1955 年 9 月出生，原籍湖南省衡阳市衡南县柞市镇，1975 年进入原湖南农学院衡阳分院学习，1978 年 8 月毕业留校工作，原湖南林业专科学校副校长、原湖南环境生物职业技术学院调研员，高级政工师。

贺绪松校友

我 1978 年 8 月毕业于原湖南农学院衡阳分院，同年留校参加工作，1986 年 10 月任学生科副科长（主持全面工作）后，先后任校团委书记、园林系专职党支部书记、人事处处长、办公室主任、学生处处长等职，1998 年 6 月至 2000 年 4 月担任原湖南林业专科学校副校长、党委委员，2000 年学院改办高职院校后，2002 年 11 月省林业厅任命我为调研员，2000 年 9 月至 2006 年 8 月兼任学院党（院）办公室主任，2006 年 9 月至 2007 年 8 月兼任评建办主任，2007 年 9 月至 2010 年 3 月兼任学院党委组织部部长。2010 年 3 月因年龄关系，退出实职岗位，仍在组织部门协助工作。

我在校工作 37 年来，无论在哪个岗位，都是干一行、爱一行，以主人翁的姿态对待本职工作，诚实做人，扎实干事，严于律己，宽以待人，脚踏实地、一步一个脚印干好本职工作，为学院的发展建设，尽了自己应尽的一份责任。我在共青团和学生管理工作岗位上是青年学生的良师益友，关心关爱学生，与学生打成一片，为他们在学习、生活上排忧解难，为学生的成长创造良好的环境。在组织人事岗位上，是教职员工的勤务员和组工战线的排头兵，树立组工干部形象，坚持原则，秉公办事，廉洁自律，不徇私情，关心职工疾苦，尽力为职工的利益鼓与呼，为规范办事程序尽心尽力，为组织和党建工作打下良好基础。在办公室工作岗位上，协调好工作，办事不推不拖，把分内工作职责当作自己的事情来处理。在后勤副校长岗位上，经常深入工作一线，和同事们一起哪里需要哪里上，把为师生员工排忧解难，作为让自己感到快乐的事情。我多次被评为学院"优秀党员""优秀党务工作者"和"先进工作者"；曾被中共湖南省委宣传部等五家单位授予"湖南省高校学生暑期社会实践活动优秀组织者"、中共衡阳市委授予"优秀共产党员"、湖南省林业厅授予"省林业系统优秀教师（教育工作者）"、厅直三校"十佳优秀教师、教育工作者"、中共衡阳市委宣传部授予"优秀高级政工师"、共青团衡阳市委授予"优秀团干部"等荣誉称号。

学院前身湖南农学院衡阳分院创办于1975年，本人随着学院落户这块土地进入校门，在这里学习、工作、生活已40年，从一名首届留校的毕业生，到青年学生的知心人、教职员工的勤务员，后勤战线的领头雁、综合部门的协调员，评估创建的联络员和组工战线的排头兵。现即将退休，几十年的工作、学习经历常在脑海里不断萦绕，那年代、那经历难以忘怀，简要回顾一下，也算是小小的乐趣，2011年8月，我曾撰写了一本同名的小册子，此稿为精简稿。

一、为了梦想和追求进入高校学习

本人生于1955年9月8日，原籍湖南衡阳衡南县柞市镇，有幸福的童年和快乐的少年时期。1972年冬，高中毕业回到了自己的家乡，当时被称为回乡知识青年，在农村和乡亲们一起下地干活，面朝黄土背朝天，初尝农业的艰辛。那时，人虽在乡村，心却有许多梦想，特别是看到一些国家公职人员拿着国家俸禄，干着日不晒、雨不淋的室内工作，真羡慕他们，梦想有一天，我也和他们一样，那该多好啊！用知识、技能、用科学种田和机械化来改变劳动强度和农村面貌，梦想这一天能早点甚至就在明天实现。我在乡村三年时间，比较幸运的是真正在田间地里干活的时间不到半年，1973年秋我任乡中学代课教师，1974年2月正式担任乡村民办教师，1975年6月光荣加入了中国共产党，并担任了大队党支部（现村支委）文教支委，此时的我一边教书，一边负责村文教、卫生的管理工作。

1975年，"文化大革命运动"接近尾声，被冲击的高考制度尚未恢复，当时大学招生均是推荐加考试，进入大学深造被称为"社来社去"工农兵学员。这年8月，我被推荐参加了县里组织的入校考试，10月下旬我收到了湖南农学院衡阳分院录取通知书，跨入了大学校门，成了学院首届农学专业的一名学员。

那时学院环境之差、条件之艰苦难以想象，与我想象中的大学天壤之别，更不能与我们现在高楼林立，环境优美，远看像公园、近看像花园、细看是校园、感觉像家园的校园相比。当时与学院同处一个院落的单位还有衡阳地区"五七"干校、衡阳地区"五七"农场、衡阳地区商校。学院拥有建筑面积不到200 m^2，且房屋破旧，看不到两层以上的楼房，教职工寄住在农场的简易平房，学生居住在农场知青食堂的一角。校园无一条水泥道路，只有羊肠小道且杂草丛生。"晴天一把刀，雨天一团糟"，学院基础生活设施简陋，生活用水靠两口井供应，水量不足，供不应求，师生只能每天提水桶到附近乡村打水，夜晚路灯不亮，深夜漆黑一团，生活垃圾用作土杂肥堆积遍地，蚊虫、老鼠侵扰人们的正常生活。校区距市区较远（12 km），交通不便。当时没有公交车，师生出入要靠一天才往返几趟的长途客车，办急事时，多数只有靠步行进城。教职工购买必要的生活用品要步行八九里路到就近的集兵滩镇上去，食堂采购粮油、蔬菜全靠手扶拖拉机，当时学院的生活条件与附近的乡村并无多大差别。尽管这样，教职工抱着对党的教育事业忠诚的信念，学生怀着学知识长才干的渴望，办条件虽然差，但却锻炼人，大家齐心协力，共同克服困难。师生同吃、同住、同劳动，教学严谨，管理规范，全部教学活动都是理论与实践相结合，专业课全部采用现场教学。畜牧兽医专业有自己的动物养殖场，实验课全部采用动物活体标本；农学专业有专门的水稻和旱粮作物种植基地，从种子到种子全过程都能亲自动手、全程参与。大家学习刻苦勤奋，动手能力强，解决生产中的实际问题得心应手。绝大部分学生在毕业实习中就能运用所学的知识指导生产实践，为走上工作岗位奠定了扎实的基础。

大学三年，我不但在专业知识上学到了过硬的本领，在社会交往、工作协调上也获得了不少锻炼，三年里，我一直担任班级党支部副书记、副班长，参加社会活动多，组织班级党务、班务工作多，锻炼的机会也多，各方面进步也较快。三年大学生活，圆了我的大学梦，这三年是在快乐、充实中度过的。

二、为了理想和抱负奉献教育事业

1978 年 7 月，我圆满完成了三年学业，面临着回本县农业局工作还是留在学校教育管理工作岗位的选择。回县农业局工作，是奔赴家乡建功立业，实现进校的初衷；留在学校教育管理工作岗位，可以当一名人民的好园丁，那时学校刚创办，师资和管理人员紧缺，也是党的教育事业的需要。作为一名共产党员，我愉快地接受了组织的安排，进一步融入了湖南农学院衡阳分院这个大家庭。从此，我从学员变为教员，在教育工作者这个岗位上履职履责，几十年来，我的工作轨迹体现在以下六个方面：

1．青年学生的良师益友。1978 年 8 月，我正式走上了工作岗位，第一个工作部门是学校政工科，工作任务是学生管理及共青团工作。这项工作一直持续到 1992 年。当初，由于学院规模小，学生工作没有设班主任、辅导员专职负责，为了便于工作，我和同学们同吃、同住、同乐，有时还同堂听课，经常深入学生宿舍交流谈心，帮助学生解决学习、生活中的困难，既严格管理，又热心关怀，和同学们相处亲如兄弟姐妹。

1986 年 10 月，我走上部门领导的工作岗位，担任学生科副科长（负责全面工作）。工作职责发生了变化，肩上的担子更重了，我还是一如既往和同事们一起，不断创新工作新思路，认真负责。

1989 年 10 月，我担任学校团委书记一职，这项工作尽管还是与青年学生打交道，但是工作的侧重面发生了变化，我从青年学生的特点出发，在围绕学院中心做好思想、政治工作的同时，开展了各项有益的活动，得到了学校及上级团委的充分肯定，因此连续受到省、市团委的表彰。

十几年来，在学生管理、共青团工作岗位第一线，我与历届的青年学生结下了深厚的友谊，他们把我当作良师益友，至今我还与不少校友保持着联系，校友们为母校的发展壮大、蒸蒸日上感到自豪，我们也为校友们所取得的佳绩感到光荣。

2．教职员工的勤务员。1992 年 9 月，我被安排在学校人事处主任岗位上工作，这个部门是比较“实权”的部门，负责干部任免考察、人员调配、劳动工资、职称评定等方面的工作。在这个岗位上，我用“做老实人、办老实事、脚踏实地、一步一个脚印工作”作为自己的行动准则，遵纪守法、廉洁自律，处处以为“教职工服务办实事”为出发点，关心职工疾苦，按章按规办事，合情合理为职工群众鼓与呼，排忧解难。我的工作得到了领导和职工群众的充分肯定，连续几年被评为学校“优秀党员”“先进工作者”，先后被衡阳市委授予“优秀共产党员”被省林业厅授予“优秀教育工作者”“十佳优秀教师”“十佳教育工作者”等荣誉称号。

3．后勤战线的领头雁。1998 年 6 月，省林业厅党组任命我为湖南林业专科学校副校长、党委委员，主管后勤工作（1987 年学院改为湖南林业专科学校）。挑起这副担子后，心里的压力很大，当时学校基础生活设施不全，内外部环境差，为了后勤保障和管理服务工作，我心没少操，工作现场没少去，耐心的思想教育工作没少做。为了解决水的问题，我与同事们一起，日夜奋战在水泵房建设工地上，与教职员工一起在一线挖沟、铺电缆。后勤服务岗位上哪里需要，哪里就有我的身影，在担任林专后勤管理工作的两年时间里，我从没想过自己是一名副校长，只想过自己是一名办事员，能够为师生员工排忧解难，是我最大的快乐；该办的事没办好，是我最大的痛苦和不安。师生员工的冷暖忧难时常挂在我的心上。

4．综合部门的协调员。2000 年 4 月，学校改名为衡阳职业技术学院，升格为副厅级单位，2001 年 3 月更为现名。组织上任命我为学院调研员，兼任党（院）办公室主任，这一干就是 7 个年头。办公室工作千头万绪，最终离不开服务职能、协调职能、参谋和助手职能。在这个岗位上，我以主人翁意识对待本职工作，把分内工作职责当作自己的事情来处理，以身作则，出以公心，坚持原则，秉公办事，廉洁自律，不谋私利，办事不推不拖，工作相互配合，依靠大家的力量，集中大家的智慧，圆满完成了职责内的各项工作任务。

5．评估创建的联络员。2006 年 8 月，学院为示范性高职院校的建设需要，成立了评估与创建工作办公室（简称评建办），组织上安排我兼任评建办主任。2007 年是我院评估创建工作任务繁重的一年，也是学院提升层次收获颇丰的一年，五大省级重点建设项目（示范性高职院校、重点实习实训基地、精品专业、精品课程、学科带头人）在这一年得以实现。特别是我院首批进入省级示范性高职院校行列，对学院的发展建设起到了巨大的激励作用。在这期间，我也与学院领导和同事们一样，全身心投入，突击工作，不分节假日，加班加点，废寝忘食工作，尽管辛苦、累，但心里是快乐的。

6．组工战线的排头兵。2007 年 9 月，因工作需要，学院安排我到党委组织部工作，兼任组织部长一职，这个岗位既是党务工作、干部工作的重要岗位，又是学院党建工作、干部管理的参谋部门。我按照诚实做人、作风正派、廉洁自律、坚持原则、秉公办事、不徇私情、优质服务的高要求，树立组工干部的优良形象，认真履行职责。到岗后，从建章建制规范办事程序入手，根据上级要求，结合学院需要，先后规范了党员发展工作程序，党员材料归档程序，党组织关系转移程序，入党积极分子培训程序，干部任免考察、公示程序，党员信息化管理程序，党费收缴管理程序等等。为按原则、按制度、按程序办事打下基础，在实践中获得了良好的效果。干部工作中创新提出了中青年干部到校外基层挂职锻炼，在学习中实践科学发展观教育活动，湖南省高校党建评估工作等等，尽到了组织部门应尽的工作职责，并得到了上级党组织的好评。

2010 年 3 月，因年龄关系，我不再兼任组织部部长一职，真正退出了实职岗位。退休之前，我仍在组织部门上班。

日月如梭，光阴似箭，在学院学习、工作、生活 40 年，学院的成长、壮大、发展轨迹历历在目，我永远忘不了学院创建阶段的艰辛、徘徊阶段的困惑、成长阶段的探索和发展阶段的辉煌！

96 级校友、生意达人：罗梅花

罗梅花，女，中共党员，1977 年 12 月出生，原籍湖南邵阳隆回县，1996 年进入原湖南林业专科学校林业经济管理专业学习，现任天津东方雨虹防水工程有限公司总经理。

1999 年我刚毕业时在一家水暖空调公司从事销售工作。初入销售这一行，自己仅仅是个门外汉，经过 16 年的奋斗打拼后，对于这份工作，现已驾轻就熟并继续在这个行业中挥洒热情。

一心赴销售，北漂之路现曙光。我 1999 年大学毕业，当时懵懂无知，对于自己未来的工作与生活并没有明确的概念，叔叔把我介绍到朋友的水暖空调公司。这是一家规模不大的私营企业，每年的产值在3000万左右。那时老板安排我们去北京开拓新的市场，设立北京办事处。于是，1999年8月5日，我与其他16名同事到达北京，销售生涯从此拉开了序幕。

罗梅花校友

初秋的北京似乎因为我们一行的到来变得格外“热情”，初到北京的第一个月，每天的气温基本都在36 ℃以上，最高时甚至达到了40 ℃。公司在十里河为我们租了一套房子，既当办公室又做起居室。我们三个女生挤在一间小卧室里，和住大学宿舍差不多。

由于公司是第一年在北京开设办事处开拓市场，没有配备任何车辆，我和同事们跑业务只能坐公交车，条件相当艰苦。再加上办事处经理的管理非常严格，要求每天早晨7点每个业务员都得外出跑业务，没有特殊情况下午6点前不允许回办事处。回不了办事处不是难事，最难的是每天得背着10本1.5 kg的产品说明书在外面跑。提着15 kg的资料在北京挤公交，每天要走很远的路，那时才真正感受到首都之大。

初到北京的那段日子，确实不堪回首。其实人生就是这样，在不计较得失只是全力以赴状态的时候，并不觉得生活有多苦，相反现阶段的我认为那是我人生当中过得很充实很有意义的几年，至今我都很佩服自己那些年吃过的苦、经历过的事，那些经历培养了我独立解决问题的能力。

我清楚地记得来北京做销售不到一个月，我做成了第一笔业务。某一天，通过设计院打听到保定有一家工厂正在机电改造，可能会用到公司的产品，第二天，我就独自一人坐火车找到了这家工厂。由于连日奔波再加上天气炎热，找到工厂时，我已经累得头晕眼花，眼冒金星。来不及吃中饭，我找了一家便宜的酒店，直接倒头就睡，结果一觉睡到了下午5点。眼看马上要到工厂下班的时间了，我赶紧拿起公司的产品说明书直接去找客户。客户把产品说明书从头到尾翻看了一遍，说没有看到他们要用的产品。当时我心里还是有些失望的，但并没有明显表露出来。正好我看到了客户办公桌上的施工蓝图，好像画有热水罐之类的图示，于是试着跟客户介绍了一种适合在热水罐里交换的热水器。或许是我的认真感动了客户，客户让我第二天上午再过来。第二天我刚走进客户办公室，客户的第一句话就是："用你昨天说的热水器跟我们签订一个小合同吧！"这笔金额为14392元的小合同，让我获得了2800元的销售提成，相当于我近4个月的基本工资。正是这笔收入坚定了我走销售之路的信念。

坚持就是胜利，功夫不负有心人。在参加工作的第二年，我的销售业绩就跃居整个公司销售第三名，业务提成按当时800元每月工资计算，我一年的收入就相当于领了20多年的固定工资。以后的几年，由于销售业绩十分不错，在2002年，我在北京南三环购置了第一套房，2004年结婚生子，2005年购买了第一辆车。

在近6年的时间里，我顺利地完成了人生几件大事，在北京站稳了脚跟。我一直认为，是这6年的坚持与执著，勤奋与吃苦让我比别人成绩更加突出。因为为人真诚、热情，我在销售之路上仿佛比其他同事更幸运。

转战生意场，个人事业入正轨。2005年，我所在的水暖空调公司的老板在经营思路上发生了根本性的变化，再加上其他的各种因素，我产生了换一份工作的想法。恰巧在2005年9月底，我回长沙老家看儿子，顺便陪一个同学参加面试，结果意外被东方雨虹的现任执行总裁及其团队看中，从此开始了我的第二份工作。

从2005年加入雨虹团队到2011年，我一直只是从事销售工作的基层业务员，2011年4月我开始做管理带团队。第一次接手某个业务部门，该部门销售业绩近7000万，到2013年升职交接时，销售产值已经超过1.4亿，远远领先于其他三个兄弟部门。

2013年，集团领导因为人事变动，同时本着节约成本的原则，把北京公司的重大业务部门也交给我管理，我一个人兼职两个部门经理，升职为北京公司的总经理助理。在这一年，我出色地超额完成了两个部门的任务，并且开发了新领域、新产品，做下了北京好几个超大项目，书写了行业的历史之最。由于在公司和行业沉淀了多年，个人人品、业务能力、管理能力和专业水平都得到了领导和同事的认可，经董事会同意，我于2014年1月1日，被提拔为东方雨虹天津分公司的总经理。

其实在高管的这个位置得以提拔，一定是机遇与困难并存。一个公司在总经理这个岗位变更高管，说明前任总经理不是高升就是市场及销售工作出了问题。而天津就是因为市场出了问题才让我获得了这次提拔的机会。2013年天津地区的销售业绩只完成集团定的任务的30%，但是根据上市公司的业绩需求及集团制定的规划，业绩每年的复合增长率不能低于30%。2014年接手后，集团公司给我签订的任务是在2013年的基础上翻不止一番。这无疑是个巨大的挑战。然而比数字更让人头痛的是人员、团队的涣散，制度的缺失和执行不到位。所以在2014年上半年，通过对公司团队的整顿，制度的建立、人员的招聘及培养，天津分公司在进入2014年中的半年总结会上向集团总公司展现出了一番全新的面貌。

经过与公司全员的不懈努力，2014年天津分公司超额完成了集团既定的任务，比2013年的业绩增长了130%，取得了可喜的成绩，同时也为天津分公司2015年及以后的成绩打下了坚实的基础。东方雨虹目前是行业中的第一个上市公司，市值超150亿，员工人数近4000人。

分享职场经，肺腑之言予后辈。从接到母校文学禹教授的电话要求我写点工作简历，指点以后的师弟妹们，给予他们以后工作的指导，我便心有不安，个人认为人生没有彩排，如果说是指导，唯恐误人子弟，罪过也就大矣；但是教授的良苦用心我是理解的，其安排的事情我也肯定是要用心执行的，只是希望师弟妹们可以在以后的职业生涯中可以少走些弯路，要有正确的价值观，可以多为家人、单位及社会贡献自我的价值！

关于工作和生活：首先，每个人找到适合自己的工作非常重要，评价一份工作是否适合自己的标准就是本人是否热爱这份工作，只有热爱自己的本职工作，工作才会干得出色；在工作的过程当中，要善于发现自己的工作价值和工作乐趣。譬如现在好多的年轻人来面试工作的时候，看重的是一时工资的高低，这本身没有错，但是我们反过来想：一个任何人都能做的岗位，工资怎么可能很高呢？所以在选择工作的时候，我们更应该想清楚我自己有什么特长？我能为公司创造什么样的价值？为公司创造什么效益？我的这份工作是否会充分展现我的特质？我的这个岗位会为我以后的发展带来什么好处？

其次，对于工作任何时候我们都要全力以赴，现在有很多的年轻人认为公司给我多少薪水我就干多少活，道理是不错的，但很多的工作如果我们没有涉猎或没有深入地去做，对我们自己而言就错过了很多学习的机会，当单位真正需要这方面的人才的时候，机会也就轻易地失去了。比如在财务岗位，我们只对财务业务熟悉，对内勤和市场等本职以外的工作本着事不关己高高挂起的态度，如果有一天公司要提拔一个高管，分管财务、外联和内勤，那么公司肯定会综合考虑，重用综合型的人才。所以我们不光要全力以赴地把本职工作做得更好，也要把更多的分外工作当作学习的机会，而不是叫苦叫累，这样我们才能把握更多的机会。

再次，在生活上，我们首先要有过上高品质生活的目标，但对于刚毕业的学生来说，刚参加工作时是在奋斗的年纪，千万不能选择安逸或不切实际，盲目地贪图享受，一定要根据自己的工作收入，做好艰苦生活的准备。

最后，在工作与生活的关系上，工作的本质是为了更好地生活，快乐的生活可以促进更加成功的工作，二者并不矛盾，是一种相互促进、相互依赖的关系。对于现今普遍存在的双城生活，本人就不是很赞同，为了一份稳定的工作，我们要远离家人和亲人，那么生活的品质自然也就没有了，也就失去了工作的意义，为了工作舍弃家庭和亲人是得不偿失的；而有时候为了追求美好的生活，放弃一份稳定、称心的工作，生活的品质也将难以保障。

工作与生活好比我们生命中的两大支柱，我们要换个角度、摆正心态，使工作和生活达到平衡，如果我们能像热爱生活一样去热爱我们的工作，用认真工作的态度珍惜生活，我们人生的每一天将是多么美好！在这两者的关系上，在本人带领团队的过程当中，我提倡的理念是“开心工作、快乐生活”，这还被采纳成为东方雨虹文化艺术节的宣传标语。

关于成功与成长：如果把我们的人生比喻成一段旅程，那么成长就是我们留下的脚印，自然成功与失败就是我们脚印在成长旅程上书写的波峰与波谷。我们公司每年都会招收应届毕业生，每个部门每个版块董事长都会要求人力资源部确定招收任务，大胆录用应届毕业生是董事长背负的一份民族责任，所以公司上下非常重视，在人员薪金、培养学习、导师配置方面都是额外特批，所有应届毕业生的费用考核不计入用人部门而是列入集团人力资源的费用。为什么董事长会要求制定这些特批制度？对于民营企业来讲，毕竟投入与产出是要求立竿见影的，用人部门肯定希望录用有经验的员工而不愿意聘用应届毕业生。从我这几年录用应届毕业生的经历来看，应届毕业生有热情、动力，但是急功近利、经不住打击的不成熟的心理是不能坚持岗位的最大原因，这部分员工在碰到些许的失败或挫折之后就特别没有自信，比如从事销售业务工作的人员，只要遇到客户的拒绝，很可能公司尚未处理，自己就经不住打击，开始打退堂鼓。其实成熟的公司，往往允许员工在工作上犯错误，只要没有违反法律法规及公司原则性的制度就可以。所以我经常会鼓励大家，在工作过程当中，不要那么在乎成功，要大胆心细地开展工作，不要害怕犯错误，即便犯了错误也只是为了更好地成长。

成功与失败只是我们人生旅程中成长的两种形式，我们追求成功，但不能只允许成功，我们还要不畏失败。所以人生旅途，也就无所谓成功与失败，成长一直都在。

关于学习与未来：对于现在大部分的学子，普遍存在的一个误区就是以工资或财富来衡量一个人是否成功。在现阶段很多学生在该学习的时期，以挣钱或找份好的工作为目标而忽略了学习，这是本末倒置、极其错误的想法和做法。我认为在大学阶段要好好学习，为将来更好地工作打好基础。而学习成绩的高和低，体现的是学习能力，学习能力是伴随我们终身的技能，没有学习能力的人是没有未来的，是可悲的。

在企业招聘、面试员工时，员工的学习能力和解决问题的能力是我非常注重的两个方面。

以上内容没有引经据典，也没有名人名言，只是我在工作当中的一些真实感受，希望对师弟师妹们有所启发，如有说得不好、表述不清楚或是考虑不周详之处，还请大家多多谅解。希望大家在学校好好学习，走出学校之后，学以所用，开心工作，快乐生活，早日实现自我价值！

93级校友、学术达人：彭小伟

彭小伟，男，中共党员，1978年6月出生，原籍湖南衡阳祁东县，1993年9月进入原衡阳市卫生学校医士专业学习，现任湖南省肿瘤医院（湘雅医学院附属肿瘤医院）副主任医师。

彭小伟校友

在衡阳卫校的4年时间，我们全面而系统地学习了临床医学的基础知识，为日后的行医生涯打下了坚实的基础。在班主任唐森清老师的影响下，我立下了攀登医学高峰的志向。

中专4年毕业后，我被分配到当地的一个镇医院工作。由于病人不多，所以每天都有用不完的时间，非常空虚和无聊，所学的知识没有得到应有的发挥。于是我利用空余时间，刻苦学习，不到3年时间，就通过了中医自学考试的全部课程，于2001年底拿到了大专文凭，圆了一个中专生的大学梦。这个阶段的学习，磨炼了自己的毅力，也练就了自己很强的自学能力。

为了能够真正有机会进入大学进行更高层次的学习，我又开始准备专升本的考试。我在当地中学找了一个数学老师，每天晚上厚着脸皮去他家里请教，经过了半年时间的备考，我终于获得了中南大学的入学资格。

进入大学，我才发现很多人并不满足于本科文凭。因为拿着专升本的本科文凭出去找工作，还是会受到不一样的对待。于是我加入了考研大军。考研的三大课程之一是西医综合，对于我们这些在衡阳卫校接受了4年高质量的医学教育的中专生来说，西医综合考试已经不在话下，最大的障碍是英语。为了备考，在原有初中及中专英语的基础上，我又自学大学英语。经过一年时间的备考，我于2004年通过了全国研究生入学考试，成为了中专时全班80多名同学中唯一的一名研究生。

在研究生学习期间，由于成绩优秀，科研成绩突出，我连续两年被评为优秀研究生。2007年毕业时，被评为优秀毕业生。同年，我有幸通过了博士入学考试，开始攻读博士学位。经过3年的奋战，我发表了国内核心期刊论文2篇，统计源论文1篇，SCI论文1篇。2010年获得中南大学博士学位，并荣获“优秀博士研究生”称号，博士学位论文荣获中南大学优秀博士毕业论文。

毕业后我以考试第一名的成绩通过了湖南省肿瘤医院的招聘考试，成为了一名乳腺头颈外科医生。2012年晋升为副主任医师，2014年被遴选为中南大学硕士研究生导师。目前系中国抗癌协会湖南省甲状腺专业委员会委员，中华医学会湖南省显微外科专业委员会青年委员，湖南省康复医学会肿瘤康复专业委员会委员，湖南省肿瘤医院青年医师协会秘书长，担任多家杂志的审稿专家。我曾到北京、上海、杭州等多家大型医疗机构进修、学习，也多次在全国学术交流大会上进行学术讲座，为国内多家大型三甲医院及毛里求斯最大的国立医院培养了数名显微外科医师。我出访过意大利，得到了锡耶纳市的市长及卫生局长的接见。在国际上，与美国、加拿大、意大利、印度等多个国家的专家建立了学术交流和合作。

我开展了湖南省肿瘤医院首例全腔镜甲状腺手术，参与开展了全省乃至全国首例3D打印钛合金及DIEP游离皮瓣修复胸部巨大肿瘤术后缺损手术。主持省自然科学基金课题、卫生厅科研课题各一项，参与国家自然科学基金课题2项，以第一作者发表SCI及中文核心期刊论文10余篇（SCI论文3篇），参编专著《肿瘤整形外科学》，参译国外专著《Ballenger耳鼻咽喉头颈外科学》，申请专利9项，2014年获得湖南省科技进步三等奖一项。

回首往事，衡阳卫校的4年学习生活历历在目。尽管我们当年选择了中专，但是衡阳卫校具备良好的师资力量和硬件设施，为我们日后的行医生涯打下了坚实的基础。

我们的班主任唐淼清老师是一位治学严谨，对学生负责的好老师。对我们要求严格，致力于将我们培养成为有能力、有责任心的好医生。所以，他让我们懂得，选择学医这条道路是艰辛而又神圣的，也让我们明确了学医的目的和意义。

当年我们的解剖学老师唐茂林教授，现在已经成为中国临床解剖学会副主任委员，博士研究生导师，享受国务院津贴，是国内外著名的临床解剖学教授，在加拿大从事博士后研究期间，获得加拿大科研成果一等奖，得到了国内外专家的认可和同行们的敬重。1年前，我们重逢在一次学术会议上，感到无比的激动，对分离22年后彼此的改变和所取得的成绩都感到惊讶和不可思议。至今，我继续师从于他，他对我们衡阳卫校的学生也格外关照，把所有研究成果全部传授于我。每逢碰到他的加拿大导师、师兄弟和国内外的朋友，都会自豪地向他们介绍：“Dr Peng是我22年前在衡阳卫校时的学生”。通过他，我也认识了很多国内外的朋友，为我们科室立足于国内，面向国际打下了基础。所以，我们在衡阳卫校，能够受教于这样大师级的好老师，应该感到非常荣幸和骄傲。

人生是一场马拉松赛跑，起点并不决定最后的胜败，关键的是认准人生目标坚持不懈地努力。经过这么多年的奋斗，我确实取得了一些小小的成绩。今年，我所在的科室已经被医院作为“十三五计划”的首要重点发展科室，希望以我科为龙头，带动全院外科的发展。可见，我们肩上的责任重大。我和我的科主任经常共谋科室发展大计，专注于我们的专业，专注于我们团队的打造。相信在不久的将来，我们一定会让世界了解到我们中国医生在乳腺及头颈肿瘤术后修复重建工作中做出的突出贡献和取得的成就。

我们应该把学习当成一种习惯，当成一种精神食粮，把经过奋斗所取得的成绩当成一种享受，当成生活质量的提高。

路漫漫兮，吾将上下而求索。

94 级校友、励志达人：余戈

余戈，男，中共党员，1974 年 1 月出生，原籍湖南岳阳，1994 年进入原湖南林业专科学校林业经济管理专业学习，现任市委机构编制委员会办公室党组成员、副主任。

余戈校友

1994 年 9 月我走进原湖南林业高等专科学校林业经济管理 1 班学习。母校三年，我从团员到中共党员，从班长到校学生会主席，从学生到省委组织部选调生，时刻感恩学校领导和老师的悉心栽培，感激校友同窗们的无私帮助和支持。走上工作岗位后，时刻牢记“林专人”的身份，用自己的一言一行践行当时“博学、慎思、笃行、创新”的校训。

勤学不倦，自我超越。从学校毕业后，我一直坚持把学习当作第一需要，不断提高自己的知识素养。通过自学，我获得了湖南大学工业管理工程专业本科文凭和中央党校法律函授第二本科学历。2000 年，我又通过考试获得了经济师的中级职称，2007 年 3 月获得工商管理硕士学位。学有所乐、学有所获。学习使自己更积极地面对自己的工作和生活，更有信心面对遇到的困难和挑战。

务实不殆，脚踏实地。从农场到乡镇，从县团委到市委机关，我从事组织工作 16 年，经历了乡、县、市三级组工岗位的锻炼，从组织工作的门外汉，逐渐成为组工业务骨干。在领导的关心和同事们的帮助下，我积累了一定的组织工作经验，思想不断成熟，能力不断提高。生活中，我真诚面对，坦诚相待；工作中，我低调务实，虚心学习。在业务上，我刻苦钻研，认真积累。农村的艰苦环境和基层的工作实践，让我体会了艰辛，经历了磨炼，增长了才干，更重要的是，让我懂得了真诚地面对生活，坦诚地面对得失，勇敢地面对逆境。始终恪守“先做人，后做事”的为人准则。

奋斗不止，责任在心。2002 年 6 月，我通过公开选调考入岳阳市委组织部。在市委组织部工作13年来，在干部线、党建线和办公室担任科长近10年，这10年是不断加强政治理论和业务理论学习的10年，我积极参与先进性教育、组织系统“讲党性、重品行、作表率”和创先争优等活动，自身的政治理论素养得到较大提升。我立足本职岗位，忠诚履行职责，自身能力得到较大锻炼，圆满地完成了各项本职工作任务。我曾负责的党员教育课件资源获中组部特等奖和一等奖，科室工作多次获省委组织部部刊推介。一路走来，当年林专人的勤劳敦厚、淳朴善良的风格，使我受益匪浅，终身受用。

我曾经努力奋斗过，现在努力奋斗着，将来奋斗更努力！

2000级校友、创业达人：方伟红

方伟红，男，1981年11月出生，原籍湖南，2000年进入原园林建筑工程专业学习，现任湖南八方九地市政园林工程有限公司董事长。

方伟红校友

2003年毕业至今，已一轮有余的岁月，突然间接到母校老师的电话，推荐我为优秀校友，发表相关事迹材料。接到这个电话时心中既惭愧又惶恐，湖南林专（现湖南环境生物职业技术学院）涌现多少党政领导、商海奇才……他们都比我优秀、出色，此等荣耀称号又怎么会落于我的身上，心中十分感激与珍惜。当年这片热土，记录了我们太多美好的回忆。母校教给我们知识，督促我们成长，包容我们的错误，培养我们成材，就像那句诗一样“为什么我的眼里常含泪水，因为我对这片土地爱得深沉”，怀着这份感激与热爱，更为了不辜负母校及老师给予的这份荣誉，我谈一谈进入社会这些年的体会，希望能给母校的师弟师妹们一些借鉴。

可以说，湖南环境生物职业技术学院是我一个农村孩子开始改变命运的地方，是提升我的舞台、改变我一生的地方。毫不夸张地说，没有湖南环境生物职业技术学院，没有园林系（现在的园林学院）肯定就没有我的今天。湖南环境生物职业技术学院给我留下了一连串美好的回忆，也留下了一连串痛苦，正是在美好和痛苦之间，在挫折、挣扎和进步中间，我最后找到了自我，最终能够在进入社会后为家庭、为自己、为社会做一份贡献。

对于母校的师弟师妹们，我想与你们分享些许人生体会。因从小在农村长大，“吃苦耐劳”

这种与生俱来的特质，成为影响我命运的资本，在湖南环境生物职业技术学院的几年大学生涯中，2001 年下半年我通过勤工俭学（往宿舍送报纸刊物）的方式赚取了两千多元，买了一台奔腾配置的台式电脑，那个时候制图软件如 3D、PS、CAD 等还是新兴软件，熟练运用这些软件的人也为数不多，正是通过这台奔腾配置的电脑我自学了这些制图软件，使我在电脑制图方面比其他同学多了一技之长，很快我就于 2002 年下半年在衡阳市埃菲尔装饰工程有限公司兼职担任室内效果图设计师，也正是由于这份先接触到社会的经验成为了我人生中最宝贵的财富，在 2003 年拿到毕业证之后，我顺利地在深圳瑞和装饰公司拿到了一份薪水不错的工作，受大公司及沿海工作氛围的熏陶，我真正感受到了什么叫“敬业精神”，什么是团队合作。虽然在装饰公司积累了许多经验，并在室内效果图制作方面达到了较高的水准，但是因为自己所学专业是园林建筑工程，怀着不忘初衷的情怀，我毅然离开了稳定的工作岗位，于 2004 年应聘到东莞圣茵园艺有限公司任景观设计师。当时的圣茵公司就办在他自己的苗圃中，借助两年多的重新学习，通过圣茵苗圃的优势，我不但掌握了景观规划设计，在植物软质绿化配置方面也有了独到的手法，在这段时间我参与设计了东莞大道、洪梅广场、东江风光带、凯旋城、星河湾等众多大型项目的景观设计与软质绿化配置设计工作，为以后自己创立公司承接工程积累了宝贵的经验。最终于 2006 年 10 月，我辞职返回湖南长沙开始了自己的创业人生。2006 年我承接了常德柳叶湖风光带、柳叶湖广场和益阳医学高等专科学校校区的规划设计项目，三个项目设计费总计三百多万，攒下了创业以来的第一桶金。2007 年我承接了香港新世界地产公司长沙项目室外园林工程的施工，该项目室外景观施工面积达 8 万平方米，成为长沙房地产园林景观的标杆。2011 年我创立了湖南八方九地市政园林工程有限公司，任职董事长兼总经理，挑选像新世界、方兴、旭辉、九龙仓这样的优质业主为业务主攻方向，立足于这些根据地、立足于工程、服务这些业主，再通过外围拓展把规模做大，逐步丰富外部资源。2014 年业务量达 3.2 亿元，为同级园林公司业务量之最。

很多时候我常常跟我的朋友、同事、合作伙伴说，如果我们的生命不为自己留下一些热泪盈眶的日子，那就是白过。但是怎么样才能使自己的生命活得成功或是精彩呢，我的感悟就是“理想”。理想是十分重要的，一定要确定自己的目标与方向，这就是为什么有很多的大学毕业生，一出学校后，往往都要经历一段迷惘的时期，因为这是一个必然的阶段。在学校的时候因为有老师给你目标，有成绩给你打分，所以很容易在其中找到自我与评价自我的标准。但是毕业之后，这个“目标”和“成绩”便需要你自己来评定和打分，只要你心中有理想、有志向，终将得到心中那份满意的“分数”，终将取得成功，你所要做到的就是在这个过程中艰苦奋斗，培养忍受挫折和接受失败的能力。要不断地扩大自己的心胸，这样才能够把事情做得更好。在走向成功的过程中，要学会的还有另一件事情，那就是分享，要跟亲人、朋友、员工、合作伙伴分享感情、思想、财富，你最终会知道，当你这么做了，将来的你会更加富有。只有这样你才能完善事业的每一个角落，也终究会明白，所有的付出与分享都是值得的。在这个过程中你同样会交到更多的朋友，没有朋友的人生是孤独的，不完整的，我们不能因为工作生活忙碌让友谊变淡，那是损失，当朋友遇到困难时，一定要记得挺身而出，即便是安慰也是最大的支持。

人生道路上，“悟性”与“总结”特别重要，包括我上面所述的这些自己的体会，也许师弟师妹还未曾经历，看到这些话不能感同身受，但是没有关系，你们迟早有一天要经历和感受这些，当这一天到来的时候，就是你们成熟的时候，作为师兄，我祝愿这一天早日到来。

最后祝母校今后为社会输送出更多的人才，写下更加辉煌的篇章！祝母校桃李满天下，祝母校的学子们早日实现自己的梦想，成为建设社会的坚强力量，成为母校的骄傲！

99 级校友、实业达人：赵旺

赵旺，男，中共党员，1981 年 7 月出生，原籍湖南岳阳，1999 年进入原衡阳职业技术学院经济管理专业学习，2002 年毕业于湖南环境生物职业技术学院经济管理专业，现任湖南兆旺食品贸易有限公司董事长、湖南兆旺生态农业科技有限公司董事长。

赵旺校友

刚创立湖南兆旺食品贸易有限公司时，我也春风十里、踌躇满志。一段时间的兴奋过后，我深深地感受到了“创业是艰辛的！”这句话的深刻含义。冷静下来，我发现，光靠自己的激情是远远不够的，只有自己理解企业的战略思维也不够，必须要不断地提高员工的素质。于是我开始抓管理、抓实务、抓队伍，开创了现代化企业管理的新局面。为了提高员工的纪律意识，我精心组织，建立健全了各项规章制度，引进了先进的生产设备，并选配了最优秀的管理人才，为了说服员工遵守规章制度，我以身作则，并经常与员工沟通交流，最终建成了一支纪律性强的员工队伍，形成了上下一心谋发展的良好氛围。我知道公司的销售市场发展是工作的重点也是难点，于是便带领全体员工共同分析市场，划分区域客户，分区分片逐个进行营销，身先士卒，克服重重困难，对各个企业进行攻坚，为公司产品销售奠定了坚实的基础，也培养了一批优秀的业务高手。

创业中的我还意识到，万事以人为本，人的基础打不好，事业就很难发展，于是，我制定了“一小时学习制”，每天抽出一小时，组织员工开展业务培训与交流，并在公司内部设立了读书角，鼓励员工工作之余不忘学习，另外，还经常派员工走出去学习，回来后与其他员工共同交流，在不断的培训交流和学习中，员工的整体业务素质、综合能力都有了很大的提升。

功夫不负有心人。公司的规模不断地扩大，如今也有了自己的第二家公司——湖南兆旺生态农业科技有限公司。“创业有起点，事业无终点”。我深知，今天取得的成绩，只是明天事业的一个起点，只是人生中的一小步。在今后的生产经营中，我将一如既往高举“青春创业”的旗帜，勤勤恳恳，兢兢业业，在创业致富的这一条道路上越走越精彩。

当我们回首昨天时，应该是问心无愧的；当面对今天时，应该是倍感珍惜的；当展望明天时，应该是信心百倍的。为此，摘录《战略视角》中我非常喜欢的一段精彩论述与大家共勉：

第一，信仰、信念、信心是安身立命的“压舱石”。人无信仰没有精神，人无信念没有力量。信仰和信念好比人体的钙，缺钙就会得“软骨病”，就站不稳、立不住、走不动。对自己心中的信仰和信念要虔诚、执著，让信仰信念成为自己始终不变的人生追求。信心源自内心的一种自信，信心十足的人有一种坚强的意志力，能咬定目标、咬紧牙关，始终不分心、不走神，排除万难去赢得成功。

第二，能力、动力、定力是站稳走好的“支撑点”。能力是干事的基础，决定你“能做什么”；动力是干事的条件，决定你“想做什么”；定力是干事的保证，决定你“敢不敢做什么”，三者具备则决定你“做成什么”。本领不强会被笑死，办法不多会被急死，劲头不足会被骂死，品行不正会被搞死。当下最可贵的是定力，能够挡得住诱惑、耐得住寂寞、守得住清贫、坐得住冷板凳，不被忽悠、不被糊弄、不被捧杀或棒杀，能够任凭风浪起稳坐钓鱼船。有能力没动力，能力打折扣；有能力有动力而没定力一切都白费。这三者好比“三足”可以鼎立，让人站得稳、干得好、走得远。

第三，能干、能处、能忍是进步前行的“阶梯”。一个人能干是一种素质，能相处、善团结是一种境界，而能忍得住一时的委屈、不公和苦痛则是一种修炼。能干在于学习和实践，不断地学习，不断地实践，学中干，干中学，逐渐就会能干起来；能处在于能否宽容、包容和理解、信任。世界再大大不过包容的心，宽容、包容才能融合、融洽、融入，理解、信任人是一种境界，被理解被信任是一种幸福；能忍在于能否看得长远、想大局，站得高、看得远，唯“风物长宜放眼量”才沉得住气，能吃亏、能受罪，“事不三思总有败，人能百忍自无忧”。能干、能处、能忍好比三个大的阶梯、三道大的门坎，跨过去、迈过去了，便能顺利地往前走。

第四，想法、说法、办法是能力高低的“三级跳”。一个人的能力水平，可以说有两次飞跃，一次是把心里的想法变成说法，另一次是把口中的说法变成实际的办法。人人皆有想法，只不过成熟不成熟而已，然而，要把想法说出来，而且“说清楚、讲明白”，让人“听得进、记得住、用得上”，不至于一只耳朵进一只耳朵出，则大不一样。能说到人心坎上去，打动人、温暖人、感染人，让人信服、佩服那叫真本事、真智慧；如果再能够把这些想法、说法变成一个个具体的行动和办法，付之于行、见之于效，那便是大本事、大智慧了。而每个人的能力高低就在于其中的差别，倒底处在哪一级跳上。

第五，事业、职业、副业是干好干坏的“分水岭”。如何对待工作？有的人把它当事业，甚至生命，敬畏肩上的担子，有一种很强的责任感、使命感；有的人只把它作为一种职业，上班是为了养家糊口，为了“稻粱谋”，是谋生的手段和方式；更有甚者把它当做副业，成了第二职业，打自己的“小九九”，忙自己的“小生意”，种自己的“自留地”。态度反应境界，态度决定状态。三种不同的态度，决定了不同的人生观、价值观和事业观，也决定了一个人到底干多干少、干好干坏。

第六，学识、见识、胆识是成大器的“法宝”。有学识没见识，容易孤芳自赏、刚愎自用，会坐井观天，乃至夜郎自大。而胆识就是胆略和气魄，有胆识便是有勇有谋，胆识是学识和见识的体现。什么是文化？“三识”俱佳、“三识”兼备就是一个真正有文化的人，就具备了创大业、成大器的法宝。

第七，知足、知不足、不知足是人生航程的“校正仪”。做官做人做事关键在人生的价值取向，要做官知足、做人知不足、做事不知足，这样才会不折腾、不陶醉、不停步，才会真正拿到人生价值的“金钥匙”。知足者乐，知不足者勇，不知足者进，处理好了三者的关系，就走出了自我的小天地，走进人生大天地，就会找到人生定位。

第八，眼力、魄力、毅力是实现梦想的“翅膀”。眼力，是一个人分析、观察、思考问题的眼光和视角。然而，看到了事物的本质及其规律，还得有果敢的魄力和坚韧的毅力去努力，有魄力就能牢牢抓住稍纵即逝的机遇，抢占制高点，机遇就像闪电，只有快速果断才能将它抓住；有毅力就能坚持、坚持、再坚持，就能走出人生的沼泽地，锲而不舍地一直向前走。

第九，平和、平静、平淡是快乐幸福的“主打歌”。如何让平和、平静、平淡成为一种常态，需要沉淀和修炼。淡泊以明志，宁静以致远，对人平和、对名平静、对利平淡，始终保持着平和之状、平静之态和平淡之心，始终对身外之物“看得透、想得通、放得下、忘得了”，就会心平气和、幸福快乐。

第十，自醒、自警、自省是一种自我敲打。好比自己在那“照镜子、洗洗澡、正衣冠”。“三自”是一种灵魂的考问、人性的考问，只有经常反省、检讨自己，才会不断矫正自己、修正自己，才会不走偏、不走歪、不走邪，始终走在正道上。

有人说我是一个成功的创业者，我从来没有承认，但如果有人说我是一个创业的探索者，我应该不会反对。我总告诫自己人不能故步自封，要百尺竿头更进一步。把握好每一天，坚持自己的目标，取他人之长，补己之短，努力学习，在创业探索中始终让自己的精神站立，不断地追求，不断地完善自我，品味生活的苦与乐，微笑向前，奋斗拼搏，永不言弃，才能创造奇迹。